ハヤカワ文庫NF
〈NF537〉

ハーバードの個性学入門

平均思考は捨てなさい

トッド・ローズ
小坂恵理訳

早川書房
8331

THE END OF AVERAGE

How We Succeed in a World That Values Sameness

by

Todd Rose

Translated by
Eri Kosaka
Published 2019 in Japan by
HAYAKAWA PUBLISHING, INC.
This book is published in Japan by
arrangement with
HARPER ONE
an imprint of HARPER COLLINS PUBLISHERS
through JAPAN UNI AGENCY, INC., TOKYO.

メンターであり友人でもあるカート・フィッシャーへ

長らく当然と思われてきた事柄に時々疑問を抱くのは、
万事において健全な思考である。
——バートランド・ラッセル、イギリスの哲学者

目次

はじめに——みんなと同じになるための競争　11
見当違いの理想　16
平均という隠れた暴君　22
個性が約束する未来　27

第1部　平均の時代

第1章　平均の発明　35
社会を支配する数学　41
平均人　45
有能者と低能者　51
平均主義者の台頭　57

第2章　私たちの世界はいかにして標準化されたか　62
始めに組織ありき　67

マネージャーの誕生　71
教育という工場　76
優等生と劣等生　80
タイプやランクが支配する世界　86

第3章　平均を王座から引きずりおろす　89
エルゴード性の罠とスイッチ　93
個性学　98
分析してから集計する　103
個性は重要である　107

第2部　個性の原理

第4章　才能にはバラツキがある　113
バラツキの原理　118
相関関係は常に成立するわけではない　125
才能を隠している覆いを取り払う　132
知られざる才能について理解する力　137

第5章　特性は神話である　142
コンテクストの原理　147
条件と帰結《イフ・ゼン》のシグネチャー　152
あなたは正直、それとも不正直？　156
才能は特別なコンテクストで発揮される　164
他人のありのままの姿を知る　169
第6章　私たちは誰もが、行く人の少ない道を歩んでいる　175
迂回路の原理　178
進歩のペース　185
発達の網の目構造　192
成功までの道なき道　199
第3部　個人の時代
第7章　企業が個性を重視すると　207
コストコにおける忠誠心の秘密　210
ゾーホーはいかに巨人の成果を上回ったのか　216

モーニングスターでイノベーションを促す　222
ウィンウィンの資本主義　229
第8章　高等教育に平均はいらない　231
みんなと同じことで秀でる　234
ディプロマではなく、資格証明書を授与する　239
成績ではなくコンピテンシーで評価する　243
教育の進路を学生に決定させる　248
個人の時代の教育　251
第9章　「機会均等」の解釈を見直す　256
うまくフィットする　259
夢を回復する　264
謝　辞　269
訳者あとがき　275
原　注　322

ハーバードの個性学入門

平均思考は捨てなさい

はじめに――みんなと同じになるための競争

一九四〇年代の末、アメリカ空軍は深刻な問題を抱えていた。パイロットが飛行機を制御できなくなったのである。当時はジェットエンジンの黎明期で、飛行機は高速化して操縦も複雑になっていたのは事実だ。しかし、問題はあまりにも頻繁に発生し、おまけに多くの機種が関わっていたので、空軍は生死に関わる謎に頭を抱えた。「あの頃、飛行機を飛ばすのは大変だったよ。無事に帰還できる保証がなかったのだからね」と、ある退役航空兵は語る。最悪の時点では、一日に一七人のパイロットが墜落事故の犠牲になった[1]。

飛行機は予想外に急降下したり、着陸に失敗したり、あるいは消息を絶った。戦闘とは関わりのないそれらのさまざまな災難を、政府は重大事になりかねない事故と重大な事故の二種類に分類した。当初、軍上層部はコックピット内の乗員に非難の矛先を向け、事故報告書では「パイロットエラー」が最も可能性の高い理由として指摘された。この判断はたしかに妥当に思えた。飛行機そのものの異常は滅多に発生しなかったからだ。技術者は飛行機の構造や電気系統に問題がないか何度もテストを行ない、不備がないことを確認していた。しかし、パイロットの側も困惑した。未熟な操縦スキルが原因でないことだけが、彼らに断言できることだったからだ。では、人間も機械も悪くないのなら、犯人は何だったのか。

さまざまな角度から調査しても答えは見つからず、最後に関係者はコックピットの設計そのものに注目する。一九二六年に軍が初めてコックピットを設計したとき、技術者は何百人もの男性パイロットの体の寸法を測定し（女性パイロットが登場する可能性は真剣に考慮されなかった）、そのデータに基づいてコックピットの大きさを規格化していた。それから三〇年間、座席の大きさと形状、ペダルや操縦桿までの距離、フロントガラスの高さ、さらには飛行用ヘルメットの形まで、いっさいが一九二六年のパイロットの平均値に合わせて決められたままだった。(2)

軍の技術者たちは、パイロットの体が一九二六年よりも大きくなったのではないかと考え始めた。そこでパイロットの体の寸法について最新情報を得るため、空軍は史上最大規模の調査の実施を承認する。(3) 一九五〇年、オハイオ州ライト・パターソン空軍基地の研究員は、四〇〇〇人以上のパイロットの体のさまざまな部分を測定した。対象になったのは実に一四〇カ所で、親指の長さ、股下の長さ、目から耳までの距離も含まれた。ひととおりデータが集まると、各部位について平均値が計算された。こうして平均値が正確に割り出されれば、コックピットの環境は改善され、事故は減少すると誰もが信じた。いや、全員ではなく、ほとんど全員と言い直さなければならない。採用されたばかりの二三歳の科学者だけは、疑いを抱いたのだ。

この人物、ギルバート・S・ダニエルズ中尉は、華やかな空中戦に象徴されるマッチョな文化とはおよそかけ離れている。体つきは華奢《きゃしゃ》で眼鏡をかけており、花や造園を好み、高校時代は植物園クラブの部長を務めた。大学を卒業してすぐライト・パターソン空軍基地の航空医学研究所に就職した時点では飛行機に乗った経験もなかったが、それは仕事の障害にならなかった。次席研究員としての仕事は、パイロットの手足をメジャーで測定することだったのである。(4)

ダニエルズが人体を測定したのは、このときが初めてではなかった。そもそも航空医学研究所が彼を採用したのは、ハーバード大学在籍時の専攻に注目したからだ。それは、人間の生体構造を研究する形質人類学である。形質人類学は二〇世紀前半、平均的な体型に基づいて人間の性格を特定し、複数のグループに分類する作業に力を入れてきた。これは「タイピング」(5)として知られる。たとえば、ずんぐりむっくり型の人は愉快なことが好きな明るい性格の持ち主で、髪の毛が後退している人や唇の厚い人は「犯罪者タイプ」に該当すると、形質人類学者の多くは信じていた。(6)

しかしダニエルズはタイピングに興味がなかった。その代わり大学の卒論では、ハーバードの男子学生二五〇人の手の形の比較という、地味な作業の必要なテーマを選んだ。[7] ダニエルズの研究対象になった学生は、人種に関しても社会文化的背景に関してもよく似ていた（白人の富裕層である）。ところが意外にも、彼らの手の形はまったく似ていなかった。おまけにすべてのデータをまとめて平均値を割り出したものの、どの学生の測定値も平均的な手の範囲内には収まらなかった。平均的な手のサイズなど、存在しなかったのだ。「個人を対象とするデザインでは、平均はまったく役に立たないことを悟ってハーバードを卒業した」と、ダニエルズは私に語った。[8]

そんなわけで、パイロットの身体測定を空軍から任されたとき、平均に基づいた軍の設計思想がほぼ一世紀ぶりに覆《くつがえ》されることをダニエルズは秘かに確信していた。航空医学研究所で手や足やウエストや額を測定しながら、ダニエルズは頭のなかで同じ質問を繰り返した。実際のところ、平均的なパイロットは何人存在するのだろうか。

彼はその答えを見つけようと決心する。そして、四〇六三人のパイロットから集めた大量のデータを使い、コックピットのデザインに最もふさわしいと思われる平均的な寸法を身長、胸回り、腕の長さなど、一〇カ所について計算した。計算にあたってダニエルズは思いきって、それぞれの寸法について集められたデータの中間三〇パーセントの範囲内に収まる数値であれば「平均的なパイロット」に当たるものと見なすことにした。たとえば、データから割り出された正確な平均身長は一七五センチメートルであったが一七〇センチメートルから一八〇センチメートルの範囲内であれば、「平均的なパイロット」の身長に当たると見なすことに決めたのだ。ダニエルズはここまで準備を整えると、パイロットをひとりひとり、平均的なパイロットと比較する作業に取り組んだ。(9)

研究所の同僚たちはダニエルズの計算の結果を待っているあいだ、パイロットの大半はほとんどの部位の測定値が平均の範囲内に収まるだろうと予測した。結局のところパイロットの応募者は、体が平均的なサイズかどうかでまずふるいにかけられる（たとえば身長が二メートル以上あったら、つぎの段階には進めない）。かなりの人数のパイロットが、一〇項目すべてに関して平均の範囲内に収まるだろうと科学者たちも予想した。しかし実際の数字がまとめられると、ダニエルズさえも衝撃を受けた。

結果はゼロ。

四〇六三人のパイロットのなかで、一〇項目すべてが平均の範囲内に収まったケースはひとつもなかったのである。平均と比べて腕が長く、足が短いパイロットがいるかと思えば、胸回りは大きいのに腰回りの小さいパイロットも確認された。それだけではない。一〇項目を三項目に絞りこみ、たとえば首回り、腿回り、手首回りに注目してみても、三つに関してすべて平均値に収まるパイロットは三・五パーセントに満たなかったのである。ダニエルズが発見した答えは明快で、議論の余地がなかった。平均的なパイロットなど、存在しないのである。つまり、平均的なパイロットにフィットするコックピットをデザインしたら、実際には誰にもふさわしくないコックピットが出来あがるのだ[10]。

ダニエルズが明らかにした重要な結果は個性に関する従来の前提を覆し、新たな時代の幕を開ける可能性を秘めていた。しかし、どんなに重要な結果も、きちんとした説明による裏づけが必要だ。事実はおのずと明らかになると信じたいところだが、その可能性はまずもって期待できない。それにそもそも、平均的な人間など存在しないことを発見した最初の人物は、ギルバート・ダニエルズではなかった。

見当違いの理想

これより七年前、クリーブランド・プレーン・ディーラー紙があるコンテストに関して一面で告知した。このコンテストはクリーブランド健康美術館との共催で、クリーブランド医学アカデミー、大学医学部、クリーブランド教育委員会が後援者として参加していた。入賞者には一〇〇ドル、五〇ドル、二五ドルの三種類の戦債が賞金として準備されたほかに、一〇名の女性が一〇ドル相当の戦時切手を受け取るチャンスに恵まれた。では、これは何のコンテストだったのか？　典型的な女性「ノーマ」の体型に最も近い女性を選ぶことが目的だった。当時は理想的な体型を持つノーマの彫刻が、クリーブランド健康美術館に展示されていた。[11]

ノーマは著名な婦人科医のロバート・L・ディキンソン博士が考案したもので、一万五〇〇〇人の若い成人女性から集めた体のサイズのデータを参考にして、協力者のエイブラム・ベルスキーが彫刻を制作した。[12] 当時のディキンソンはブルックリン病院の産婦人科部長であり、米国婦人科学会の会長と米国医師会の婦人科部門の責任者を務めるなど、かなりの実力者だった。[13] おまけに、「婦人科学会のロダン」と同僚から評されるほどの芸術家でもあり、婦人科医としてのキャリアのかたわら芸術的才能を生かし続けた。サイズも体型もさまざまな女性たちのスケッチを描き、体のタイプと行動の相関関係について研究を行なったのだ。[15] 当時の科学者の例に漏れずディキンソンも、大量のデータを集めて平均値を出せば物事の真実は明らかになると確信しており、「ノーマ」を真実の象徴的存在と見なした。したがって何千ものデータを集めて平均化すれば、典型的な体型を持つ正常な女性の実像について洞察が得られるはずだった。

クリーブランド健康美術館は彫刻を展示するだけでなく、ノーマのミニチュア版のレプリカの販売も始めたので、「理想の女性」[16] ノーマは流行現象にまでなった。ある著名な形質人類学者は、ノーマの体格は「理想の体型像だと言ってもよい」と論じ、芸術家は彼女の美しさが「きわめて高い水準に達している」と賞賛した。そして体育の指導者は、若い

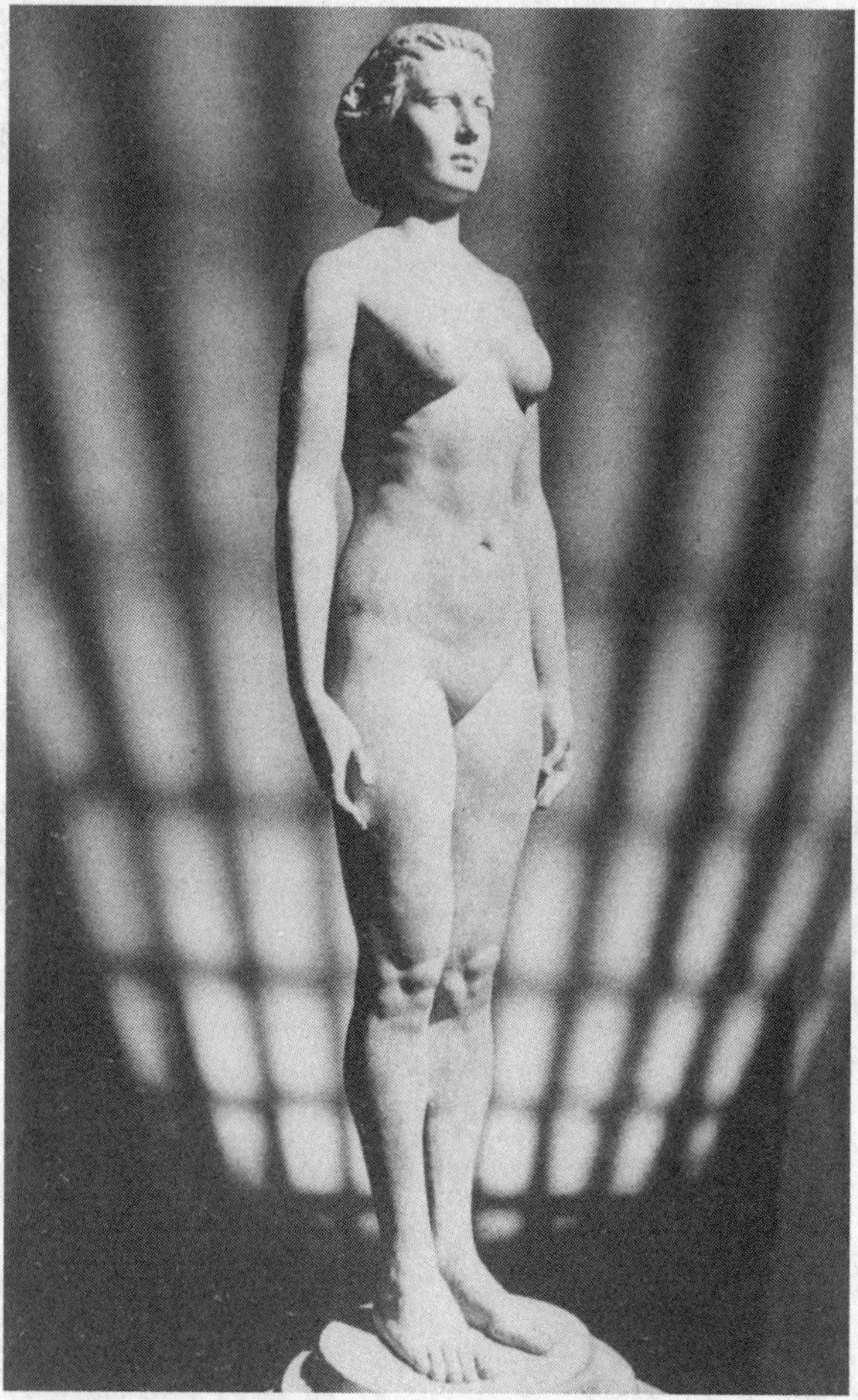

ノーマ

女性が見倣うべき、モデルとしてノーマを活用し、その理想に近づくよう生徒たちを指導した。牧師ですら、理想の体型の持ち主は正常な信仰心の持ち主だという前提で説教を行なった。この流行が最盛期を迎える頃には、ノーマはタイム誌で特集記事が組まれ、新聞の漫画に登場した。CBSのドキュメンタリーシリーズ《今日《こんにち》のアメリカ人の容姿》では、体のさまざまな部位のサイズが読み上げられたので、視聴者は自分が正常な体の持ち主かどうか確認することができた。(17)

一九四五年一一月二三日、プレーン・ディーラー紙が発表した優勝者は、マーサ・スキッドモアというスリムなブルネットの女性で、劇場の事務員として勤務していた。新聞は、スキッドモア嬢が好きなものはダンスと水泳とボウリングだと報じた。つまり、女性としての模範的な体型にふさわしい、好感の持てる正常な趣味だった。(18)

コンテストが行なわれる前、ほとんどの女性の体型は平均にきわめて近く、ミリ単位の接戦になるだろうと審査員は予測した。ところが、現実はまるで違った。三八六四人の参加者のうち、対象となった九つの部位のうちの五つに限定しても、平均の範囲内に収まった女性は四〇人に満たなかった。九つの項目すべてで平均の範囲内だった女性は、マーサ・スキッドモアも含め、ひとりもいなかった。(19)平均サイズのパイロットなど存在しないということがダニエルズの研究では明らかにされたが、平均サイズの女性もまた存在しないという事実が、ノーマを探せコンテストで明らかにされたのである。

こうしてダニエルズもコンテスト主催者も同じ現実を突きつけられたが、そこにこめられている意味について両者が下した結論はまったく異なっていた。当時の医師や科学者のほとんどはコンテストの結果を知らされても、ノーマが見当違いの理想だった証拠だとは解釈しなかった。むしろその逆で、アメリカ女性は全体的に不健康で体型が崩れていると非難する結論が多かった。そのひとり、クリーブランド健康美術館の館長で医師のブルーノ・ゲープハルトは、戦後の女性の体型は軍隊での任務遂行に不向きだと嘆き、「不適格者は生産者としても消費者としても褒められたものではない」と指摘した。これに対する彼の解決策は、体を鍛えることだった。[20]

ダニエルズの解釈は正反対で、『平均的な人間』の存在を信じる落とし穴にはまって失敗するケースは多い」と、一九五二年に記している。「平均的な飛行士を探すことがほぼ不可能なのは、飛行士の集団にユニークな特質が求められるからではない。どの男性も体の各部分のサイズはさまざまに異なっているのがいたってふつうなのだ」。[21] 正常値という人工的な理想に近づくための努力をダニエルズは評価せず、むしろ集めた情報を分析した末、反直観的な結論を導き出した。平均的な人間に基づいて設計されたシステムは最終的に失敗するという結論で、これは本書の大前提にもなっている。

ダニエルズは一九五二年、「平均的な人間は存在しない?」というタイトルの空軍向けのテクニカルノートで自分の発見を公表した。[22] そして、パイロットをはじめ兵士の行動の改善を軍が本気で望むなら、彼らが行動する環境の設計を変更すべきだと主張して、大胆な変化の必要性を訴えた。環境は平均値に合わせて決定されるものではなく、各兵士の個性に応じて臨機応変に決定されるべきだと提案したのである。

驚くべきというか、さすがというか、空軍はダニエルズの主張を受け入れた。「空軍の従来の設計は、平均像に近いパイロットに合わせて行なわれてきた」とダニエルズは私に説明してくれた。「でも、平均的なパイロットが役に立たないコンセプトだとわれわれがひとたび示せば、パイロット個人に合わせてコックピットを調整するように方針を変更することができた。それからだよ、事態が好転したのは[23]」。

平均値を参考基準にする方針を空軍が放棄すると、設計思想は飛躍的な進歩を遂げ、個性の重視が新たな指導方針として採用された。従来は個人をシステムに合わせてきたが、これからは反対に、システムを個人に合わせるのだ。空軍の対応は迅速だった。すべてのコックピットは、体の各部位の測定値が集計データ中の五パーセントから九五パーセントの範囲に含まれるパイロットを想定して設計されるよう命じたのである[24]。

当初、飛行機のメーカーはこの新しい命令に躊躇した。費用がかかりすぎるし、変更に伴う技術的な問題を解決するためには何年もかかると考えたからだ。しかし軍は一歩も譲らず、とうとう誰もが驚く展開になった。ほどなく航空技術者が、安くて簡単な解決策を考案したのだ。その解決策とは調整可能なシートであり、今日すべての自動車で標準的技術として採用されているものと同じである。シートのほかにフットペダル、ヘルメットのストラップ、飛行服も、すべて調整可能なタイプに変更された。こうして設計上の解決策が実行に移されると、パイロットの飛行技術は飛躍的に向上し、アメリカ空軍は世界一と評価されるまでになった。装備は平均値に合わせて規格化するのではなく、さまざまな体のサイズに対応できるよう設計段階から配慮すべきだという指導命令は、すぐにアメリカ軍全体に行き渡った。(25)

なぜ軍隊は、このような大きな変化を迅速に実行することを厭わなかったのだろう。それは、システムの変更は机上の空論ではなく、切実な問題に対する現実的な解決策だったからだ。超音速機を操縦するパイロットは、複雑な制御システムを操りながら高度な飛行技術を実践しなければならず、そんなとき、計測機器が目に入らなかったり、スイッチに手が届かなかったりしたら一大事である。ほんの一瞬の決断が生死の分かれ目になるような状況にもかかわらず、従来のパイロットは最初から不利な環境を押しつけられていたのだ。

平均という隠れた暴君

軍は兵士に対する見解を改めたが、ではつぎに、社会のほかの部門がすべて軍の行動を見倣《みなら》ったら、どれだけ良い結果がもたらされるか想像してほしい。人びとを見当違いの理想と比較する代わりに、個人としてのありのままの姿に注目して評価するようになったら、社会はどれだけ改善されるだろうか。ところが今日でも、ほとんどの学校や職場や科学機関が、ノーマの正しさを信じて疑わない。平均という気まぐれな基準が制度の設計や研究に採用されているおかげで、自分も他人も偽りの理想像との比較を強いられている。

ゆりかごから墓場まで、平均という尺度は常につきまとい、平均値にどれだけ近づいているか、あるいは平均値をどれだけ上回っているかによって人物が判断される。学校では、平均的な学生の成績と比較して評価やランク付けが行なわれる。大学への選抜では、評価やテストの点数が平均的な受験生と比べられる。就職の際には、評価やテストの点数だけでなく、スキルや経験年数、性格検査の点数までが平均的な応募者と比較される。そして採用されれば、同じ職務レベルの平均的な社員を基準にして、毎年かならず業績が評価される。金銭に関わるときも例外ではない。お察しのとおり、クレジットの信用度は平均からどれだけ乖離《かいり》しているかによって決定される。

性格検査の点数、標準化された評価におけるランク、学業平均値、業績評価での格付けなどが、あなたやあなたの子ども、学生、社員の能力を反映していないことは、ほとんどの人たちが直観的に理解している。ところが平均という概念は、個人を評価する尺度として心に深く刻まれており、その妥当性を本気で疑う人は滅多にいない。平均値に不快感を抱くことはあっても、結局のところ、人間の現実を客観的に示す手段のひとつとして受け入れてしまう。

では、この測定方法、すなわち平均が、ほぼ常に間違っていると、私が皆さんに指摘したらどうだろう。個人について理解しようと思って平均に注目しても、不正確な結果しか得られず、むしろ誤解を招く可能性が高いとしたらどうだろう。コックピットの設計やノーマの彫刻のように、この理想が神話にすぎないとしたらどうか。

本書では、平均的な人間は誰もいないというシンプルな発想を大前提としている。あなたも、あなたの子どもも、同僚も学生も配偶者も、決して平均的な人間ではない。しかもこれは決して根拠のない励ましでも、空虚なスローガンでもない。科学的な事実であり、無視できない多くの結果によって裏づけられている。平均の存在しない世界を私が熱心に売りこむと、ギャリソン・ケイラーがホストを務める《プレーリー・ホーム・コンパニオン》（アメリカのラジオ番組）に登場する架空の村レイク・ウォビゴンを思い出し、胡散臭《うさんくさ》さを感じるかもしれない。あの村では「すべての子どもが平均以上」だと言われる。それに、そもそも統計をとるならば、どこかに平均的な人間がいなければならないのは明白な事実だと反論したくなるだろう。しかし、これから本書で説明していくが、この一見明白な前提さえ実は大きな欠点を抱えており、放棄しなければならないものとなる。

ただし、平均がまったく無駄というわけではなく、役に立つ場合もある。たとえばチリ人のパイロットとフランス人のパイロットの実績を個人的に比べるのではなく、集団として比較する際には、平均が役に立つ。しかし、パイロットや配管工や医者がひとりだけ必要なとき、あるいはこの子どもを教えなければならないときや、あの従業員を雇うべきかどうか決めるとき、すなわち個人に関して決断を下す必要が生じた途端、平均は役に立たなくなってしまう。いや、役に立たないどころではない。平均からは貴重な知識が得られるという幻想のせいで、個人に関する最も重要な情報が覆い隠されてしまう。

平均的な体のサイズなど存在しないのと同じで、平均的な才能や知性や性格も存在しないことは、本書を読み進めるうちに明らかになるだろう。平均的な学生や平均的な社員、ついでに言えば、平均的な頭脳も存在しない。これらの馴染み深い概念はすべて科学的虚構にすぎず、想像力が誤って誘導された結果にほかならない。実のところ、平均的な人間という今日の観念は数学的真実ではなく、一世紀半前に二人のヨーロッパ人科学者が、当時の社会問題を解決するために発明したものである。二人が考案した「平均人」という概念は、実際に多くの問題の解決に役立ち、工業化時代の形成と進展にも貢献した。しかしもはや、工業化時代は幕を閉じ、今日の私たちはまったく異なった問題に直面している。おまけに、科学も数学も一九世紀よりはるかに進歩している。

私はこの一〇年間、個性学という学際的で斬新な学問分野に関わってきた[26]。この分野は、個人を理解する際に平均を主要なツールとは見なさず、個性に正しく注目してこそ理解は得られるという立場をとっている。細胞生物学者、腫瘍学者、遺伝学者、神経科学者、心理学者らがこの新しい科学の原理を採用し始め、それぞれ細胞、病気、遺伝子、脳、行動についての研究を様変わりさせている。大きな成功を収めた企業のなかにも、この原理を実践し始めたところがいくつか見受けられる。実際、個性に関する諸原理はひとつの例外を除き、ほぼすべての場所で応用されるようになった。その例外とは、あなた自身の人生であり、本来ならこれら諸原理はこの分野でこそ最大の影響をおよぼすはずだ。

今回私は、この状況を変化させるために本書を執筆した。

このあとに続く各章では、個性に関する三つの原理、すなわちバラツキの原理、コンテクストの原理、迂回路の原理についてそれぞれ紹介していく。これらの原理は私の研究分野の最先端の科学から取り入れたもので、あなたの最もユニークな点が何かを理解するために役立つだけでなく、個性を十分に発揮しながら人生で優位に立つための方法も教えてくれる。ジェット戦闘機の時代にあなたは第二次世界大戦の時代と同じコックピットに閉じこめられる必要はないし、あなたはもう存在するはずもないノーマと自分を比較する必要もないのだ。

個性が約束する未来

今日、私たちが世界をみつめるまなざしはこれまでとは変わろうとしているが、この変革を促したのは個性の重視というひとつの大きなアイデアにほかならない。こんな基本的な概念が現実的な影響力を大きく発揮するなんて、あまりにも単純な発想だと思われるかもしれない。しかし、べつの大きなアイデア、すなわち細菌という概念が世界に導入されたとき、何が起きたかを考えていただきたい。

一九世紀、衛生や医療の分野の名だたる専門家は全員、「ミアズマ」と呼ばれる悪い空気によって病気が引き起こされると信じていた。(27) 西洋社会の衛生システムはこの前提に基づいて構築され、ミアズマが部屋の内と外のどちらに多く存在するかによって、予防対策として窓の開け閉めが行なわれていた。当時は医者には病気が伝染しないとも思われていた。紳士は悪い空気の充満する地域に居住しないからだ。やがて、細菌というアイデアが生まれた。(28)

かつて、病気は悪い空気によって引き起こされると誰もが信じていた。ところがほぼ一夜にして、人びとは新たな真実を認識するようになった。微生物やバクテリアと呼ばれる目に見えない生き物が、病気を引き起こす真犯人であることを理解したのである。病気に対するこの新たな見解は医学に抜本的な変化をもたらし、外科医は消毒薬を使い始め、科学者はワクチンや抗生物質の開発に取り組んだ。しかし細菌というアイデアは、一般の人たちにも同様に重大な変化をもたらした。自分の命を左右する力を誰もが与えられたのである。今日、健康を維持するためには、手を洗い、お湯を沸かし、食べものを十分に調理するだけでなく、切り傷や擦り傷をヨードで消毒するなど、いろいろな対策がとられるようになった。

平均が重視される古い世界から個性が重視される新しい世界への移行は、細菌が引き起こした世界観の変化と同じようなものだと考えてもらいたい。今日では、個人やその才能について理解する能力が、過去には不可能だったレベルにまで向上した。そのため個性の重視という新しい発想が、私たちの制度に大きな影響をおよぼす可能性が考えられる。才能を希少な商品と見なす習慣は消滅し、学校はすべての生徒の優れた面を引き出そうと努め、経営者は優秀な社員を幅広い分野から採用して確保するようになるだろう。せっかくの潜在能力が評価されず活用されなかった人も、真の能力を発揮するチャンスに恵まれなかった人も、満たされていない期待に応《こた》えることができるだろう。

ひょっとしたらあなたのお子さんは、読字能力が劣った生徒に分類されているかもしれない。しかし、これからの学校は単に診断を下すだけで終わらない。お子さんはみんなと歩む道が異なるという事実を認識したうえで、従来の方法と同じように読字能力の形成に役立つ別の道を示し、教育方針をうまく調整してくれるだろう。あるいは、社員のなかに勤務ぶりが悪く、同僚から「いっしょに働きづらい」と評価されてきた人物がいるかもしれない。しかし、これからは評価を理由に解雇するのではなく、問題行動を引き起こす環境が確認されるだろう。その結果として新しい環境が提供されれば、問題社員は同僚との関係や業績を大きく改善させられるし、あなたは自分の部署に隠されていた宝石を発見できるかもしれない。個性の重視という原理は現実の世界に大きな変化を引き起こす。その事実を理解した途端、従来のように平均というものを高く評価することはできなくなる。いまやヒトゲノムを解読し、遺伝情報を微調整して健康を改善できる時代になった。ところが皮肉にも、人間の潜在能力に関してはきちんと解読できる段階に達していない。私の研究、ひいては本書は、この問題の解決もめざしている。これまでに導入されてきたシステムで十分に推測できるほど、人間の潜在能力は限られているわけではない。どの人もベル曲線のどこに位置するかではなく、個人として評価されるべきであり、そのためのツールや方法が必要とされている。

私はそれを自分の経験から学んだ。

そもそも私が個性重視というアイデアに興味を持ったのは、自分の人生で何度も挫折を繰り返しながら、その理由がわからなかったからだ。何を試してみても、最後はかならず失敗するとしか思えなかった。一八歳のときには、GPA（学業平均値）で〇・九と評価されて高校を中退した。これはDマイナス、すなわち平均以下である。私は飲酒年齢に達しないうちから妻と息子を養うため、最低賃金労働を一〇種類も経験した。やがて二一歳で二人めの息子が生まれる。この人生のどん底期には生活保護を受けながら、在宅介護支援の准看護師として、時給六ドル四五セントで浣腸を行なっていた。

私はほとんどすべての人から、問題は自分にあると言われ、怠け者で愚か者、そして何よりも「トラブルメーカー」だと評された。両親は複数の学校関係者から、息子さんの将来にはあまり期待しないようにと忠告されていた。しかし私はどん底を経験しながら、この分析はどこか間違っているという思いを抱き続けた。自分にも何か提供できるものはあるはずだと確信していたのだ。本当の自分と、世界が見る私の姿のあいだには、大きな落差があるように感じられた。

当初、私はほかのみんなと同じになれば問題は解決されると信じて努力したが、だいたい悲惨な結果に終わった。どの授業でも落ちこぼれ、どの仕事も長続きしない。そして最後に、システムに自分を合わせる努力を放棄して、システムを自分に合わせるための工夫を始めると、今度はようやく効果が現れた。高校を中退してから一五年後、私はハーバード教育大学院の教員となり、現在は心・脳・教育プログラムの責任者を務めている。

私が成功したのは、世の中から見過ごされてきた秘密の才能が目覚めたからではない。ある日いきなり気合が入って猛烈に働き始めたわけでもないし、何か抽象的な原理を新たに発見したからでもない。私には抽象的な事柄に目を向ける時間的余裕がなかった。生活保護の状態から抜け出し、子どもたちを養い、やりがいのあるキャリアに通じる現実的な道を探す必要があった。要するに私が人生の針路を変更できたのは、個性重視という原理に最初は直観的に、やがて強い決意で従ったからだ。

この原理を皆さんと共有し、学校や仕事や私生活の成果があがることを伝えるため、私は本書を執筆した。何か新しい事柄を学ぶ際に最も難しいのは、新しいアイデアを受け入れることではない。古いアイデアを手離すことだ。本書を通じ、皆さんが平均という独裁者から完全に解放されるよう心から願う。

第1部　平均の時代

個人の才能はあまりにも統一感がなく予測不能なので、社会の組織で重要な役割を任せる指標になり得ない。平均的な人間を土台にしてこそ、耐久性のある社会制度は構築される。平均的な人間に訓練を施せば、みごとにとはいかないが適切に、いかなる地位の役割もこなすことができる。

——スチュアート・チェイス『人類に関する正しい研究』（*The Proper Study of Mankind*）

第1章　平均の発明

二〇〇二年、カリフォルニア大学サンタバーバラ校の神経科学者マイケル・ミラーは、言語記憶に関する研究を行なった。一六人の被験者は順番に、fMRI（機能的磁気共鳴画像）の脳走査装置のなかに横たわり、複数の単語を見せられた。休憩をはさんで再び複数の単語が見せられ、一回めに含まれていた単語を認識したら、ボタンを押すことになっていた。それぞれの被験者が特定の単語を一回めに見たかどうか決断しているあいだ、装置は被験者の脳をスキャンして、脳の活動のデジタル「マップ」を作成した。ミラーは実験が終わると、ほかの神経科学者と同じ方法で結果を報告した。すべての被験者の脳のマップをまとめて平均を割り出し、平均的な脳のマップを作成したのである。[1] 典型的な人間の脳のなかで言語記憶に関わる神経回路の実態が、この平均的な脳のマップによって明らかになることをミラーは期待した。

神経科学の分野における新しい発見について紹介する記事には、斑点が散らばっている脳の断面図が掲載されている。愛情を感じるとこの部分、恐れを感じるとこの部分が明るくなるという説明がついているが、その断面図はほぼ確実に、平均的な脳のマップである。私も大学院生のとき、マサチューセッツ総合病院で脳イメージングの訓練を受けた際、平均的な脳を作成して分析する方法を教えられた（神経科学の専門用語では「変量効果モデル」という[2]）。この方法においては、平均的な脳は正常かつ典型的な脳と同義であり、個々の脳は正常な脳の変異形であることが前提になっている。要するに、ノーマを探せコンテストの前提と同じだ。だから神経科学者は、左利きの人たちを研究対象に含めない（左利きの人の脳は、正常な脳と異なると仮定されているからだ）。あるいは、脳の活動が平均からあまりにも逸脱している人も除外される。平均的な脳についての見解が、異常値によって損なわれては困るからだ。

ミラーが平均的な脳のマップに基づいて研究の成果を報告しようと考えたのは、何ら不思議なことではなかった。不思議だったのは、彼が結果の分析に取りかかろうとしたときになぜか、被験者ひとりひとりの脳のマップをもっと詳しく観察してみようという気持ちになったことだ。彼の行なった実験は脳の研究として決してめずらしいものではない。標準的な方法が採用され、しかもデータから割り出された平均的な脳には、おかしな点はなかった。それでもミラーは、数人の被験者のマップに目を通したのである。「かなり驚い

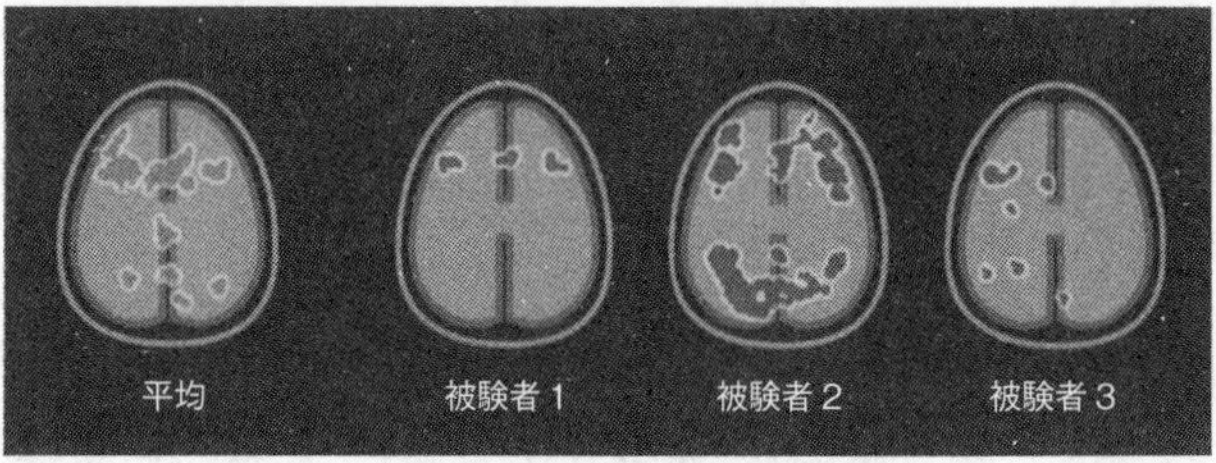

MIKE DICKS, DESCIENCE LIMITED

脳が記憶するときの活動状態

たよ。たとえば目を凝らしてみれば、平均的なマップに似ているケースが少しはある。でも、ほとんどのマップが、平均とは似ても似つかなかったんだ」とミラーは私に語った。[3]

ミラーより以前にも、個人の脳は平均的な脳と似ていないケースが多いことに気づいた研究者はいた。ところが、この不都合な真実は誰からも無視されたので、当事者もだいたいは発見を無視した。現実の女性はノーマと似ていないという真実が、科学者や医者から長いあいだ注目されなかったのと同じだ。しかしこのときミラーは、取り組むべきなのにあえて挑戦する人がほとんどいなかった課題に手をつけた。言語記憶の実験の被験者一六人全員の脳のマップを、平均的な脳のマップと体系的に比較したのである。そこからは、驚くべき結果が得られた。各被験者の脳は平均と異なるだけでなく、どれもお互いに異なっていたのだ。

最も活発な部分は、左側、右側、前部、後部とさまざまだった。活性化すると長くて太い斑点が現れ、インドネシアの群島のようなマップが出来あがるケースもあれば、ほとんど空白のマップもあった。しかし最も顕著な事実は見逃しようがなかった。平均的な脳と似ているものはひとつもなかったのだ。ミラーの実験結果は、パイロットの手を調査して得られたギルバート・ダニエルズの結果と同じだが、今回は対象が手足ではない。思考や感情や個性がまさに誕生する器官だった。

ミラーは困惑した。平均的な脳が注目されるのは、ほとんどの脳は平均にかなり近いという大前提に基づいていたからだ。少なくとも一部の脳は、平均に似通っているはずだと神経科学者たちは考えていた。ところがミラーの研究では、平均的な脳にわずかに似ているケースさえなかったのだ。ひょっとしたら装置に何らかの技術的問題があったのではないか。数カ月後、彼は被験者の多くを再度招集し、同じ言語記憶の実験を行なって脳の状態をスキャンした。しかし結果はほとんど変わらず、どの被験者の脳のマップも第一回目とよく似ていた。そして再び、脳のマップはすべて、平均的な脳と大きく異なっていたのである。

「個々のパターンはランダムノイズではなかった。どの被験者も、与えられたタスクを自分なりの方法で秩序立てて実行していたんだ。誰にでもユニークなニューロンの活動パターンがあって、それが記憶システムを構成していることを、実験によって確信した。でも何よりも驚かされたのは、パターンの違いがわずかではなく、大きかった点だよ」[4]とミラーは説明してくれた。

人びとの脳のなかでミラーが発見した「大きな」違いは、言語記憶だけではない。顔認識、心的イメージ、手順学習、感情の研究においても、大きな違いは確認された。(5)それが何を意味するかは見逃しようがない。平均的な脳を土台に思考や認識や個性についての理論を構築すれば、誰にも適用されない理論が出来あがる可能性があるのだ。神経科学の研究を何十年にもわたって支配してきた前提には根拠がなかった。平均的な脳など存在しないのである。

ミラーが直観に反する発見を公表すると、最初は疑いの目を向けられた。ソフトウェアのアルゴリズムに問題があったからだと指摘する科学者もいれば、たまたま被験者の選び方が悪くて、「異常値」が多すぎただけだという意見もあった。しかし、同僚の大半は批判するどころか、まったく取り合おうとしなかった。「研究を通じて僕と同じことに気づいた仲間はほかにもいたよ。でも無視したんだ。『そんなの、誰でもとっくに知っているさ。たいしたことじゃない。違う点をすべて考慮に入れるから、平均を割り出すんじゃないか。結果のバラツキをいちいち指摘する必要はないさ。たいした問題じゃない』。そう言われたよ」とミラーは私に語った。(6)

しかしミラーは、バラツキは実際のところ大いに問題だと確信していた。なぜならこれは学者間の論争ではなく、現実の世界での問題だった。「神経科学上の知見が法律におよぼす影響について研究している関係者から、僕は相談される機会がある。裁判で被告の精神状態や心理状態を確認するために、神経科学の研究成果を取り入れたいからだよ。実刑判断を下すべきかどうか決める際、脳のスキャンを判断材料にしたいんだ。そうなると、個人の脳と〝平均的な〟脳のあいだに系統的な違いがあるかどうかは、ものすごく重要になってくる」のだという(7)。

平均の利用法に関する定説を覆《くつがえ》すような事実を発見してジレンマに直面した科学者は、ミラーひとりではない。人間について研究する学問分野はすべて、長いあいだ同じ研究方法を中心に据えてきた。被験者の集団に何らかの条件下で実験を行ない、条件に対する平均的な反応を割り出したうえで、この平均値を使い、すべての人に通用する一般的な結論を導き出すのである。生物学者は平均的な細胞に基づいた理論を採用し、腫瘍学者は平均的なガンに対する治療法を提唱し、遺伝学者は平均的なゲノムの解明に努める。こうした科学の理論や方法に倣《なら》い、学校は平均的な生徒との比較で個々の生徒を評価し、会社も平均像と比べて応募者や社員を評価する。しかし、平均的な体や平均的な脳が存在しないとしたら、重大な疑問について考えなければならない。そもそも社会はどうして、平均的な人間というアイデアをむやみに信じるようになったのか。

科学者や学校や会社が「平均的な人間」という誤った概念を歓迎するようになったいきさつについての秘話は一八一九年、ひとりの無名なベルギー人が大学を卒業した時点から始まる。のちに科学界の大御所になったこの人物は、アドルフ・ケトレーという。

社会を支配する数学

ケトレーは一七九六年に生まれ、二三歳のとき、ヘント大学から数学の分野では初めてとなる博士号を授与された。頭が良くて功名心が強いケトレーは、ヒーローのひとりとして崇めるアイザック・ニュートン卿のように有名になりたいと願った。宇宙の動きを支配する隠れた法則をニュートンは解明し、物質と時間の混沌状態から秩序ある原理を引き出した。ケトレーはそのあざやかな手法に魅せられ、自分が同様の成果を達成するための最高のチャンスは天文学にあると考えた。天文学は当時、時代の先端を行く学問だったのだ。[8]

一九世紀はじめ、当代一流の科学者は天体への関心が高かった。そのため、国家が科学先進国として評価されるためには、天体望遠鏡を備えた観測所を所有していることが大前提だった。しかし残念ながらベルギーには、シンボル的存在の観測所がなかった。そこでケトレーは一八二三年、当時ベルギーを支配していたオランダ政府を説得し、ブリュッセルに観測所を建設するための莫大な資金の提供を約束させ、そのすぐあと、新しい観測所の所長のポストを保証された。[9] やがて工事が始まると、ケトレーは最新の観測方法について学ぶため、ヨーロッパ各地の観測所を訪問した。こうして科学者としての名声を確立するための準備は着々と進められ、理想的な形で実現するかと思われた矢先、事態は暗転する。ヨーロッパ歴訪が終わる直前の一八三〇年、悪い知らせが入った。ベルギーで革命が勃発し、ブリュッセルの観測所は反乱軍に占拠されたのだった。(10)

革命がどのくらい続くのか、新しい政府が観測所の完成を支援するのかどうか、ケトレーには見当がつかなかった。そもそも、ベルギーの「王室天文学者」としての地位が引き続き約束されるかもわからなかった。これは彼の人生にとって、そして社会が個人を解釈する方法にとって、重大な転機となった。(11)

かつてのケトレーは政治のプロセスにも人間関係力学の複雑さにもたいして関心がなく、天文学にひたすら没頭していた。崇高な科学を追求するうえで社会の混乱は妨げになると考え、どこからも距離を置く姿勢を貫いていた。ところが革命が自分の裏庭も同然の観測所で発生すると、人間の社会的行動はいきなり大きな個人的関心事になったのである。これをきっかけにケトレーは、道理にかなった法律や政策を採用する安定した政府が存在することを願うようになった。社会で予想外の混乱が発生すれば、せっかく思い描いてきたキャリアが脱線するだけでなく、ヨーロッパ全域が大変動の渦に巻きこまれる恐れがあった。そしてひとつ、困った問題があった。近代社会はまったく予測不能としか思えなかったのだ。人間の行動を見るかぎり、認識可能な法則に従っている印象を受けなかった……

ちょうどアイザック・ニュートンが登場する以前の宇宙が、解読不能に見えたのと同じだった。(12)

ケトレーは天文学者としての野望を打ち砕いた革命についてじっくり考えているうちに、社会を管理する学問を創造できないだろうかと閃いた。それまで自分は、天体の謎めいた混乱のなかに隠されたパターンを見いだす方法を学んできた。社会的行動は一見混乱しているが、そこから隠されたパターンを見つけるために同じ学問を利用できないものだろうか。ケトレーは新しい目標を設定した。天文学の手法を人間に関する研究に応用し、社会物理学の分野でアイザック・ニュートンのような存在になることをめざしたのである。(13)

運もケトレーに味方した。社会的行動の研究という決断は、歴史的に絶好のタイミングだったのである。当時のヨーロッパには史上初めて「ビッグデータ」の大波が押し寄せ、ある歴史家はこれを「数字が雪崩《なだれ》を打って印刷されている」と評した。(14) 一九世紀に入って官僚機構や軍隊の規模が大きく膨らみ始めると、国家は国民に関する大量のデータをまとめて公表するようになった。たとえば毎月の出生数と死亡者数、毎年投獄される犯罪者の人数、各都市での病気の発生件数が対象になった。(15) まさにこれは現代のデータ収集の始まりにほかならないが、こうして寄せ集めたデータを有効活用する方法は誰にもわからなかった。人間に関するデータはあまりにも統一感がなくて分析不可能だと、当時はほとんどの科学者が信じていた。そこにケトレーが、天文学で使われている数学を応用する決意に燃えて登場したのである。

一八世紀の天文学者に共通する作業のひとつが天体の速度の測定で、ケトレーはそれに注目した。測定するためには、望遠鏡のガラスに二本の平行線を刻みこみ、そのあいだを惑星や彗星や恒星などの物体が移動する時間が記録された。たとえば天文学者が土星の動く速度を計算し、将来どのあたりに姿を現すのか予測したいときには、土星が最初の直線に触れた瞬間に懐中時計をスタートさせ、二本めの直線に触れた瞬間に時計を止める。[16]

ところがこの方法には大きな問題があることを、天文学者たちはすぐに発見した。一〇人の天文学者が同じ物体の速度を測定すると、全員の測定値が異なってしまうケースがめずらしくなかったのだ。複数の観察から複数の結果が得られ、使えるものをひとつだけ選ばなければならないとしたら、科学者はどのように決断すればよいのか。最終的に天文学者は巧妙な解決策を採用し、それは当初「平均法」と呼ばれた。[17] 個々の測定値をすべてまとめたうえで、「平均値」をひとつ割り出すのだ。ひとつの観測結果に頼るよりも、このほうが真の値を正確に予測できると提唱者は主張した。[18]

社会科学の確立という大事業に乗り出したケトレーにとって、天文学の平均法を人間に応用したことは、最も重大な決断になった。この決断をきっかけに、社会が個人を評価する方法に革命がもたらされたのである。

平均人

一八四〇年代初めにケトレーは、エジンバラの医学雑誌に公表されたデータの分析を行なった。そこにはスコットランド人兵士五七三八人の胸囲の測定値がインチ単位で記されていた。これは人間を研究対象とする学問分野において地味な取組みながら、その成果は科学史のなかで特筆に値する。ケトレーはすべての測定値を合計してから、兵士の人数で割り算をした。その結果からは、三九・二五インチ（およそ一〇一センチメートル）という数字が得られ、これがスコットランド人兵士の胸囲の平均値となったのである。人間の体のあらゆる部分に関して、科学者が平均を計算したのはこれが初めてだった。[19] しかし、歴史的な偉業はケトレーの計算ではなく、一見シンプルな疑問への彼の回答だった。この平均値は実際のところ、いったい何を意味するのかと、彼は問いかけたのである。

もしじっくり考えてみるならば、「平均サイズ」が何を意味するのかは、実際のところ明快にはほど遠いことがわかる。正常な人間のサイズのおおよその目安だろうか。無作為に選ばれた人間のサイズの推定値だろうか。それとも、数字の裏には何か、もっと深い根本的な意味がこめられているのだろうか。ケトレーの解釈――人間の平均値に関する初の科学的解釈――は予想どおりというか、天文観測の概念に基づいたものだった。

天体についての個々の測定値（土星の速度に関するひとりの科学者の測定値など）には常に何らかの誤差が含まれるが、個々の測定値を合計した集合体としての誤差（土星の速度に関する大勢の科学者の測定値、あるいは、ひとりの科学者が複数回にわたって行なった測定の値など）は、平均値を使えば最小限に抑えられると天文学者は信じていた。[20] 実際、著名な数学者カール・ガウスによる有名な証明も、物体の真の値（土星の真のスピードなど）に何よりも近いのは平均値であることを示していると考えられた。[21] ケトレーは、これと同じ発想を人間の平均値の解釈に応用し、個々の人間は誤差を伴うが、平均的な人間は真の人間の象徴だと宣言したのである。[22]

ケトレーはスコットランド人兵士の胸囲の平均を計算したのち、個々の兵士の胸囲の値は自然発生的な「誤差」を伴うが、胸囲の平均値は「真の」兵士のサイズの象徴だという結論を導き出す。ケトレーによれば、真の兵士とは自然の理想像を体現した完璧な兵士であり、いかなる肉体的欠点や障害も持たない。[23] 彼はこの奇妙な解釈を正当化するため、「剣闘士の彫像」として知られる比喩で説明を試みた。

では、ケトレーの主張する剣闘士の彫像とはどのようなものか。彫刻家たちによって、彫像のコピーが一〇〇〇体、制作されたと想像しよう。これらの手作りの作品にはかならず何らかの誤りや欠点があるので、どれもオリジナルとは異なってしまう。しかしケトレーによれば、一〇〇〇体すべての平均値を採用した「平均的な彫像」は、オリジナルとほぼ同じ姿になるという。そこから彼は論理を飛躍させ、同様に一〇〇〇人の兵士の測定値を合計して平均値を割り出せば、「兵士の真の像」にきわめて近くなると考えた。生身の兵士は全員が不完全だが、プラトン的イデアの領域に属する兵士は真の存在なのだ。[24]

人間性全般に関してもケトレーは同じ論法で臨み、宇宙には人間の理想像と言える雛型が存在しており、個々の人間は欠点のあるコピーにすぎないと主張した。そしてこの雛型を「平均人」と名づけた。[25]もちろん今日《こんにち》では、「平均的」と評価されるのは凡人で、劣っている点や足りない点があるものと見なされる。しかしケトレーにとって平均人は完璧そのもので、造物主が望む理想の姿にほかならず、誤りとはまったく無縁だった。彼が考える歴史上の偉人は、活躍した時代や場所において平均人に誰よりも近い存在だった。[26]

平均人の秘密の顔を明らかにしたいとケトレーは願い、できるかぎり多くの特質に関してデータの計算に乗り出した。身長、体重、顔の造作の平均だけでなく、結婚した年齢や死んだ年齢の平均も割り出した。さらに、年平均出生数、貧困層の平均人数、犯罪の年平均発生件数、犯罪の平均的なタイプ、平均教育程度、年平均自殺率まで算出した。そのうえでケトレー指数――今日ではボディマス指数（BMI）として知られる――を発明し、平均的な健康の目安となるBMIの平均値を男女別に割り出したのである。これらの平均値はどれも、真の人間すなわち平均人の隠された資質を象徴しているとケトレーは主張した。

彼は平均人を大いに賞賛する一方、平均から乖離《かいり》している不幸な人間には同様の強い反感を抱いた。「平均人の体のバランスや条件と異なるものは、すべてが欠陥であり病気だ」と主張している。「バランスや形状が平均と異なるものも、観察値の限度枠を超えているものも、すべてが奇怪だ」と考えた。(27) そんなケトレーはまず確実に、ノーマの彫像を賞賛しただろう。「いかなる社会のいかなる時代においても、平均人の資質をすべて所有する人物は、偉大なるもの、善なるもの、美しいもののすべてを象徴する存在だ」と彼は宣言している。(28)

今日では平均的な人間を完璧とは考えず、その代わり、集団の原型の象徴、すなわちタイプと見なす。人間は心のなかで、人びとを単純にタイプ分けする傾向が強い。たとえば「弁護士」「ホームレス」「メキシコ人」といった集団のメンバーは全員が一連の特徴を共有しており、それに従って行動すると想像する。この衝動はケトレーの研究によって科学的に正当化され、あっという間に社会科学の土台となった。彼が平均人というアイデアを導入して以来、科学者は人間を限りなく多くのタイプに分類し、それぞれの特徴を細かく描き出すようになった。「タイプAのパーソナリティ」「神経過敏なタイプ」「うるさい上司」「リーダータイプ」など、各集団のタイプ、すなわち平均的構成員の特質を理解すれば、それに該当する個人がどんな人間か予測するうえで役立つと考えた。

人間に関する統計が混乱をきわめていた時代、ケトレーが紹介した平均人という新たな発想は好ましい秩序をもたらしたように思えた。同時にこれは、他人を既成概念に当てはめようとする人間生来の願望の正当性を立証したのだから、当然ながら彼のアイデアは急速に支持を広げていった。各国政府は国民を理解して社会政策を考案する土台として、ケトレーの社会物理学を採用する。さらに彼のアイデアの影響で、政治家は中産階級に注目するようになった。中産階級は平均的な国民に最も近い存在と見なされたからであり、ケトレーの論法によれば、ベルギー人、フランス人、イギリス人、オランダ人、プロイセン人などのまさしく真のタイプだったからだ。一八四六年には、ケトレーの指導によってベルギー政府の初の国勢調査が行なわれ、のちにこれは近代のすべての国勢調査にとって最も理想的な基準になった。彼はアメリカの国勢調査の方法を改善するため、当時米国議会の議員だったジェームズ・A・ガーフィールドの相談にも乗っている。[29]

ケトレーの影響はアメリカ軍にまでおよんだ。南北戦争の時代、北軍を率いるエイブラハム・リンカーン大統領は、資源配分の効率化には兵士に関する詳しい情報が必要だと判断し、当時としては史上最大規模の人体の計測を命じた。北軍の兵士全員が人体を測定されただけでなく、医学的、精神的な面でも計測された。そのうえで、ケトレーの新しい学問に忠実に従い、平均値を算出して報告が行なわれた。この大がかりな調査が土台となり、アメリカ軍では標準化設計という原則が長らく定着したのだ。[30]

読者の皆さんも私も平均などめずらしいとは思わない。日常会話の一部になっているし、メディアでも日々取り上げられる。私が本書の執筆に取り組んでいるあいだにも、ニューヨークタイムズ紙には学生の借金の平均、ゴールデンアワーのテレビ番組の視聴者数の平均、医師の平均給与に関する記事が掲載されている。しかしケトレーが新しい平均を紹介するたび、大衆はとまどった。たとえば彼は、毎年の平均自殺率が比較的安定して推移していることを紹介した[31]。今日の私たちにとっては意外なニュースでもないが、一八三〇年代には自殺は理性に欠けた個人的な決断と見なされ、意味深いパターンに従っている可能性は考えられなかった。それでもケトレーは、自殺が間違いなく定期的に発生していると論じたうえで、数字が安定して推移しているのは、自殺願望が誰にでも備わっている平均的な性癖にほかならないからだと主張した。彼の証言によれば、平均人は平均的な度合いで自殺を望むのだという[32]。

ケトレーは社会を支配する隠された法則を明らかにした天才として、あらゆる分野の学者や思想家から賞賛された。フローレンス・ナイチンゲールは彼のアイデアを看護に取り入れ、平均人は「神のご意志」だと宣言した。カール・マルクスは共産主義の経済的理論を構築するためにケトレーのアイデアを採用し、歴史的決定論の存在は平均人によって証明されると主張した。物理学者のジェームズ・マクスウェルはケトレーの数学に触発され、気体分子運動論という古典的理論をまとめるに至った。医師のジョン・スノーはロンドンでのコレラ対策としてケトレーのアイデアを活用し、公衆衛生という分野を誕生させた。

実験心理学の父と呼ばれるヴィルヘルム・ヴントはケトレーのアイデアを読んでつぎのように語った。「統計的平均からは、すべての哲学者の知識を合計したよりも多くのことが心理学について学べると言っても誇張ではない。例外はアリストテレスぐらいだ」[33]。

ケトレーによる平均人の発明をきっかけに、平均の時代は幕を開けた。平均は正常で、個人は間違っているという図式が定着し、さまざまなステレオタイプの妥当性が科学によって裏づけられた。これらの前提が採用された結果、空軍では平均的なパイロットを対象にしたコックピットが設計され、マサチューセッツ総合病院のインストラクターは私に、平均的な脳のマップを解釈する方法を指導したのだ。子どもの発達が平均値から外れると親は動揺し、健康や社会生活やキャリアが平均から大きく逸脱すると、ほとんどの人が不安を募らせるようになったのである。

しかしケトレーの逸話は、平均の時代の到来に関するストーリーの半分にすぎない。残りの半分を知るためには、フランシス・ゴルトン卿に注目しなければならない。この巨人は当初、ケトレーの最も忠実な弟子のひとりだったが、最後は非難の先頭に立った人物である[34]。

有能者と低能者

一八五一年、万国博覧会——初めての世界博覧会と呼ばれるときもある——がロンドンで開催された。各国からの出展者は、興味深い製品や技術や発明を選りすぐって展示した。このイベントは自国の優位性を世界に証明する場になるだろうと、イギリス人は大きな期待を寄せていたが、会場を歩き始めた途端、望みはついえたことを思い知らされた。最も印象的な展示品はイギリスではなく、アメリカのものだった。大西洋の向こうからやって来た起業家たちが売りこむ技術の素晴らしさは驚異的で、イギリス人が提供するいかなる品よりも優れていた。サミュエル・コルトのリボルバー、アイザック・シンガーのミシン、ロバート・マコーミックの刈り取り機はこのとき登場したものだ。(35) 自分たちはほかの国に後れを取っているのではないかと多くのイギリス人が懸念したが、ある人物は特に不安を募らせた。この人物フランシス・ゴルトンは、イギリスがいきなり落ち目になった原因を自分は理解していると確信していた。それは、下層階級の地位の向上である。(36)

ゴルトンは銀行業と銃の製造で財を成した一族の出身で、裕福な商人階級に属していた。自分の一族をはじめとする上流階級は生まれながらに優秀だと信じる彼にとって、社会の民主化は大英帝国の栄光を汚《けが》しているとしか思えなかった。(37) そして汚された栄光を復活させるためには、社会の上位階層から失われた権威を取り戻すべきであり、その理由はケトレーの数学によって説明できると信じた。

数学者としての訓練を受けたゴルトンは、年長のベルギー人ケトレーの能力を認め、「人口動態統計と社会統計に関する最大の権威」と評した。(38) 平均値は人間を理解するための科学的根拠になると信じる点は、二人に共通していた。実際にゴルトンは、ケトレーのほとんどすべてのアイデアに賛同したが、ひとつだけ、平均人は造物主の理想の姿だというアイデアは例外だった。これほど真実からかけ離れた発想はなかった。ゴルトンから見れば、平均人は凡庸で粗野で際立ったところがなく、要するに、下院への投票を許されるようになった下層階級を象徴する存在だった。(39) 女性はノーマを見倣《みなら》うべきだというアイデアを聞かされたら、一笑に付しただろう。女性が見倣うべきモデルは、女王以外には考えられなかった。

人間には出来るかぎり改善しようとする傾向が平均的に備わっているとゴルトンは信じ、この主張を裏づけるため、従兄弟であるチャールズ・ダーウィンの研究を引き合いに出して、「自然が深い考えもなく、ゆっくり時間をかけて仮借なく実行する事柄を、人類は将来に配慮しながら、速やかに穏やかに実行していく」と記した。(40) 平均からあまりにもかけ離れた存在は「奇怪」だとケトレーは考えたが、ゴルトンにとって、この見解は半分しか正しくなかった。ゴルトン自身やビクトリア女王やアイザック・ニュートンなど、平均をはるかに上回る啓発的な人物は決して奇怪ではなく、その他大勢とはまったく別個の階級に属すると信じた。そして彼らを「有能者」と呼ぶ一方、平均よりもはるかに劣る階級を平均からかけ離れた個人は「エラー」だとケトレーは確信したが、ゴルトンはこの発想を拒んだ。しかしその反面、タイプへの分類というアイデアには賛成している。有能な階級も低能な階級も平凡な階級も、どれも人間のタイプにほかならないと信じていた。つまりゴルトンは、集団の平均的なメンバーは集団のタイプの象徴的存在だというケトレーのアイデアには賛成する一方、平均からかけ離れた人間はエラーだというアイデアを否定したのである。ふたつの発想は明らかに矛盾しているが、ゴルトンはそれをどう解決したのか。道徳や数学の面での解釈を一八〇度転換させ、「エラー」を「ランク」と定義し直したのだ。(42)

平均的な人間よりも走るのが五〇パーセント速いか遅いかは、たいして重要ではないとケトレーは考えるだろう。平均値から同じだけ離れているのだから、完璧な状態との誤差や距離は変わらない。しかし、ゴルトンはそう思わなかった。平均よりも五〇パーセント速く走る人は、五〇パーセント遅く走る人よりも明らかに優れていると主張した。両者は平等ではない。速く走る人のほうが個人としてのランクは高いものと見なした。

ゴルトンは人類を一四の異なった階層に分類した。底辺は「低能者」、中間は「凡人」、いちばん上は「有能者」から成る階層である。これをきっかけに平均の持つ意味は決定的に変わり、正常は凡庸という概念に置き換えられた。しかしゴルトンはまだ満足しなかった。有能者の集団は人類のなかでも抜きん出て優秀なカテゴリーだと信じるあまり、有能者にランクされる人物は精神的、肉体的、道徳的なすべての資質や特徴が突出していると考えたのだ。[43]ゴルトンによれば、知性が傑出している人物は、健康の面でも勇気や誠実さの面でも傑出している。同様に、数学の能力が最低にランクされる人物は、言語能力も平均よりずっと下で、美しさも自制心も評価が最低になるはずだった。「最高の資質のほとんどが関連しあっていることは、統計からも明らかだ」とゴルトンは一九〇九年に記している。[44]彼によれば、「裁判官や主教や政治家など、イギリスの進歩の先頭に立つ職業に就《つ》いた若者を集めてスポーツのチームを作ったら、その時代の最強の集団が出来あがっていた」はずだ。

ランクに関するゴルトンの構想が真実であれば、イギリスの失われた栄光を取り戻すために有能者は最大の希望の星だという主張も裏づけられる。有能者は階級全体として、あらゆる事柄に秀でているからだ。ランクの存在を証明するために、ゴルトンは複数の統計的手法を考案する。そのひとつが相関関係で、さまざまな資質とランクとの関わり合いは、これによって評価できるはずだった。

統計に関するゴルトンの発明はすべて、いわゆる「偏差の法則」に基づいている。良きにつけ悪《あ》しきにつけ、平均とどれだけ離れているかという点が、個人にとって最も重要だという発想である。才能のある人物は「平均以上」で、無能な人物は「平均以下」だという分類は、二一世紀の私たちにとってごく自然で明快なもので、このアイデアがひとりの人物によって生み出されたと考えるのは単純すぎるような印象を受ける。しかし、人間は平均に近いほど価値が高いというケトレーの説を押しのけて、人間の価値は平均とどれだけ離れているかによって決定されるという発想を定着させたのは、ほぼ一〇〇パーセント、ゴルトンひとりの手柄である。タイプの分類というケトレーのアイデアは一八四〇年代の知識人の世界にセンセーションを巻き起こしたが、同様にランク付けというゴルトンのアイデアも、一八九〇年代に大きく注目された。一九〇〇年代初めには、人間は能力の高さに応じて複数の階層に分類されるという概念が、社会科学や行動科学のほぼすべての分野に浸透していた。

つまり、ケトレーが一八四〇年代に社会物理学を発明したときに始まって今日に至る平均の時代は、ふたつの前提に支えられており、それが社会のほぼすべてのメンバーによって無意識に共有されていると言ってもよい。平均人に関するケトレーのアイデアと、ランク付けに関するゴルトンのアイデアのふたつだ。ケトレーと同じく私たちは全員、正常さを判断するうえで平均は信頼できる指標だと信じるようになった。肉体的な健康、精神的な健康、個性、経済的地位に関しては、特にその傾向が強い。その一方、狭い範囲での成果をランク付けすれば、人びとの才能を評価するための手がかりになるとも信じる。今日では世界各地の教育制度、雇用慣習、従業員の業務評価制度において、このふたつのアイデアが大前提としておおむね機能している。

個人の評価にケトレーがおよぼした影響はさまざまな制度のなかにいまだに深く根づいているが、私生活により深く鮮明に関わっているのはゴルトンの遺産のほうだ。たとえば私たちは誰もが、できるかぎり平均より高く評価されたいというプレッシャーを感じる。ほとんどの場合、具体的に何に関して平均以上になりたいのか考えさえしないが、とにかく平均以上をめざして努力する。なぜなら、理由は明らかだからだ。他人から凡人とか厄介者、すなわち平均以下と見られないようにしなければ、平均の時代において成功は達成できないのだ。

平均主義者の台頭

二〇世紀が幕を開けた頃には、社会科学者や政策立案者の大半が平均に基づいて人びとを評価するようになった[45]。その結果、新しい統計的手法が採用されるようになったが、個人と社会の関係についての解釈も根本的に変化した。タイプ分けもランク付けも、どちらも個人を集団の平均と比較する。したがってケトレーもゴルトンもしきりに強調するように、個人について真に理解するためには、所属する集団との比較が欠かせないと考えられるようになった。つまり新しい社会科学の視点では、個人はほとんど不適切な存在に成り下がってしまった。

「個人について語るときには、特定の人間について語ってはいけない。大勢の人たちから得られる一般的な印象に注目するべきだ。個性を取り除けば、偶発的な要素のいっさいが排除される」とケトレーは一八三五年に記した。[46] 一方、ゴルトンが一九〇一年に創設した学術誌《バイオメトリカ》の創刊号は、「人生にはさまざまなタイプがあるが、どのタイプを研究してもかならず、個人の重要性が小さいことに気づかされずにはいられない」と主張している。[47] ある人物が九〇パーセンタイル値、すなわち統計データを数値が小さい順に並べたとき、全体の九〇パーセントの位置に当てはまるという評価と、内向的なタイプだという評価のあいだには根本的な違いが存在するように思えるが、結局はどちらにおいても平均との比較が行なわれる。このふたつのアプローチは数学についての解釈が異なるだけで、核となる信念は共有している。どちらにおいても個性が重視されることはない。

平均が初めて社会に導入されたとき、ビクトリア朝の有識者の多くは直ちに危機感を抱いた。人間を理解するための新しいアプローチに違和感を覚え、個性を無視する姿勢の危うさについて大勢の人たちが予言的な警告を発した。一八六四年に発表されたエッセイのなかでイギリスの著名な詩人ウィリアム・サイプルスは、平均を振りかざす新しい世代の科学者や役人のうわべの勝利を認めたうえで、彼らを平均主義者と揶揄した。これは実に便利で的を射た表現なので、私もこれを採用し、科学者にせよ教育者にせよ経営者にせよ、平均に基づいて個人を理解しようとする人たちを例外なく平均主義者と呼ぶことにしている。

サイプルスはこのエッセイのなかで、平均主義者が支配する未来を想像し、つぎのように憂慮している。「これらの平均主義者は、殺人、自殺、（不幸な結合である！）結婚についての統計をとったうえで、出来事には定期的な均一性が備わっていることがこれで証明されると指摘する……これでは私たちは個々の人間というよりも、人間という集団の構成単位になってしまう……その結果、百分率で示される数字をあるときは甘んじて受け入れ、あるときは達成目標とする必要が生じる。そして運命は定めとして個人に与えられるわけではなく、統計学的集団のなかで割り当てられたものにすぎないと認められなければならない……現代の算術に対する盲信には、抗議の声が上がるのも無理ないだろう。これに黙って従えば、かつてなかったほどの破滅が人類にもたらされる恐れがあるからだ。これからは、物事の結果は宿命ではなく、小数の部分まで細かく予想できることになるだろう。個人差は注目されなくなり、何事も平均的な解釈が可能だという発想になってしまうだろう」[48]。

平均主義者の影響力の拡大を憂慮したのは詩人だけではない。個人的な評価に平均を使うことには、患者を抱える医師も強く反発した。「特定の治療法が八〇パーセントの患者に効果をおよぼすかどうか、医師は知りたがるかもしれない。しかし患者は誰もが、自分がその八〇パーセントに該当するかどうかを知りたがるものだ」[49]と、実験医学の父と言われるフランス人医師クロード・ベルナールは一八六五年に記した。「いわゆる大数の法則は、医師とは無関係である。ある偉大な数学者の表現を借りれば、集団にとっては真であり、個人にとっては偽となる法則だというが、そんなものに賛同することはできない」[50]。

しかし社会は、こうして早い時期から寄せられた抗議に耳を貸さなかった。そして今日、私たちは出会う人すべてを、いや自分自身も含め、反射的に平均と比較して判断を下す。平均的な市民が持つ親友の人数（アメリカでは八・六人）、平均的な人が生涯のなかでキスを経験する恋人の人数（女性は一五人、男性は一六人）、平均的なカップルが毎月お金をめぐって繰り広げるけんかの件数（アメリカでは三件）がメディアで報じられるとき、これらの数字を自分自身の人生と機械的に比較しない人は稀だろう。キスの回数が平均よりも多ければ得意な気分になるかもしれないし、少なければ反射的に自己憐憫や恥ずかしさに打ちひしがれるだろう[51]。

タイプへの分類やランク付けは物事の基本であり、自然にかなった正しい行為だと見なされるようになり、このような判断が、判断される個性を殺してしまうという事実はもはやまったく意識されない。ケトレーから一世紀半が経過した今日、一九世紀の詩人や医師が危惧したとおりの展開が引き起こされた。私たちは全員が平均主義者になってしまったのだ。

第2章 私たちの世界はいかにして標準化されたか

高校を中退した後、私はごく短期間、ユタ州クリアフィールドにある大きなアルミニウム・プレス加工工場で働いた。私にとってはここが、仕事の世界への入口になった。初日に手渡された小さなカードには、作業の手順が事細かく説明されていた。手や足の好ましい動かし方まで指示されている。まだ加工される前のアルミニウムの塊《かたまり》はひとまとめにして保管されているので、そこからひとつ取り出し、焼けつくように熱いプレス機まで運んでいく。そして塊を機械にはさむと、まるで粘土遊びセットのプレイ・ドウ・ファン・ファクトリーのように、ひねり出されるときはL字型やS字型に姿を変えている。プレスされたアルミニウムをパレットに載せてから、今度は機械のボタンを押すと、アルミ板一枚のプレスが完了した証拠が記録される（給料の一部は、プレスした枚数に基づいて支払われた）。それから塊の保管場所に戻り、また一から繰り返すのだ。

この仕事についていつまでも忘れられない記憶はふたつ。ボタンを押しては走り、押しては走り、押しては走り……同じ作業を際限なく繰り返すことと、シフトの開始と終了を知らせるため工場に鳴り響くベルの金属的で耳障りな音である。作業には人間性のかけらもなかった。アルミニウム工場の工員として、私の個性はまったく顧《かえり》みられない。ちょうどイギリスの詩人サイプルスが警告したように、私は「一個の人間」、すなわち単なる統計値、平均的な労働者にすぎなかった。これは決して偶然ではない。職場全体が平均主義の原則に基づいて設計されており、個人は平均と比較することによって評価、分類、管理できると仮定されていたのだ。

そもそも平均主義は、ヨーロッパのふたりの科学者が複雑な社会問題を解決するため、数学を使ったことによって発明された。したがって、学者や知識人しか関心を持たない難解な原理であり続けたとしてもおかしくはない。ところが、皆さんや私が生まれた世界では、平均という概念が誕生から死に至るまで、生活のあらゆる側面を左右している。自尊心という、自分の内面に最も深く関わる判断にまでその影響はおよんでいる。一体全体、象牙の塔のなかに閉じこめられていた抽象的な憶測はどのような経過をたどり、世界中の企業や学校にとって最も重要な組織原則になったのだろう。この疑問への回答の鍵を握るのは、フレデリック・ウィンスロー・テイラーというひとりの男性である。

テイラーは「男女を問わず二〇世紀の人びとの職場や家庭での生活に、誰よりも大きな影響をおよぼした」と、ある経済学者は書いている。[1] 一八五六年、ペンシルベニア州の裕福な一族に生まれたテイラーは、十代のときに二年間プロイセンに留学した。当時のプロイセンは、ケトレーのアイデアに基づいて学校や軍隊の組織を真っ先に再編した国のひとつだった。したがって、テイラーがここで初めて平均主義のアイデアの数々に触れた可能性は高く、それが最終的に彼の功績の哲学的土台を形成したと考えられる。[2]

帰国するとテイラーは、フィリップス・エクセター・アカデミーというプレップ・スクールに入学する。家族からは、父親に倣《なら》ってハーバードで法律を学ぶものと期待されたが、その代わりに、フィラデルフィアのポンプ製造会社に機械工の見習いとして就職した。私は若きテイラーの進路決定について初めて読んだとき、同志にめぐり合ったと思った。悩める青年テイラーが、学校でも人生でも将来を決めかねているところを想像したものだ。ところが、それは間違いだった。ポンプのメーカーで働く決断は、野心に燃えるマーク・ザッカーバーグがフェイスブックを設立するため、ハーバードを中退した決断に匹敵するものだったのである。

一八八〇年代のアメリカは、農業経済から工業経済へと移行しつつあった。新たに鉄道が敷設されると、各都市のあいだに線路が網の目状に張りめぐらされた。移民が洪水のように猛烈なスピードで押し寄せ、界隈を歩き回っているあいだに英語の単語をいっさい耳にしなくてもおかしくなかった。都市は急速に拡大し、シカゴの人口は一八七〇年から一九〇〇年にかけて六倍も増加する。こうして社会が混乱に陥ると、経済には重大な変化が訪れたが、どこよりも大きな変化は製造分野で新たに誕生した巨大な組織、すなわち工場の内部で進行していた。工場に電気が引きこまれ始めた時代、テイラーはハーバードへの進学をやめて、エンタープライズ・ハイドローリック・ワークスに就職した。モノを作ったり組み立てたり建築したりする作業は、今日《こんにち》のシリコンバレーと同じく、世界制覇を実現するための絶好のチャンスに感じられたのである。(3)

テイラーは工業という胸躍る新しい世界で名を成したいと願うが、幸いにも、ポンプ会社の経営者は彼の一族の友人だった。おかげで重労働は最小限ですませ、たっぷり確保できる自由時間を利用して、工場の経営について細かい部分まで観察したり考えたりすることができた。やがて徒弟時代を終えると、今度はミッドベール・スチール社の機械工場の工員となった。幸いここも一族の友人が経営する企業だったため、テイラーは順調に出世の階段を上った。六年間で六度の昇進を経て、ついには会社全体を統括する主任技師に昇りつめたのである。(4)

この六年のあいだ、テイラーは新しい時代の工場生産に伴う問題についてじっくり考えた。問題は山積みだった。第二次産業革命が始まって最初の数十年間は、急激なインフレ、賃金の大きな落ちこみ、金融パニックの頻発が目立った。テイラーがミッドベール社で働き始めた頃、アメリカの景気は当時としては最悪の状態だった。労働者が一ヵ所にとどまることは滅多になく、工場の離職率は一年で一〇〇パーセントから一五〇〇パーセントにまで跳ね上がった(5)。工業化時代の新たな経済問題を引き起こしているものは何か、誰も正確に理解していなかった。しかし主任技師に任命された頃のテイラーは、真の原因を突き止めたと確信していた。それは効率の悪さだ(6)。

電化された新しい工場は労働力を大量に無駄遣いしているとテイラーは主張して、そのいっさいは、工場が労働者を組織する方法に原因があると指摘した。彼から見れば、従来の方法は効率が悪く的外れで、何よりも非科学的な印象が強かった。これより七〇年前に産業革命が幕を開け、織物業や製鉄業や蒸気動力に代表される大規模産業が初めて登場すると、社会には激変が引き起こされた。それを目の当たりにしたアドルフ・ケトレーは社会を科学的に分析した末に新たな社会問題の解決を試みて、社会物理学のアイザック・ニュートン的存在になった。そして一八九〇年代、テイラーは経済の新たな大変動を目撃すると、工場が主役になった時代の問題は、労働を科学的に分析することによってのみ解決されると宣言した。要するに、産業組織におけるアドルフ・ケトレー的存在をめざしたのである。

個性を重視しない平均主義を中心に据えれば、無駄は系統的に解消されるとテイラーは確信した。その結果、「これまでは人間が優先されたが、将来は組織が優先される(7)」ことになったのだ。

始めに組織ありき

テイラーが労働を科学的に分析する手法を発明する以前、企業は確保可能な人材のなかから——特殊なスキルの有無はともかく——最も有能な労働者を雇用するのがふつうだった。スター的存在の従業員には企業の生産工程を再編する作業が任せられ、彼らの生産性向上に最も役立ちそうだと判断された組織が採用されていった。しかしテイラーから見れば、これはまったく時代遅れなやり方だった。たとえ労働者がどんなに優秀であっても、個別の労働者の好みに合わせて組織を順応させるのは企業にとってあるまじき行為だった。むしろ組織に適合するような、平均的な人間を企業は採用すべきなのだ。「組織は平凡な能力の個人から成り立つほうがよい。彼らの置かれた状況がどんな基本的な事実から成るのか分析し、それに基づいて考案した政策や計画や手順にしたがって作業を進めていけば、天才の閃きによって運営される組織よりも、最終的には成果の面でも安定性の面でも勝るだろう」とテイラーは主張した(8)。

一八九〇年代に入ると、テイラーは産業組織論に関して考案した新たなビジョンの普及に努めた。平均法によってエラーが最小限に食い止められるのと同様、新しいビジョンによって効率の悪さは最小限に食い止められると考えたのだ。このビジョンは、平均主義の重要なコンセプトのひとつを土台に据えていた。それは標準化である。[9] 標準化は、政府官僚機構や科学的データ収集の分野でケトレーが最初に提唱した概念である。しかしテイラーによれば、人間の労働の標準化について閃いたきっかけは、フィリップス・エクセター・アカデミーの数学教師だったという。[10]

この教師はテイラーをはじめとする生徒に数学の複数の問題を与え、すべて解けたら指をパチンと鳴らして挙手するよう指示した。そのうえで生徒たちが問題を解くまでの所要時間をストップウォッチで計り、平均値を計算で割り出した。そして宿題を出すときにはこの平均時間を参考にして、平均的な生徒が二時間で解ける量を与えたのである。

教師が宿題を標準化した方法は、生産工程の標準化に応用できることをテイラーは認識した。[11] そして手始めに、ミッドベール・スチール社で標準化に取り組んだ。まずは、石炭を炉にくべるなど、工場で行なわれる作業のスピードを改善するための方法を探した。そしてテイラーが満足できるレベルまで作業が最適化されると、その作業を労働者が完成させるまでの所要時間の平均値を割り出した。さらに、作業を行なうために体を動かした回数の平均値も計算し、たとえばシャベルで一度にすくう石炭の最適量は九・五キログラムと決められた。そして最後にこれらの平均値に基づいて生産工程全体が標準化されたのである。各作業を進める方法は固定化され、ほかのやり方は許されない（石炭をシャベルですくう際には、九・五キログラムの石炭をすくうために最適化された特殊なシャベルを使うべきだとされた）。労働者は規格から外れることを禁じられた。ちょうど私が、アルミニウムのプレス加工を常に同じ方法で繰り返したのと同じだ。

テイラーは、どんなプロセスを仕上げるためにも「唯一最善の方法」が常に存在すると考えた。唯一の方法とは、すなわち標準化された方法である。(12) 彼にとって、労働者が自分独自の方法で作業を試みるのは最悪の展開だった。「独創的な人間の多くが挫折するのは、発明の才に溺れるからだ」と一九一八年に雑誌の記事で警告している。「平均的な人間がまったく新しい機械や方法やプロセスをわざわざ作り、すでに成功しているものと取り換えるなど、決して認められない」と語った。(13) アメリカの工場は、テイラーが提唱した標準化の原理を採用する。ほどなく就業規則が貼り出され、標準作業手順書が印刷され、作業指導票が発行され、作業をいかに進めるべきか事細かく指示されるようになった。かつて独創的な職人として賞賛された労働者は、自動人形の地位に成り下がってしまった。(14)

今日、近代的な企業においては、かつてテイラーが提案したときとほぼ同じ形で標準化が実行されている。実際に私も、アルミニウム・プレス工場で経験した。これは私にとって初めてのフルタイムの仕事だったので、この非人間的な単純労働はユタ州の一企業に限られるものだと考えた。しかしすぐに、その誤りに気づかされた。二年後、私はある大手クレジットカード会社に顧客サービス担当者として採用された。エアコンのきいたオフィスで快適な回転いすに座っていると、工場での仕事とはずいぶん違うように感じられた。ところがそれは思い過ごしだった。ここでもやはり、私の役割はテイラーの標準化の原則によって厳密に定められていたのだ。

電話での応対に関して記された事細かな指示書が与えられ、そこから絶対に外れてはならないと念を押された。指示に忠実に従えば、顧客対応の電話は平均所要時間で終了するはずで、一回ごとの電話の所要時間で勤務評価は行なわれた。もしも平均所要時間を超えると、私のコンピューターの画面には赤色が点滅し始める。電話の内容ではなく、会話をできるだけ早く切り上げることに集中しなければならない。電話が終了するたび、コンピューターは私の平均所要時間を更新し、グループの平均値との比較を行なう。しかも私の平均値は上司にも報告される。私の平均所要時間がグループの平均を大きく超えていれば、上司の訪問を受けることになるが、実際に何度かそれを経験した。平均所要時間がいつまでも長いままなら、解雇もあり得る。ただし私は、それが現実になる前に自分から会社を辞《や》めた。

それから数年間、私は小売店、レストラン、販売代理店、工場など職を転々としたが、どの組織でもかならず、私の仕事は「始めに組織ありき」というテイラーの信念に基づいて標準化されていた。どんなときも私は機械の歯車のひとつにすぎず、個人の意思を表現したり個人的に説明責任を引き受けたりするチャンスに恵まれなかった。平均にできるかぎり近づくよう常に要求され、他人と同じようになること、他人と異なる場合は秀でることだけが期待された。しかも、これでは個性を発揮できないとか、退屈で勤労意欲が湧かないとか訴えれば、たいていは怠慢で無責任だと非難された。標準化されたシステムにおいて個性は重視されないが、それはまさにテイラーの狙いどおりの展開だった。

マネージャーの誕生

標準化に関しては、まだひとつ大事な質問の回答が得られていない。企業を統制する基準は、誰が決めるのだろう。テイラーによれば、絶対に労働者ではない。計画や管理や意思決定のいっさいを企業は労働者から取り上げ、「プランナー」という新しい階級に委《ゆだ》ねるべきだという。プランナーは労働者を監督し、生産工程を標準化するための唯一最高の方法を決定する責任を引き受ける。この新しい役目を表現するために、テイラーは当時考案されたばかりの言葉を採用した。「マネージャー」である(15)。

マネージャーという概念は現代の私たちにとって身近なアイデアに感じられるが、一九世紀のビジネスの一般通念には反していた。テイラーより以前、肉体労働を行なわず机に向かっているだけの従業員は「非生産的」で、無駄な出費と見なされた。実際に仕事を行なうわけでもないのに計画だけ立てるような人材は、雇う意味がないと考えられた。しかしテイラーは、この見解がまったくの間違いであると主張した。工場には、腕に指図する頭脳が必要だというのだ。[16] プレス機をセットアップする唯一最高の方法、アルミニウムをプレスする唯一最高の方法、労働者を雇い、スケジュールを組み、給与を支払い、解雇する唯一最高の方法を見つけ出すような、プランナーが必要だった。今日、マネージャーという言葉は意思決定に関わる上級管理職という意味で使われるが、それはテイラーの非凡なビジョンのおかげだ。

さらにテイラーは徹底的な分業体制を確立し、それは現代の職場の定義として瞬く間に普及した。マネージャーは采配を振るい、従業員は実際に仕事を行なうシステムである。テイラーの時代、従業員は主に工場労働者だったが、今日では管理補佐、採血者、航空交通管制官、電気技師、薬剤研究者など、さまざまな役割が含まれる。一九〇六年の講演で、テイラーは労働者とマネージャーの関係をつぎのように説明した。「われわれの構想においては、労働者に自主性を要求しない。自主性はいっさい望まない。こちらの命令に従い、言われたとおりに行動し、速やかに作業を遂行してくれるだけで十分だ」[17]。一九一八年、テイラーはこのようなアイデアを重ねて強調し、同様のアドバイスを向上心に燃える機械技師たちに行なった。「来る年も来る年も毎日、誰もが繰り返しふたつの質問を自分に投げかけなければいけない。『自分は誰のために働いているのか』『この人物は自分に何を求めているのか』というふたつの質問だ。きみたちが成功したければ、上司はきみたちのやり方を尊重するのではなく、自分のやり方で行動させるつもりだという現実を忘れてはいけない」[18]。

テイラーは標準化と管理というふたつのアイデアについて、一九一一年に刊行された著書『科学的管理法――マネジメントの原点』（*The Principles of Scientific Management*）のなかで明確に述べている[19]。同書はアメリカ国内でも海外でもビジネス書のベストセラーになり、一〇カ国語以上に翻訳された[20]。出版とほぼ同時に、科学的管理法――簡単に「テイラー主義」と呼ばれることも多い――は、世界の産業界を席巻した。

事業主は企業の再編に乗り出した。複数の部門やサブ部門が創設され、各部門のトップにはテイラー主義を象徴するマネージャーが据えられた。そしてこの新しい企業では、「組織図」が焦点になった。人事部門が設立され、そこでは従業員の雇用や配属が手がけられる。企画部門、能率向上の専門家、産業組織心理学、時間研究工学は、いずれもテイラー主義から生まれたものだ（一九二九年、ウェスティングハウス社はひとつの工場だけで、時間研究専門のスタッフを一二〇名抱えていた。スタッフは毎月、一〇万以上の生産工程の規格作りに取り組んだ[21]）。

こうして頭で考えて計画する作業と体を使う生産作業が明確に区別されるようになると、計画段階において最善の方法を指導してくれる専門家が、企業から求められるようになった。この欲求を満たすために経営コンサルタント業が誕生し、フレデリック・テイラーは世界初の経営コンサルタントになった。彼の意見は重宝され、一回のアドバイスに現代の二五〇万ドルに匹敵する料金を請求するときもあった。

経営コンサルタントも企画部門も能率向上の専門家も、平均値を頼りに分析作業を行なった。各労働者をスプレッドシート上のセルや棒グラフの数字、すなわち交換可能な平均人と見なすことが、ケトレーやゴルトンの提唱する科学によって正当化されると信じられた。個性が重要ではないことをマネージャーに理解させるのはたいして難しくない。そのほうが仕事は楽で安定するからだ。結局のところ、タイプやランクに基づいて人びとを評価しても、常に正しい結果が得られるわけではない。しかし平均的にはほぼ正しい結果となる傾向が見られるし、標準化されたプロセスや役割を数多く抱える大企業にとっては、それだけで十分だった。さらにマネージャーが従業員に関する決断を間違えても、システムに適合できなかった従業員を非難すればよいのだから簡単だった。

USラバー、インターナショナル・ハーベスター、ゼネラルモーターズは、いずれも早い時期から科学的管理法を導入した。さらにテイラー主義は、れんが積み作業、缶詰製造、食品加工、染め物業、製本、出版、リソグラフィ、金網製造、そして歯科医や銀行やホテルの家具の製造にまで応用される。フランスではルノー社が車の製造に、ミシュラン社がタイヤの製造にテイラー主義を取り入れた。フランクリン・ルーズベルト大統領のもとで進められた国家計画のシステムは、明らかにテイラー主義をモデルにしている。一九二七年には、科学的管理法は世界で広く採用されるようになっていた。国際連盟はこれを「アメリカ文明の特徴」と呼んだ。[22]

テイラー主義はアメリカ資本主義と同一視されることが多いが、その魅力は国境やイデオロギーを超えて広がった。ソ連ではレーニンが、工場を活性化させて工業化五カ年計画を成功させるための鍵として、科学的管理法に注目する。第二次世界大戦が始まる頃には、フレデリック・テイラーはソ連でフランクリン・ルーズベルトと肩を並べる有名人になっていた。テイラー主義の熱心な支持者のなかにはレーニンとスターリンに加えてムッソリーニとヒトラーも含まれており、どちらも軍需産業振興のためにこれを利用した。[23]

一方、個人よりも集団を重視する文化が定着しているアジアでは、科学的管理法は欧米よりもさらに徹底的に採用された。三菱や東芝といった企業は、標準化と労使分離の原則に従い、組織を全面的に再編したほどだ。一九六一年に日本を訪れたテイラーの息子は、鉛筆にせよ写真にせよ、父親の手の触れたものを何でもよいから譲ってほしいと東芝の経営陣から熱心に乞われた。[24]

今日なお、科学的管理法はあらゆる先進工業国の企業組織にとって、最も強力な価値観であり続けている。[25]もちろんどの企業もそれを好んで認めたがらない。というのも、多くの分野において、テイラー主義は人種差別主義や性差別主義と同様に否定的に見られているからだ。しかし目覚ましい成功を収めた世界の大企業の多くは相変わらず、従業員の個性は重要ではないというアイデアを中心に組織を編成している。

そうなると、テイラー主義の枠を超えた根本的な疑問が浮上してくる。組織に従順な労働者と組織の在りようを決定するマネージャーとが分離されることを前提とする社会においては、誰が労働者になり、誰がマネージャーになるのかを社会はどのように決定するのだろう。

教育という工場

二〇世紀に入ってテイラー主義がアメリカの産業に変化を引き起こし始めると、高校で教育を受けた半熟練労働者が工場で大量に必要とされるようになった。しかし、ひとつ問題があった。高校教育は全米一律ではなく、そもそも高等学校がほとんど存在しなかったのだ。一九〇〇年、高卒者の割合は人口全体のおよそ六パーセントにすぎなかった。大卒者はわずか二パーセントである。(26) しかも当時は移民や工場労働者の子どもが都市を中心に大量に流入し続けていたため、教育を受けていない若者の人数がさらに膨れ上がる可能性に直面していた。アメリカの教育制度を全面的に見直す必要があることは、まもなく誰の目にも明らかになった。

教育改革に取り組んだ関係者をまず悩ませたのは、新しい学校制度の使命のあり方である。人道主義の立場をとる教育者のグループは、隠された才能や興味を発見する自由を生徒に提供することが教育に与えられた使命だと考え、そのためには自分のペースで学び能力を開発できる環境を整えるべきだと主張した。なかには、必修課程を設置せず、たくさんの授業のなかから好きなものを選択させるべきだという提案もあった。(27) しかし、全米共通の高等学校義務教育制度を確立する段階になると、人道主義者のモデルは選択肢から外され、まったく異なった教育ビジョンが採用された。テイラー主義のビジョンである。

そもそも両者には公平な競争の場が与えられなかった。人道主義者のほうは、ツイードコートをおしゃれに着こなした学者たちのグループで、北東部の排他的な大学で快適な暮らしをしていた。そんな彼らに対抗したのは現実的な実業家や野心的な心理学者など幅広い分野から成る連合で、全員が標準化や階層管理に深く傾倒していた。この教育界のテイラー主義者たちは、つぎのように指摘した。無制限な選択制授業や教育の自己決定など人道主義者の唱える理想はたしかに素晴らしい。しかし多くの公立学校では一クラスに一〇〇人もの生徒を抱え、しかもその半分は英語を話せず、大勢の子どもが貧しい境遇に置かれているのが現実だ。そんなとき、何でもなりたい者になることができる自由を若者に与える贅沢が、教育者に残されているとは思えない。(28)

そのうえで、テイラー主義化された新しい経済組織で働く大量の人材を準備することこそ、教育の新しい使命だと宣言したのだ。平均的な労働者から成るシステムは天才から成るシステムよりも効率が良いというテイラーの格言に従い、学校は平均的な生徒を対象にした標準化された教育を提供すべきで、優れた人材を育てる場所ではないと論じた。たとえば、ジョン・D・ロックフェラーが設立資金を提供した一般教育委員会という組織が一九一二年に発表したつぎのエッセイには、学校に関するテイラー主義的なビジョンがよく表れている。「われわれは子どもたちを哲学者や学者や科学者にするつもりはない。子どもたちのなかから、作家や教育者、詩人や文学者を育てるつもりはない。偉大な芸術家、画家、音楽家、あるいは弁護士、医者、伝道者、政治家、指導者の卵を探すつもりもない。すでに人材は十分に提供されている……われわれの目の前に準備された仕事はいたってシンプルであり、しかもいたって美しい……われわれは子どもたちを小さなコミュニティにまとめ、彼らの父親や母親が不完全にしかできなかった物事を、完璧に実行できるように教育していく(29)」。

子どもたちを組織化して教育を施し、工場での仕事を「完璧に」こなす労働者に仕立て上げるため、テイラー主義者は科学的管理法の中心的な教義に従って教育制度全体の構造の見直しに取り組んだ。すなわち、平均を使ってあらゆるものを標準化したのだ。たとえば、全米の学校が「ゲイリー・プラン」を採用する。これはインディアナ州の工業都市ゲイリーに由来するもので、生徒は（成績や興味や能力ではなく）年齢別にグループ分けされ、グループ単位でさまざまな教室を順番に回って授業を受け、授業時間はすべて標準化された。生徒たちに将来のキャリアへの心構えを持たせるため、工場のベルをまねて授業の開始や終了を告げるベルも導入された。[30]

テイラー主義を土台とした教育改革によって、教育には新たな役割の職業も導入された。カリキュラムプランナーである。科学的管理法に倣い、プランナーたちは厳密に固定化されたカリキュラムを考案し、学校でのあらゆる業務を事細かく規定した。生徒は何をどのように教えられるか、どのように成績が評価されるか、教科書にはどのような内容を掲載するか、厳密に定められたのである。標準化は全米の学校に広がり、テイラー主義の科学的管理法を模倣したトップダウン方式の階層管理は、教育委員会でも速やかに採用された。その結果、校長や教育長や地区の教育長に、上級プランナーの役割が与えられたのである。

一九二〇年には、アメリカのほとんどの学校がテイラー主義の教育的ビジョンにしたがって編成されるようになっていた。どの生徒も平均的な生徒と見なされ、生い立ちや能力や興味にかかわらず、全員が同じように標準化された教育を受けることをめざした。一九二四年、アメリカ人ジャーナリストのH・L・メンケンは、教育制度の現状をつぎのように要約した。「公教育の目的は生徒の啓発ではない。できるだけ多くの個人を妥当な同レベルに引き下げるための努力を惜しまない。標準化された市民を育てて訓練を施し、反対意見や独創性を奪い取ろうとする。それがアメリカでの教育の目的であり……ほかのあらゆる国での目的でもある」[31]。

要するに、アメリカの学校では厳密なケトレー主義が採用され、平均的な生徒や平均的な労働者の創造をめざし、カリキュラムも授業内容も計画された。ところがある人物は、教育現場におけるテイラー主義者は平均主義への取り組みが不十分だと考えた。かつて平均人というケトレーのアイデアを信奉したゴルトンは、のちにこのアイデアに変更を加え、社会のなかで優秀な市民と二流の市民を区別するために利用した。不気味な相似というか、エドワード・ソーンダイクは標準化に関するテイラーのアイデアを受け入れたのち、このアイデアに変更を加え、学校のなかで優等生と劣等生を区別するために利用したのである。

優等生と劣等生

ソーンダイクは、あらゆる時代を通じて最も多作で、かつ最も影響力のある心理学者のひとりだ[32]。四〇〇本以上の論文を発表し、教科書は何百万部もの売り上げを記録した[33]。ハーバード時代の恩師であるウィリアム・ジェイムズは、仕事中毒と言えるほど猛烈な働きぶりに注目し、彼を「変人」と評した。そんなソーンダイクは教育心理学や教育計量心理学といった新しい分野を開拓しつつ、非常に影響力のある成果の達成をめざした。それは平均の時代において、大学をはじめとする学校の使命を確立することである。

学校のテイラー主義化をソーンダイクは全面的に支持した。実際に彼は、教育長を対象にした全米最大の研修プログラムで指導的な役割を果たし、標準化された教育制度で教育長が科学的に管理できるマネージャーとしての職責を務められるように準備を整えた[34]。しかしその一方、どの学生にも同じ平均的な教育を施し、将来は同じ平均的な仕事を行なわせようとするテイラー主義者のやり方は間違っているとも確信していた。むしろ学校は若者を能力にしたがって分類すべきであり、そうすればマネージャーにせよ作業員にせよ、優れたリーダーにせよ使い捨て可能な落伍者にせよ、人生に見合った職場に配属され、教育資源が無駄なく活用されると考えたのである。ソーンダイクは「質は平等に勝る」という原理を信条としており、どの学生にも同じ教育的機会を与えるよりは、優秀な学生を見つけて手厚く支援するほうを重視した。

そんなソーンダイクはフランシス・ゴルトンのアイデアの熱烈な賛同者であり、「きわめて公明正大な科学人」として尊敬していた[35]。ゴルトンが提唱したランクの概念に共感し、ひとつの物事に秀でている人は、ほかのほとんどの物事にも秀でている可能性が高いという理論を信じていた。そのうえで、自ら考案した生物学的理論によって、学習におけるランク付けの正しさの証明を試みたのである。彼の理論によれば、一部の人間は生まれつき頭の回転が速く、学校にかぎらず人生のあらゆる事柄において成功を収める。一方、なかには生まれつき頭の回転が遅い人間もいて、気の毒にも彼らは学校においても人生においても苦労の連続だという。

学校は才能豊かな学生が大学へ進学し、その後は優れた能力を国の発展のために生かせるような仕事に就《つ》くことができるよう、道を開いてやるべきだとソーンダイクは主張した。その一方で彼は、平均的な能力の大部分の学生は、高校を卒業したらすぐに――場合によってはそれより早く――テイラー主義の労働者として働き始め、工業経済を支えるべきだとも決めてかかった。では、学習能力の劣る学生はどうか……彼らに貴重な資源を費やすのはできるだけ早くやめるべきだと考えた[36]。

だが一体全体、学校はどのようにして学生をランク付けすればよいのか。この質問に対し、ソーンダイクは『個性』（*Individuality*）という皮肉なタイトルの著書のなかで答えている。そこにはゴルトンの定義にしたがって個性に対する評価を見直し、平均からどれだけ離れているかを目安に生徒の独自性や価値を決定すべきだと書かれている[37]。つまり、教育制度のあらゆる側面が平均に基づいて標準化されるべきだという意見にソーンダイクが賛成したのは、テイラー主義者が主張するように標準化された結果が保証されるからだけでなく、各生徒が平均からどれだけかけ離れているか容易に判断できるからだ。これならば、優等生も劣等生も決めやすい。

ソーンダイクは念願だった生徒のランク付けシステムを確立するため、筆跡、スペリング、算数、英語の理解力、スケッチ、読解から成る標準テストを考案し、それは瞬く間に全米の学校で採用された。(38)さらに彼は、算数と語彙とスペリングの教科書を執筆するが、その内容はどれも特定の年齢の平均的な学生を基準に標準化された。この習慣は、今日の学校制度でもいまだに続いている。そのうえ彼は、私立学校やエリート大学だけでなく、ロー・スクールの入学試験まで考案した。(39)ソーンダイクの数々のアイデアからは、優等生、特待生、問題児、教育進路などの概念が生まれた。彼が成績を重視したのは、生徒の全体的な能力をランク付けするうえで便利な測定基準だったからで、GPA（学業平均値）や標準テストで上位にランクされた学生を大学は受け入れるべきだと考えた。（ランクに関するゴルトンのアイデアによれば）成績上位者は大学で成功する可能性だけでなく、将来どのような職業を選んでも成功する可能性がきわめて高いからだ。

ソーンダイクにとって学校の目的はあらゆる生徒を同じレベルに教育することではなく、生来の才能のレベルに応じて生徒を分類することだった。教育は生徒の能力に変化を引き起こすための手段ではなく、優秀な頭脳を持って生まれた生徒や劣った頭脳を持って生まれた生徒を確認できれば十分だという。教育史上まれに見る影響力の持ち主がこんな信条を抱いていたとは、いかにも皮肉である。

ほかの多くの生徒と同じく私も将来の夢を思い描いたとき、ソーンダイクのランク付けの重みをずっしりと感じた。それは高校時代、大学進学適性試験を受けたときのことで、これはアメリカのほとんどの大学で合否基準として使われている。ソーンダイクが存命なら、このテストを大いに気に入っていたはずだ。というのも、テストの結果によってランキングが判明するだけでなく、このランキングを利用すれば、入学を検討している各大学での将来の成績まで予測できるからだ。私はテストの結果をきれいに忘れようと努めたが、当時の痛ましい記憶は簡単には消えず、衝撃的な経験がいまだに心をうずかせる。テストの点数によれば、私はゴルトンが「平凡」と定めた領域に該当し、ウェバー州立大学というユタ州オグデンの自由入学方式の大学に入学した場合、Ｂもしくはそれ以上の成績をとれる確率は四〇パーセントという低さだった。しかしそれでも、私の第一志望であるブリガムヤング大学のケースよりはましだった。ここでは、Ｂもしくはそれ以上の成績をとれる確率は、たったの二〇パーセントだったのである。

この予測に目を通したとき、私は将来の人生について絶望感を抱いた。整然と並べられたパーセンテージの数字は、数学特有の冷酷で近寄りがたい雰囲気を漂わせていた。たった一度のテストで自分の全人格が判断され、劣等生の烙印を押されたような気分で、私はすっかり落ちこんだ。そもそも、いつの日かエンジニアか神経学者になりたいと考えていたのだが、それは愚かな空想にすぎないという現実を突きつけられた。あなたは平均的な学生としての身分に甘んじるべきだと、テストは無情に宣告していた。

ランク付けに執着するソーンダイクは迷路のように複雑な教育制度を作り上げたが、今日そこには学生だけでなく、すべての関係者が閉じこめられている。学年度が終了するたびに教師は学校経営者から評価され、その結果として与えられたランクに基づいて昇進やペナルティや在職期間が決定される。さらに大学などの学校組織が、Ｕ・Ｓ・ニューズ・アンド・ワールドリポート誌などさまざまな出版物によるランク付けの対象になっている。ランク付けの際には在学生のテストの平均点やＧＰＡに重点が置かれ、それを参考にして、将来性のある学生にはどの職場がふさわしく、どれだけの給与が支払われそうか決定される。企業は志願者の学校での成績や母校のランクに基づいて採用を決断するが、企業もまた、社員のあいだでの修士号・博士号の取得者や有名大学出身者の人数によって判断されるケースが多い。さらに国全体の教育制度は、ＰＩＳＡ（*Programme for International Student Assessment*）をはじめとする国際共通テストの結果によってランク付けされる。[40]

二一世紀の教育制度は、ソーンダイクの意図したとおりに機能している。教育カリキュラムは平均的な生徒を対象にして標準化されており、そこでどのような成績を収めるかによって、すでに低学年の頃から分類されていく。平均を上回った生徒には報酬や機会が与えられるが、平均を下回れば見下されて制約を受ける。今日の学識経験者や政治家や活動家は、私たちの教育制度が破綻《はたん》しているとしばしば指摘するが、現実は正反対だ。テイラー主義を土台とする教育制度はこの一世紀のあいだに完成され、オイルを十分に注《さ》した機械のように滑らかに機能している。制度が定めた本来の目標の達成に向けて、少しでも効率を高めようと努力を惜しまない。その目標とは、生徒を効率的にランク付けし、社会でふさわしい地位を割り当てることである。

タイプやランクが支配する世界

一八九〇年代から一九四〇年代にかけてのおよそ五〇年のあいだに、社会制度のほとんどすべてが私たちひとりひとりを平均との関係によって評価するようになった。このような変化を経験するうち、企業も学校も政府も例外なく、制度は個人よりも重要だという確信を徐々に強め、各人のタイプやランクを参考にして機会を提供するようになった。そして今日、平均の時代は衰えることなく続いている。二〇一〇年代の今日、私たちは誰もが平均値との距離の近さによって、あるいは平均をどれだけ超える能力を持っているかによって評価されている。

職場におけるテイラー主義や、学校における標準化とランク付けの実施について、私は災難だと考えているわけではない。むしろ逆だ。社会が平均主義を採用した結果、企業は繁栄して消費者は手頃な製品を確保できるようになった。テイラー主義は社会全体で賃金を押し上げ、多くの人びとを貧困から脱却させた。その功績は、過去一世紀のいかなる経済開発計画よりも優れている。大学志願者や就職希望者に共通テストを義務づけた結果、縁故採用や身びいきの風潮が改まり、たとえ特権に恵まれない学生でも、より良い生活を手に入れる機会にアクセスできるようになった。社会は優等生に資源をつぎこみ、劣等生からは資源を引き上げるべきだというソーンダイクのエリート主義を非難するのはたやすいが、彼はその一方で、富や特権を生徒の将来の決定要因にするべきでないとも信じていた（ただし、精神的素質のレベルは民族ごとに決定されると信じていた）。何百万人もの移民から成るアメリカの教育環境が改善され、高卒者の割合が人口全体の六パーセントから八一パーセントにまで増えたのは、ソーンダイクの功績である。[41]平均を重視するシステムがアメリカ全体に普及したからこそ、かなり安定した民主主義の繁栄が実現したのだ。

しかし、平均主義のおかげで私たちは大切なものを犠牲にした。ノーマを探せコンテストの事例からも明らかなように、社会は私たちをきわめて限定的な規格に当てはめたがり、そこで秀でることが学校やキャリアや人生で成功するための必要条件だとそそのかす。いまや私たちは、誰もがほかのみんなと同じになることをめざす。いや、正確を期するならば、誰もがほかのみんなと同じことで、みんなよりも秀でることだけをめざす。優等生が能力を評価されるのは、全員が受けた共通テストで優秀な成績を上げたからだ。高得点の就職希望者が望ましいのは、同じテストを受けた学生たちよりも資質が上回っていることが、点数によって証明されるからだ。ところがその結果、個性の尊厳は失われてしまった。独自性は負担や障害になり、成功への道を妨げる嘆かわしい要素へと落ちぶれたのである。

私たちが暮らす世界では、企業も学校も政治家も個人の重要性を強く訴える。しかし実際には、個人よりも制度が常に重要だという前提のもとで何もかもが設定されている。従業員は会社で働きながら、自分が機械の歯車のひとつであるかのように感じる。学生はテストの結果や成績を見せられ、夢は実現しそうにないと絶望感を抱く。職場でも学校でも、物事を進める際には正しい方法がひとつだけ存在するものだと教えられる。そしてべつの進路をとろうとすれば、それは見当違いで考えが甘く、完全に間違っていると指摘される。突出することよりも、制度に従うことのほうが優先されるケースはあまりにも多い。

それでも私たちは個性を認められたいと願い、本当に自分らしくなれる社会で暮らしたいと欲する。人工的な基準に自分を無理やり当てはめる必要がなく、生来の資質を尊重しながら学習して能力を高め、機会を追求できるようになればどんなに素晴らしいだろう(42)。私はそんなやむにやまれぬ気持ちからつぎのような重大な疑問を抱くようになり、その回答を準備するために本書の執筆を決断した。個人は平均との比較のみで評価されるべきだという確信に基づいている社会のなかで、個性を理解して生かすことのできる状況をどのようにすれば創造できるだろう。

第3章　平均を王座から引きずりおろす

ペーター・モレナールは科学者として長く評価されてきたキャリアの当初、平均主義者だった。心の発達に関して国際的な名声を確立した研究は、平均を大きな拠《よ》りどころとしていた。平均主義的思考に寄せる信頼は強く、行動科学者は個人を理解するうえで平均に頼りすぎると同僚から暗に指摘されれば、激しく反論することもあった[1]。

モレナールが平均主義を信奉するのも無理はない。結局のところ、それまで彼は数学漬けの人生を過ごしてきた。高校時代には、オランダ数学オリンピックの選手に選ばれた。発達心理学の博士論文は「遅延評価された共分散関数の特異または非特異成分への制約付きスペクトル分解から算出される動学的ファクターモデル」を説明する数学的力作だった。その後も心理学に関するモレナールの出版物には公式や証明がぎっしり詰めこまれているものが多く、いったい心理学の要素が含まれているのかと一般読者は首をひねるほどだった。[2]

モレナールは数学の才能を生かして平均主義に打ちこみ、オランダで学者としての成功の頂点に登りつめた。二〇〇三年、オランダの教育制度では最高ランクのH1教授となり、名門アムステルダム大学の心理学教授法部門の責任者に抜擢された。しかしオランダでは、学者としての頂点に賞味期限があった。すべてのH1教授は後進に道を譲るため六二歳で役職を離れ、六五歳で完全に引退することが法律で義務づけられていたのだ。二〇〇三年に五九歳だったモレナールは、一線を退く心の準備が整っている自信はなかったが、絶頂期のキャリアが黄昏に近づいていくことだけは覚悟していた。ところがそんなとき、予想外の要請を受けた。

同僚の教授が突然退任したので、秋から始まる学期で代わりに講義を担当してほしいと頼まれたのだ。現役の教授としての任期が三年しか残されていない時点での要請に、モレナールは困惑した。しかも頼まれたのは、メンタルテストの理論や教授法に関するセミナーで、言葉のイメージそのままに退屈きわまりない。テスト理論の多くは一九六八年に刊行された教科書によって、現代に合わせた形で体系化されていた。この教科書『メンタルテストの得点に関する統計理論』(*Statistical Theories of Mental Test Scores*) はフレデリック・ロードとメルヴィン・ノヴィックのふたりの精神測定学者が著したもので、「テストのバイブル」としてしばしば評価される。[3] 標準テストの企画・実施・理解をめざす人にとってはいまだに必読の書であり、私自身、大学院で読まされた経験がある。どんどん読み飛ばしていく本、と言えばおわかりだろうか。納税申告用紙の説明書程度の興味しかわかない。大著ではあるが退屈で、実際のところ、眠気を誘うページには平均主義を解明するヒントが隠されているのだが、その存在はすっかり見過ごされてしまう。

代役を引き受ける準備として、モレナールは所蔵している大著のページを開いた。そしてこのとき、彼曰く、アハ体験（aha-erlebnis）を経験したのだ。この言葉はドイツ語で「覚醒」を意味する。この瞬間を境に彼の人生の方向は大きく転換し、ひいては社会科学が土台から揺さぶられたのである。本の序章には淡々とした調子で、いかなるメンタルテストもその目的は、何らかの関心ある特徴について受験者の「真の点数」を確認することだと述べられていた。これは理にかなっている。知能テストやパーソナリティ・テストや大学入学試験を行なうのは、受験者の真の知能程度、真のパーソナリティ・タイプ、真の適性レベルを知りたいからではないだろうか。

つぎにロードとノヴィックのふたりは、以下のように書いていた。当時のテストで優勢な理論──古典的テスト理論[4]──によれば、受験者の真の点数を決定するためには、同じテストを同じ人物に何度も何度も繰り返し実施しなければならない[5]。たとえば数学の適性テストを誰かに繰り返し行なう必要があるのは、テストのたびに何らかのエラーが常に発生すると推定されるからだ（受験者が注意散漫だったり空腹だったり、質問をひとつかふたつ読み間違えたり、あるいは頭が普段以上に回転する可能性も考えられる)。しかし、テストを何回も実施して平均点を割り出せば、その人の真の点数に収束していくだろう。ただしここでは、ロードもノヴィックも十分認めているように、同じ人物に何度もテストを行なうのは実際には不可能であることが問題として浮上する。なぜなら人間には学習能力があるので、たとえば数学のテストを何度繰り返しても内容が同じならば、点数をいくらたくさん集めても思いどおりの結果が得られる可能性は小さい(6)。ロードもノヴィックもその点は十分に理解していたが、敗北を認めるどころか、真の点数を引き出すための代わりの方法を提案した(7)。ひとりの人物を何度もテストするのではなく、大勢の人たちを一度にテストするのだ。古典テスト理論では、個人の点数の分布の代わりにグループの分布を使うことは妥当とされていた。

ほぼ一世紀前にアドルフ・ケトレーは、「剣闘士の彫像」のたとえを使って同様の概念操作を行ない、人間にとっての平均の意味を初めて定義付けした。そのとき彼は、ある兵士の像一〇〇〇体分の平均サイズを割り出せば、一〇〇〇人の生きた兵士の平均サイズを割り出すときと同じ結果が得られると断言した。要するにケトレーも、ロードとノヴィックも、ひとりの人物を何度も測定することと一度に大勢の人たちを測定することとの結果には互換性があると仮定したのだ。

そこに注目した瞬間、モレナールにはアハ体験が訪れた。ロードとノヴィックの風変わりな仮定の影響を受けているのは、テストの領域だけではないことを直ちに認識したのである。この仮定は、個人を研究するあらゆる学問分野の土台としても通用していた。実際、幅広い分野でさまざまな科学的ツールが当たり前のように採用されているが、モレナールは疑問を禁じ得なかった。大学や私立学校の入学試験、英才教育プログラムや特別支援教育プログラムの選考プロセス、心身の健康や病気のリスクを評価する診断テスト、脳モデル、体重増加モデル、家庭内暴力モデル、投票行動モデル、うつ病治療、糖尿病患者へのインスリン投与、雇用政策ならびに人事考課、給与や昇進政策、大学など学校での成績評価の基本手順などは、本当に妥当なものなのだろうか。

グループの分布は個人の分布の代わりとして十分に通用するという風変わりな仮定は、実のところ、個人を研究テーマにするほぼすべての科学者によって暗に受け入れられてきた。ほとんど意識されなかっただけである。しかし、モレナールは数理心理学に生涯を捧げてきた後に図らずも、道理に合わない仮定の実体を鋭く見抜いた。平均主義者は反駁《はんばく》の余地のない間違いを犯していたのである。

エルゴード性の罠とスイッチ

個人を理解するためには個性を無視すべきだという逆説的な仮定は、平均主義の致命的な欠点であることをモレナールは認識した。そしてこの間違いを「エルゴード性のスイッチ」と名づけた。この言葉は、集団と個人の関係について初めて行なわれた科学的議論から誕生した数学の一分野、すなわちエルゴード理論に由来している。(8) 学校や企業や人間科学がいずれも見当違いの思考様式の犠牲になるのはなぜか、その理由を正確に理解したければ、エルゴード性のスイッチが機能する仕組みについて少し学ばなければならない。

一八〇〇年代末、物理学者は気体の運動を研究していた。当時、気体分子の集合的な属性、たとえば容器に詰められた気体の体積や圧力や温度の測定は可能だったが、個々の気体分子の形状や運動については見当がつかなかった。そこで、気体分子のグループの平均的な運動を利用すれば、個々の気体分子の平均的な運動を予測できないものだろうかと考えた。そして物理学者はこの疑問に答えるため、エルゴード理論として知られるようになった一連の数学的原理を考案したのである。グループについての情報を使い、グループのメンバー個々についての結論を引き出してもよいケースが、この理論によって特定されることになった。(9)

ルールはかなり簡単だ。エルゴード理論によれば、以下のふたつの条件が当てはまるかぎり、集団の平均を使って個人について予測しても大丈夫だという。(1) グループのすべてのメンバーが同一である。(2) グループのすべてのメンバーが将来も同じである。(10)

もしも集合体の特定のグループがこのふたつの条件を満たしていれば、グループは「エルゴード的」と見なされ、グループの平均的行動を使って個人について予測してもかまわない。もっとも、この理論は残念ながら、一九世紀の物理学者には役に立たなかった。見かけは単純でも、実際のところ気体分子の大半はエルゴード的ではなかったのだ。[11]

もちろん、人間がエルゴード的でないことは、科学者でなくてもわかる。「どの人間もまったく同じクローンとして凍結され、将来も変化がなければ、グループの平均を使って個人を評価してもかまわないけれどね。でも、クローンじゃないことは一目瞭然だろう」と、モレナールは私に説明してくれた。[12] ところが、ランク付けやタイプ分けといった平均主義の最も基本的なメソッドでさえ、人びとは凍結されたクローンであるという仮定を例外なく採用していた。そこでモレナールは、この仮定をエルゴード的スイッチと呼んだ。非エルゴード的なものを取り上げているのに、どこかでスイッチが入り、エルゴード的なものだと思いこんでしまうからだ。頭が「罠にかかってスイッチが入れ替わる」と考えてもよいだろう。科学者、教育者、ビジネスリーダー、採用担当マネージャー、医師など、誰もが平均主義という罠におびき寄せられ、グループの平均と比較すれば個人を理解できると信じてしまう。しかし実際にはこのとき、個人にとって重要なもののすべてが無視されている。

エルゴード的スイッチが実際にどんな結果をもたらすのか説明するため、具体例を紹介しよう。キーボードをタイプするスピードを変えて、エラーの数を減らしたいと考えているところを想像してほしい。この問題に平均主義的な立場からアプローチするなら、多くの異なった人たちのタイプのスキルを評価してから、タイピング速度の平均とエラー数の平均を比較するだろう。この方法を採用すると、平均してタイピング速度が速いほどエラーが少なくなることがわかるのだが、そうするとこの時点で、エルゴード的スイッチが入ってしまう。その結果、人びとがタイプのエラー数を減らしたければ、自分のタイピング速度を上げなければいけないと、平均主義者は結論を下すはずだ。しかし現実には、タイピング速度の速い人は概してタイピング能力が高い傾向があり、もともとエラー数が少ない。結局のところ先程の結論は、「グループレベル」で引き出されている。では代わりに、個人のレベルでスピードとエラーの関係をモデル化したらどうだろう。たとえば自分がタイプするスピードをいろいろと変えてみて、それに応じてエラー数がどのように変化するか測定してみたらどうか。実際のところタイピング速度を上げると、エラー数は多くなることがわかるだろう。エルゴード的スイッチが入った途端、個人についての知識をグループについての知識で代用するようになり、見当違いの回答が得られてしまう。

　モレナールの覚醒は、平均主義の原罪とも言える誤りも明らかにした。平均の時代が始まった時点で、ケトレーはスコットランド人兵士の平均サイズの解釈を間違ったのだ。ケトレーは兵士たちの胸囲の平均値を割り出し、それが実際に「真の」スコットランド人兵士の胸囲のサイズを象徴していると指摘したうえで、「剣闘士の影像」を使ってこの解釈の正当性を主張したが、この瞬間、まさに史上初めてのエルゴード的スイッチが入ってしまった。おかげで彼は平均的な人間が存在すると信じこみ、平均は理想の象徴であり、個人はエラーの象徴であるという仮説の正当化に努めるようになったのだ。

以後、一世紀半のあいだ、応用科学はケトレーの大きな誤解を土台として構築されてきた。[13] その結果、どんな女性の体とも一致しないノーマ像、どんな人の脳とも一致しない脳モデル、どんな人の生理機能もターゲットにしない標準的な医学的治療、信用力がある個人に不利益をもたらす金融政策、有望な学生を振るい落とす大学入試戦略、例外的な才能を見落とす雇用政策がまかり通るようになったのだ。

二〇〇四年にペーター・モレナールは、個人の研究にエルゴード的スイッチがおよぼす影響について「心理学は個体学である――今度こそ永遠に、科学としての心理学に人間性を回復させる」というタイトルの論文のなかで詳細に説明した。[14] 平均主義の思想に科学者としてのキャリアを捧げてきた末に、平均主義は救いがたいほど間違っていると宣言したのである。

「これじゃまるで、聖書に登場するパウロみたいだと言われるかもしれないね」とモレナールは、微笑みながら語った。「当初僕は、キリスト教徒を迫害していた。平均は間違っている、大切なのは個人だと主張する仲間たちのことだよ。でも、パウロが〝ダマスカスへ向かう道〟の途中で覚醒したときと同じような瞬間を経験した。だからいまや最大の改宗者として、個人の重要性を説く福音を広めている」。

個性学

福音を異邦人に伝えたからといって、素直に耳を傾けてもらえるわけではない。あなたのアイデアに対して最初はどんな反応がありましたかと私が尋ねると、つぎのような答えが返ってきた。「正式に認められてきたアプローチを取り換えようとしても、いや、わずかな変更を加えようとしても、たいていは聞かぬふりをされる。だから今より頑張っても、無駄な努力の繰り返しさ[15]」。

モレナールは個性を重視する方針を宣言してからほどなく、その詳細についてある大学で講演を行ない、聴衆に向かって平均主義と決別するように呼びかけた[16]。これに対してある心理学者は頭を振って「きみは混乱を提案している！」と反論した。平均主義の核心に潜む決定的な間違いをモレナールが紹介すると、精神測定学者や社会科学者からきまってこのように感情的な反応が返ってきた。誰もモレナールの数学の正しさに異議を唱えたわけではない。実のところ、多くの科学者や教育者の職業人生はエルゴード的スイッチに影響されており、エルゴード理論について詳しく考える気持ちになれなかったと言ってもよいだろう。しかしモレナールの数学を理解して、彼の結論は妥当だと認識している人たちでさえ、同じ不安を共有した。ひとりの個人を評価したりモデル化したり、選抜するための基準として平均を使えないなら……何を使うことができるのだろうか。

このきわめて現実的な反論に注目すれば、平均主義がこれほど長く持ちこたえ、社会全体に深く浸透し、企業や大学、政府や軍隊で熱心に支持されてきた理由もわかる。平均主義はほかのどの選択肢よりもうまく機能したのだ。タイプやランク、平均を基準にしていれば、結局のところ非常に都合がよい。「彼女は平均よりも賢い」「彼は卒業生のなかで二番めにランクされる」「彼女は内向的だ」などと発言するために努力する必要はほとんどない。曖昧さとは無縁の数学に基づいている印象があるので、簡潔な発言が真実のように思われてしまう。だからこそ工業化時代には、平均主義は完璧な価値観だったのである。この時代のマネージャーは企業にせよ学校にせよ、大勢の人たちを選り分けたうえで、標準化と階層化の徹底したシステムのなかで適切な場所に配置するための効率的な方法を必要としていた。平均は安定性と透明性を備え、しかもプロセスに無駄がないので、決断を早めてくれる。たとえ大学の学部長や人事担当役員が、口先では学生や従業員のランク付けに伴う問題を指摘したとしても、個人を平均と比較するマネージャーが職を失う恐れはなかった。

モレナールは個性重視を宣言した途端、平均を使えないなら何に頼ればよいのかと、同僚たちから再三にわたり反発された。それも無理はない。数学の複雑な証明だけでは、平均主義は間違っていることを納得してもらえない。平均を独裁者の地位から、もうこれを最後に引きずりおろそうと本気で考えるならば、平均主義に代わるものを提供する必要があった。ランク付けやタイプ分けよりも良い結果が得られるような、現実的な方法で個人を評価しなければならない。

モレナールは上司であるアムステルダム大学大学院の学部長と直接話しあい、個人について研究や評価を行なうための新しい科学的枠組みを作る計画のことを熱心に語った。国際会議など、いくつかの新しいプロジェクトについての具体的なアイデアも提案し、これらの構想に対する資金援助を求めた。

「悪いけれど、新しい資金はいっさい提供できないわ」と学部長は気乗りのしない様子で答えた。「あなたは三年で引退するのよね。ペーター、本当にすまないとは思うけれど、ここのシステムのルールはわかっているでしょう。私の力では何もできないの」[17]。

モレナールは突然、鏡のなかの自分に目を向けずにはいられなくなった。そこには六〇歳の自分が映し出されている。科学に大きく貢献できる自信はあったし、もしかしたら社会に根本的な変化を引き起こす可能性もあるだろう。しかし、革命を始めるのは若者の仕事だ。彼がいかに壮大な野心を持っていようとも、オランダの大学には老いぼれを支援すかけた。

るつもりがなかった。おまえは本気で闘うつもりがあるのかと、モレナールは自分に問いかけた。

モレナールは避けようのない現実を受け入れようかと考えた。結局いまは、大きな成功を収めたキャリアが終盤に差しかかっている。もしもここで従来の常識を覆すような科学の運動のリーダーになる決心をしたら、研究に何年も費やさなければならない。おまけに、科学者やさまざまな機関と数えきれないほどのバトルを繰り広げなければならない。でも、決断に時間はかからなかった。「何が危険にさらされているかわかったら、じっとしているわけにはいかない。社会のどれほど広範な分野が平均主義の影響を受けているか理解したら、何か良い解決策を見つけようとするのが当然じゃないかな」とモレナールは語った。[18]

そこで、平均に代わる何かを構築するビジョンを進めるための場所を確保するため、アムステルダム大学の外で新たなチャンスを探し始めた。そして二〇〇五年、それは大西洋の向こう側で実現する。ペンシルベニア州立大学から、終身在職権を与えられたのだ。しかもほどなく、社会科学研究所に設立される量的発達システム方法論コアユニットの初代責任者に任命され、研究グループ全体を自分の好きなように設計することが許された。モレナールはペンシルベニア州立大学に赴任すると、ビジョンを共有する一流の科学者や大学院生を世界中から集めてグループを結成した。ほどなくグループのメンバーは、モレナールのことを愛情こめて「マエストロ」と呼ぶようになった。彼らは一丸となり、平均主義に代わる実用的な学問の土台作りに取りかかった。学際的な視点から個人を研究する学問である。

平均の時代を象徴するふたつの仮定を思い出してほしい。平均は理想の姿で個人はエラーだというケトレーの説と、ひとつのことに秀でている人は、ほとんどのことに秀でている可能性が高いというゴルトンの説だ。対照的に個性を重視する学問では、個性は重要であることを大前提として考える。[19] 個人はエラーではないし、最も重要な人間の資質（才能、知性、パーソナリティ、性質など）は、ひとつの点数で評価できないものだと考える。

モレナールらは新しい前提に基づいて、科学者、医者、教育者、企業が個人を評価する方法の改善につながるツールの開発に取り組んだ。この新しいツールの多くは、平均主義者とはまったく異なった数学を利用している。従来の平均主義で使われる数学は統計《スタティスティクス》学として知られる。静的《スタティック》な数値、すなわち、変化がなく安定して固定した数値に基づいた数学である。しかしモレナールらは、個人を正確に理解するためにはまったく異なった数学に目を向けるべきだと主張した。力学系数学という、非線形の変化を伴う動的な数値に基づいた数学である。[20]

個人を研究する学問、すなわち個性学は前提も数学も平均主義とは大きく異なるのだから、当然ながら、人びとについて研究する方法も従来とは様変わりした。

分析してから集計する

平均主義は、集計してから分析する方法を大前提としている。まず、大勢の人たちのデータをまとめ、グループに共通するパターンを探す。そのうえでグループのパターン（平均やそれ以外の統計）に基づいて、個人を分析してモデル化していく。[21] 対照的に個性学は、分析してから集計する方法を大前提としている。まず、個人のなかに一定のパターンを探し出す。そしてつぎに、何人もの人たちのパターンを集計し、そこから何らかの方法でグループの傾向を洞察していくのだ。以下に紹介する発達心理学の事例からは、人びとの研究へのアプローチを「個人優先」に変換させると、人間性に関する定説が覆《くつがえ》ることがわかる。

一九三〇年代から一九八〇年代にかけて、幼児の発達を研究する科学者は、自立歩行反射として知られる不可解な行動に困惑し、解明に取り組んできた。新生児を真っ直ぐに立たせると、ちょうど歩くときのように足を左右交互に踏み出すのだ。科学者は長いあいだ、人類にとって歩行は生まれ持った本能であることが、自立歩行反射から推測されると考えてきた。しかしこの現象がなぜそれほど不思議なのかと言えば、生後二ヵ月ぐらいになると消滅してしまうからだ。赤ん坊を真っ直ぐ立たせても、足はほとんど動かない。ところがなんと、幼児がまもなく歩き始める頃になると、自立歩行反射は魔法のように復活する。この反射行動が現れてからいったん消滅し、再び現れるのは何が原因なのだろう。
最初のうち科学者は、平均主義の伝統的な手法を使って自立歩行反射の謎の解明に努めた。すなわち、集計してから分析したのだ。自立歩行反射には神経の発達が何らかの形で関わっていると誰でも推測したくなるものだが、科学者も例外ではない。そこで、たくさんの幼児を研究対象として集め、自立歩行反射が始まるときと消滅するときの平均年齢を計算し、神経の発達の節目となるさまざまな行動が観察されたときの平均年齢と比較した。その結果、ある神経プロセスが自立歩行反射の始まりや消滅と一致している可能性が発見される。それは髄鞘《ずいしょう》形成という生理的なプロセスで、これによってニューロンは絶縁性の多重層で覆われていく。そこで科学者は、謎への解答として「髄鞘形成理論」を提案した。どの赤ん坊も自立歩行反射を生まれ持っているが、運動制御を司《つかさど》る脳の部分で髄鞘の形成が始まると反射行動は消滅する。しかし脳のこの部分がさらに発達を続けると、赤ん坊は自立歩行反射を意識的にコントロールできるようになるのだという。[22]
髄鞘形成理論は一九六〇年代初めになると、自立歩行反射を医学的に説明する際の標準となり、神経障害の診断の根拠にさえなった。赤ん坊の自立歩行反射が標準とされる時期に消滅しなければ、お子さんには何らかの神経障害の可能性が考えられますと、医師や神経学者は親に警告するようになった。[23] 小児科医や児童心理学者の多くは、自立歩行反射の発生を親が促すと悪い結果が引き起こされるとさえ主張した。正常な発達が遅れ、神経筋の異常が引き起こされる可能性が指摘された。

この奇妙な髄鞘形成理論は、アメリカの小児科学会を数十年にわたって支配した。エスター・テレンという若き女性生物学者がいなければ、二一世紀までその支配は続いていたかもしれない。[24] 動物の研究からキャリアをスタートさせたテレンは、あることを発見した。生物学者が決まって見られると主張する本能的行動の多くが、実はかなりの多様性を備え、そこには各動物の特異な行動が大きく影響しているのだ。この原体験をきっかけに、彼女は力学系数学の研究を始めた。そして最終的に、人間の自立歩行反射を新たな角度から見直す決心をして、ひとりひとりの子どもの個性に注目したのである。

テレンは二年間かけて四〇人の赤ん坊を研究した。毎日ひとりひとりの赤ん坊の写真を撮影し、体の発達具合を調べた。あるいは赤ん坊をさまざまなポジションでトレッドミルの上に乗せて、ひとりひとりの体の動きの仕組みを分析する。そして最終的に、自立歩行反射の消滅を引き起こす原因について新たな仮説を考案した。まるまる太った大腿部をめぐる考察である。

体重の増え方がきわめて遅い赤ん坊は、足の動かし方がきわめて活発で、しかもその期間が長いことをテレンは発見した。一方、体重の増え方がきわめて速い赤ん坊には、自立歩行反射が早く消滅する傾向が見られた。足の筋肉が十分に発達していないので、持ち上げられないのだ。要するに、大腿部の太り具合だけが主因ではない。注目すべきは身体的成長の割合であり、肝心なのは筋肉の強度と比べた体脂肪の量だった[25]。それまで科学者は平均年齢と平均体重を比較してきたのだから、何も発見できなかったのも無理はない。集計してから分析するアプローチは、それぞれの子どもの個性的な発達パターンを隠蔽《いんぺい》してしまった。分析してから集計するテレンのアプローチは、隠されているパターンを白日のもとにさらした。

言うまでもないが、自立歩行反射に関する従来の科学的説明において、まるまる太った大腿部が指摘されたケースなどなかった。そのため多くの研究者は、このアイデアを頭から否定した。しかし一連の独創的な実験の結果からテレンは、まるまる太った大腿部に関する持論の正しさを完璧に証明した。たとえば赤ん坊を水のなかで立たせると、予想どおり、赤ん坊の自立歩行反射は復活し、それは大腿部がきわめて太い赤ん坊も例外ではなかった。さらに彼女は、赤ん坊の足に重りをつける実験も行なった。重りのサイズは赤ん坊ごとに異なるが、自立歩行反射が消滅するのはどの赤ん坊か、正確に予測することができた[26]。

エスター・テレンはそれぞれの赤ん坊の個性を研究した末、平均主義を信奉する研究者が何世代にもわたって回避してきた結論に達した。従来の研究者は、幼児の脳に何らかの障害がある可能性を親たちに指摘してきたが、問題の元凶は、実はまるまる太った大腿部だったのである。

同様に、ペンシルベニア州立大学ではペーター・モレナールの研究チームが数々の発見を通じ、グループ平均のみに頼るアプローチよりも、個人を優先させるアプローチからは優れた結果が得られることを証明してきた。ただし個人を優先させるアプローチには、ひとつ厄介な点がある。大量のデータ、それも平均主義者のアプローチよりもはるかに多くのデータが必要とされるのだ。分析してから集計する作業を効果的に行なうためには、広範囲にわたるデータを取得して使いこなさなければいけないが、そのために必要なツールは、人間を研究するほとんどの分野において一〇〇年前、五〇年前、いや二五年前にもなかった。工業化社会においては平均主義的な手法が最高技術であり、個人を優先するのは単なる幻想と見なされてきた。しかしいまやデジタル時代となり、特にこの一〇年間は、大量の個人データを取得したうえで蓄積して操作する術《すべ》が、誰にでも簡単に当たり前に備わるようになった。

不足しているのは、それを積極的に利用しようとする心構えだけだ。

個性は重要である

ギルバート・ダニエルズがコックピットを平均的なパイロットではなくあらゆるパイロットに合わせるべきだと初めて提案したとき、それは不可能な要求としか思えなかった。しかし今日、そんなことは無理だとかつて語ったはずの企業が、コックピットの柔軟性をセールスポイントとして強調するようになった。(27) 同様にエスター・テレンが大変根強い髄鞘形成理論に挑むため、赤ん坊の個性を研究しようと決心したとき、それはどう見ても困難な作業で、的外れな努力で終わる恐れもあった。しかし、まるまる太った大腿部の見過ごされてきた役割にテレンが気づくまでに、長い時間はかからなかった。

平均主義は私たちの思考を驚くほど窮屈なパターンに押しこめてしまったが、私たちはそれについてほとんど気づかない。到達する結論は、明白でいかにも合理的だからだ。私たちが暮らす世界では、自分たちを平均という大きな集団と比較することが奨励、いや要求され、それを正当化する理由が際限なく提供される。仕事での成功を判断するためには、自分の給料を平均給料と比べなければならない。学業での成功を判断するためには、自分のGPA（学業平均値）をGPAの平均値と比較しなければならない。結婚するには遅すぎるか早すぎるか判断するためには、自分の年齢を平均結婚年齢と比べなければならない。しかし平均主義の発想から解放されると、かつては不可能だと思われていたことの正しさが直観的にわかるようになる。

「きみは混乱を提案している！」とモレナールに告げた心理学者には同情の余地がある。

平均を手放すのは不自然な行為としか思えない。まわりの世界全体が平均主義という大地にしっかり根を下ろしているとき、馴染み深い海岸の先に乗り出していくことを提案するのは、ずいぶん無謀な試みのような印象を受ける。しかし、いつまでも闇のなかで手探りしている必要はない。本書の第2部では、皆さんが平均主義への依存から脱却できるよう、個性学を支える三つの原理について紹介する。バラツキの原理、コンテクストの原理、迂回路の原理の三つだ。これらについて学べば、まったく新しい方法で個人を評価したり選抜したり、理解できるようになるだろう。タイプやランクをきっぱり捨て去り、自分の人生に備わっている個性の真のパターンを発見できるはずだ。そうすれば、平均主義の揺るぎない権力を、これを最後に取り除くことも不可能ではない。

第2部　個性の原理

個人とは、さまざまな場所で時間をかけて進化していく高次元のシステムである。

——ペーター・モレナール、ペンシルベニア州立大学

第4章　才能にはバラツキがある

二〇〇〇年代半ば、グーグルはすでに時代を代表するインターネットの巨人への道を順調に歩んでおり、史上稀にみる成功を収めた革新的な企業としての評価を固めつつあった。非常にハイレベルな成長とイノベーションを維持するため、グーグルは才能ある社員の採用に貪欲な姿勢で臨んだ。幸い現金は潤沢で、社員には高額の給与や特別待遇だけでなく、革新的な製品の開発に取り組むチャンスが与えられた。当然ながらグーグルは、働きたい企業の世界ランキングにおいて最上位に位置するようになった。(1) 二〇〇七年には毎月の応募者が一〇万人となり、最高の才能は選び放題だった。ただし問題は、最高の才能をどのように確認するかだった。(2)

当初グーグルは、フォーチュン五〇〇企業の大半と同じ選抜方法を採用した。各応募者のSAT(大学進学適性試験)の点数、GPAの評価、ディプロマ(日本でいう卒業証書）の三つに注目し、最上位にランクされる人物を採用したのだ。[3] まもなくマウンテンビューにあるグーグルのキャンパスは、SATの点数が満点にちかく、学業成績が最優秀で、カリフォルニア工科大学、スタンフォード、マサチューセッツ工科大学、ハーバードなどの名門校で修士号以上の学位を取得した社員であふれかえった。[4]

一握りの測定基準、場合によってはひとつの測定基準のみで個人をランク付けすることは、新入社員を採用する際に共通の習慣であるばかりか、既存の社員を評価する方法としても最も普及している。[5] 二〇一二年、世界最大の会計事務所デロイトは六万人以上の社員ひとりひとりを対象に、プロジェクトごとの成績を点数評価した。そのうえで、年度末に「コンセンサス会議」を開き、各プロジェクトにおける点数をまとめて平均値を割り出し、一から五までの五段階で最終的な評価を下した。要するに各社員は、ひとつの数字のみで評価されたのである。これ以上に簡単な評価方法は、まず想像できない。[6]

ウォールストリート・ジャーナル紙によれば、二〇一二年にはフォーチュン五〇〇社のおよそ六〇パーセントが、ひとつの数字だけで社員を評価するシステムをいまだに採用していた。[7] おそらく最も極端なのは「強制分類」で、一九八〇年代にゼネラル・エレクトリック社が採用した「ランク・アンド・ヤンク」（年に一度、最も業績の悪い社員を特定し、解雇する人事制度）が先駆となった。[8] 強制分類制度では、社員がひとつの数字で評価されるだけではない。あらかじめ決められた割合の社員が平均以上と平均だけでなく、平均以下にも振り分けられなければならない。平均以上に分類された社員はボーナスを支給され昇進も可能だが、平均以下ともなれば警告を受け、場合によっては呆気なく解雇されてしまう。(9)二〇〇九年には大企業の四二パーセントが強制分類制度を採用しており、そのひとつマイクロソフト社の評価制度は「スタック・ランキング」（マネージャーに従業員を五段階で分類させる制度）として知られる。(10)

もちろん、これだけ多くの企業が採用や人事評価の基準としてひとつの点数だけにこだわる理由は理解しやすい。簡単で直観的に理解しやすいし、客観性が感じられ、数学的な確実性が印象づけられる。平均以上にランクされた志願者は採用し、社員には報酬を与えればよい。平均以下の志願者は採用を見合わせ、社員は解雇すればよい。才能豊かな社員がほしいときは、「ハードルを上げれば」よい。採用や昇進の基準となる点数を高くするのだ。

個人の才能や実績を単独または少数の尺度でランク付けすることは、いかにも理にかなっているようだ。ところが二〇一五年の時点で、グーグル、デロイト、マイクロソフトの各社は、ランク付けに基づいた採用・評価制度を修正または放棄していた。

グーグルは成長も採算性も順調に伸びていたが、二〇〇〇年代半ばになると、才能の選抜方法にどこか間違っている兆候が見られるようになった。採用された社員の多くは経営陣が期待したほどの実績を上げられず、リクルーターや管理職に対する不信感が社内で膨らんでいった。学業成績、テストの点数、ディプロマなど、ほとんどの会社が利用するお馴染みの測定基準では、せっかくの才能を見逃されてしまう候補者が大勢いるように感じられたのだ。[11]グーグルの製品品質業務の人材募集担当ディレクターを務めるトッド・カーライルは、私につぎのように説明してくれた。「われわれは採用すべきだった人材に目を向けてこなかった。その反省から、〝失われた才能〟について分析するために多くの時間とお金をかけ始めた」[12]。

デロイトでも二〇一四年には、点数だけで社員を評価する方法は期待ほどの成果を上げないことが認識され始めた。社員の業績を計算でランク付けするプロセスに毎年二〇〇万時間以上という、途方もなく多くの時間を費やしてきたが、このランク付けの価値に疑問が持たれるようになったのだ。[13]ハーバード・ビジネスレビュー誌の記事（マーカス・バッキンガムとの共著）で、当時デロイトのリーダー開発担当ディレクターだったアシュリー・グドールはつぎのように書いている。点数だけを参考にしたランク付けで明らかにされるのは、社員の真の業績ではなく、むしろ業績を評価する関係者固有の特徴だった。その事実が調査から判明した結果、デロイトでは従来の方法が中止された。「内部関係者も外部の人間も、点数だけで業績を評価する従来のやり方は機能しないことをはっきり認識するようになった。何を手放す必要があるのか、明確にしなければという意識が芽生えた」と、グドールは語った。[14]

一方マイクロソフトでは、スタック・ランキングは悲惨な結果を招いた。二〇一二年のヴァニティ・フェア誌の記事は、マイクロソフトがスタック・ランキングに依存していた時代を「失われた十年」と評価した。業務が厳密にランク付けされる制度のもとで、社員は競争に駆り立てられ、お互いに協力をしぶるばかりか、成績がトップの人物といっしょの仕事を回避するようになった。自分のランキングが下がる恐れがあるからだ。記事によれば、スタック・ランキングが採用されているあいだ、マイクロソフトは「官僚的で慢心した組織に変質してしまった。既成の秩序を乱しかねない革新的なアイデアを握りつぶす管理職が図らずも報いられるような社内文化が蔓延《まんえん》していた」という[15]。二〇一三年末、マイクロソフトはいきなりスタック・ランキングを放棄する[16]。では、グーグルもデロイトもマイクロソフトも、どこがいけなかったのだろう。

　これらの革新的な企業はいずれも当初、平均主義的な見解にしたがい、個人を評価するうえでランク付けは効果的だと信じた。ひとつのことに秀でている人間は、ほとんどの物事にも秀でているというフランシス・ゴルトンの説に基づいた発想だ[17]。そして私たちの大半にとって、このアプローチはうまく機能するはずのように思える。結局のところ、何事においても他人より優れた人間が存在するのは紛れもない事実ではないだろうか。ならば、ひとつの基準でランク付けを行ない、そのランク付けにしたがって潜在能力を推測することは可能なはずだ。しかしグーグルもデロイトもマイクロソフトも、才能を数字で要約し、味気ない平均と比較するという発想は、機能しないという現実を突きつけられた。しかし、それはなぜだろう。ランク付けが予想外に失敗した根本的原因は、何だったのだろうか。

それは一次元的な思考である。一次元的思考に陥る理由は、個性の第一の原理、すなわちバラツキの原理によって説明することができる。

バラツキの原理

体の大きさ、知性、性格、才能など、複雑な人間的特性について考えるとき、私たちの心は一次元的な思考に頼る傾向を持っている。たとえば誰かの体の大きさについて尋ねられたら、大きい、小さい、いたって普通といった判断を本能的に下す。あの人は大きいと聞かされたら、腕も足も体も、何もかも大きな人物を想像する。あるいは、あの女性は賢いと言われたら、幅広い分野での問題解決能力に優れ、おそらく学歴の高い女性ではないかと推測するだろう。平均の時代において学校や企業などの社会的機関は、人びとの長所を成績、ＩＱテストの点数、給与など、ひとつの基準で比較するよう奨励した。おかげで私たちの心は、一次元的思考への偏重を自然に強めてしまったのだ。[18]

しかし、本当に重要な個人的資質を判断するために一次元的思考を応用しても、結果は

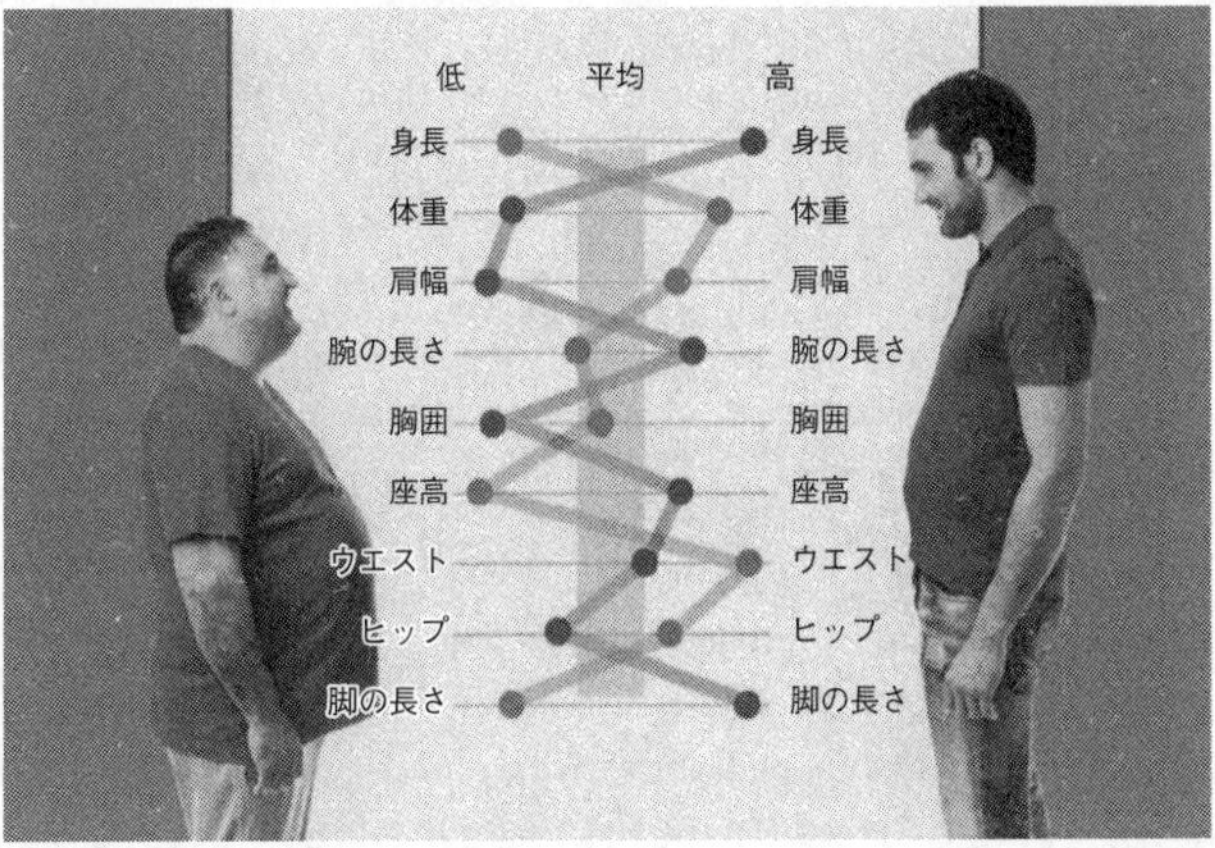

MIKE DICKS, DESCIENCE LIMITED

体のサイズにはバラツキがある

失敗に終わる。その理由を知るためには、人間の体のサイズの本質に注目するのがいちばんの近道だ。上に紹介する写真には、ふたりの男性の体の九カ所のサイズの測定結果が記されている。ちなみにこれは、ギルバート・ダニエルズがパイロットについて画期的な研究を行なった際に測定した箇所と同じだ。

どちらの男性のほうが大きいだろう。答えは簡単そうだが、九カ所の測定結果をそれぞれ比較してみると、答えは思っているほど簡単に得られない。右側の男性は背が高いが、肩幅が狭い。左側の男性のウエストは大きいが、ヒップのサイズは平均にちかい。ふたりの男性の体の九カ所すべてをまとめた平均値を割り出して、どちらが大きいか決めようと考える人もいるかもしれない。ところが、いざ計算を行なってみると、ふたりの男性の平均サイズはほぼ同じであることがわかる。しかしそこから、ふたりのサイズが同じだとか、どちらも体の大きさが平均的だと結論すれば、誤解を招く恐れがある。左側の男性は二ヵ所の寸法（腕の長さと胸囲）が平均的な値で、右側の男性は一ヵ所の寸法（ウエスト）だけがかろうじて平均値である。「どちらの男性が大きいか」という質問に、簡単な答えは存在しない。

言われてみればなるほどと納得できるだろうが、ここには深い意味がこめられている。質問に答えが存在しないということは、個人を体の大きさでランク付けできないということであり、そこからは、人間に関する重要な真実が明らかにされる。それは個性に関する第一の原理、すなわちバラツキの原理である。この原理によれば、複雑で「バラツキのある」ものを理解するために、一次元的思考は役に立たない。では、バラツキとはどんな状態を意味するのだろう。ある資質がふたつの基準を同時に満たしている場合、資質にはバラツキがあると判断される。まず、資質は複数の側面から構成されなければならない。つぎに、これらの側面のあいだの関連性は弱くなければならない。バラツキがあるのは人間の体のサイズだけではない。才能、知性、性格、独創性など、私たちが重視する人間の特質のほぼすべてに、実はバラツキが認められる。

それを理解するために、再び人間の体のサイズの事例に注目してみよう。もしも答えを求められるのが「どちらの男性のほうが背が高いのか」という質問ならば、答えは簡単だろう。身長は一次元的で、ひとつの要素しか関わらないのだから、背の高さによって人びとをランク付けすることはまったく許容範囲である。しかし人間の体のサイズとなると、話はべつだ。たくさんの異なった箇所が要素となるが、お互いの関連性は強くない。もう一度、「写真を見てもらいたい。中央の縦の帯は、ダニエルズがかつて定義した「平均的なパイロット」の測定範囲を表している。何十年にもわたって空軍は、ほとんどのパイロットの体の測定値はこの帯のなかに収まるはずだと推測してきた。腕が平均サイズならば、足も胴も平均サイズだと信じこんでいたのだ。ところが現実にはサイズにはバラツキがあったので、従来の思いこみは真実からかけ離れていた。実際のところダニエルズによれば、九つの寸法のうち四つ以上が平均値に収まったパイロットは全体の二パーセントにも満たず、すべてが平均値の人物はひとりもいなかった。[19]

では平均の範囲を拡大し、各寸法について中央の三〇パーセントではなく、九〇パーセントに注目したらどうか。これだけ広ければ、ほとんどの人の体は平均の範囲内に収まると考えるのがふつうだろう。ところが実際には、平均に収まった人は全体の半分にも満たなかった。[20]私たちのほとんどは、体の少なくとも一部分が極端に大きいか、もしくは極端に小さい。だから、平均的なパイロットを対象に設計されたコックピットは、誰のために設計されたコックピットでもなくなった。ノーマを探せコンテストの主催者が理想にぴったりの完璧な女性を見つけられなかったことも説明できる。マテル社のバービー人形は体のサイズが人工的に誇張されており、女性は長らくそれに抗議してきたが、バラッキの原理を考えれば、ノーマ・サイズすなわち平均サイズの人形が偽りであることは明白だ。

もちろん、相応の見返りが得られれば、サイズは一次元的なものだと信じこむことが理にかなうときもある。一例が、洋服の大量生産だ。誰にでもぴったりフィットするものは作れないが、その見返りとして、すべての人を対象にしたシャツやパンツが低価格で大量に生産される。しかし大事な事柄が関わっているケース、たとえば高価なウェディングドレスを仕立て直したり、自動車のエアバッグの安全機能をデザインしたり、パイロットのコックピットを設計するときには、複数の寸法を無視して妥協するのは好ましくない。重要な問題で近道を選んではいけない。あらゆる寸法にこだわってこそ、理想は手に入る。

人間の重要な特質のほぼすべて、なかでも特に才能は、複数の異なる側面から成り立っている。ところが私たちはしばしば、バラッキがあるはずの才能を平均値で測ろうと試み、標準テストの点数、学業成績、業務評価のランク付けといった、一面だけで評価を下す。しかし、このような一次元的思考にこだわると、結局は苦境に陥ってしまう。ニューヨーク・ニックスは、その良い例だ。

二〇〇三年、元NBAのスター選手アイザイア・トーマスは、ニックスのバスケットボール部門の社長に就任すると、世界的な人気を誇るスポーツリーグに所属するチームの再編に明確なビジョンで取り組み始めた。選手の評価に当たって、バスケットボールの才能の一面だけに注目したのである。それは各選手が試合で獲得した得点の平均で、これだけを参考にして、選手の獲得や残留についての決断を下した。[21]

バスケットボールでは、相手チームよりも多くの得点をあげることがチーム成功の鍵だという点にトーマスは注目した。つまり、自分たちのチームのプレイヤーの平均点の合計が最も高ければ、平均すると勝ちゲームが多くなることが期待できるという発想だ。得点に強くこだわったのはトーマスひとりではない。今日《こんにち》でさえ、年俸やポストシーズンの賞やプレー時間を決める際、プレイヤーの平均得点は最も重要な要因と見なされるのがふつうだ。[22] しかしトーマスはチームのすべてのメンバーを選抜するに当たって、このたったひとつの基準を最も重要な要因として決めつけた。そしてニックスには、彼が優先する希望を実現できるだけの十分な財力があった。実際にニックスは、学業成績を主な基準として社員を採用する企業と同様、才能への一次元的なアプローチを用いてチームのメンバーを集めたのである。

ニックスは巨額の費用を投じ、プレイヤーの平均得点の合計がNBAのどこよりも高いチームを作り上げたのだが……結局のところ四シーズン連続でふるわず、負け試合は全体の六六パーセントにのぼった。[23] 選手の才能の一面だけを重視して編成されたニックスは惨憺たる状態で、同じ時期にニックスよりも成績が悪かったチームはふたつしかなかった。

しかしバラツキの原理に注目すれば、そんな体《てい》たらくに陥った理由もわかりやすい。バスケットボールの才能は多面的なのだ。バスケットボールのパフォーマンスに関して行なわれた数学的分析によれば、試合の結果には少なくとも五つの要素が確実に影響しているという。得点、リバウンド、スチール、アシスト、ブロックである。[24] そしてこれら五つの要素のほとんどは、関連性が強くない。たとえばスチールの得意な選手はふつう、ブロックが上手ではない。実際、〝五つのツールをすべて併せ持つプレイヤー〟は滅多に存在しないものだ。一九五〇年以来、NBAでは何万人もの選手がプレーしてきたが、五つの要素すべてに関してチームで抜きん出た存在だった人物は五人しかいない。[25]

バスケットボールにはさまざまな才能が関わっているが、それをうまく補完しあう形で編成されたチームこそが、最高の成功を収められる。[26] ところがトーマスが作り上げたチームはディフェンスがおそまつだった。そのうえ、意外かもしれないが、得点の才能に恵まれた選手が集められたのに、オフェンスさえ特に際立つわけではなかった。誰かをアシストするよりも、自分がシュートを放つことに誰もがこだわったからだ。グーグルやデロイトやマイクロソフトと同様、ニックスも最終的に、才能の一面だけに注目するアプローチからは思うような結果を得られないという現実を認識した。二〇〇九年にトーマスがチームを去ると、ニックスは才能を多面的に評価するアプローチを再開し、そのおかげで快進撃がよみがえり、二〇一二年にはプレーオフに復帰した。[27]

相関関係は常に成立するわけではない

体のサイズや才能といった人間的特性にバラツキがあることが認められるためには、多面性を備えているだけではなく、各側面の独立性が強くなければならない。この独立性は、数学では弱い相関という言葉で表現される。

フランシス・ゴルトンは一世紀以上も昔、身長と体重などふたつの異なった側面の関連性を評価する方法として、相関という統計的手法の発展に貢献した。(28) 才能、知性、健康、性格のあいだには密接な関連性が存在するという前提で、これを人間に応用してランク付けの正しさを証明しようと試みた。(29) 今日、相関関係はゼロから一までの数字で評価され、一なら相関関係は完璧（たとえばインチで表される身長とセンチメートルで表される身長の関係）、ゼロならば相関関係は存在しない（たとえばインチで表される身長と土星の温度の関係）ものと見なされる。(30) さまざまな分野において、〇・八以上ならば相関が強く、〇・四以下なら弱いと見なされるが、「強さ」と「弱さ」の正確な境目をどこにするかは、結局のところ恣意的に決められる。

ひとつのシステムを構成するすべての側面の相関が強ければ、システムにバラツキがあるとは見なされず、それを解明するために一次元的思考を用いることが正当化される。たとえばダウ・ジョーンズ工業化指数を考えてみよう。ダウの数値は、有名な大手「優良」企業三〇社の株価を平均して割り出される。アメリカでは各営業日の終わりに、ダウ・ジョーンズ指数が小数点第二位まで細かく割り出され、金融関連ニュースのなかで正確に報じられ（二〇一五年一月二日には一七八三二・九九だった）、前日と比較した上げ幅や下げ幅も伝えられる。投資家はこのダウ指数を参考にして株式市場全体の強さを評価するが、それも無理はない。一九八六年から二〇一一年までの（二五年間）、ダウとそれ以外の四つの主要株式市場指数の相関の平均値はきわめて高く、〇・九四を記録している。[31] 株式市場は多元的な存在であるが（アメリカには上場企業が何千社も存在している）、この場合には総合的な活力をひとつの数字だけで表現することが理にかなっている。ダウ・ジョーンズ指数で株式市場全体の強さを評価すれば、一次元的思考が最も有効な形で活用される。

しかし、人間のサイズとなると話はべつだ。一九七二年にアメリカ海軍は、パイロットに関するダニエルズの研究の追跡調査を行ない、海軍パイロットの体の九六の部位に関して相関関係を割り出した。その結果、相関係数が〇・七以上の高い数値になったケースは数えるほどで、多くは〇・一を下回った。結局、海軍パイロットの体のサイズに関して、九六の部位すべての平均相関はたったの〇・四三だった。[32] つまり、誰かの身長や首回りやグリップ幅の数字から、残りの部位の状態を正確に把握できる可能性は小さい。人の体のサイズについてきちんと理解する際、手軽な方法は役に立たない。バラツキのあるプロフアイルを事細かく確認していく必要がある。

では心はどうだろう。知能にもやはりバラツキがあるのか。ゴルトンは相関という概念を社会科学の分野に取り入れたとき、知能のさまざまな側面のあいだに強い相関が見いだされることを期待した。心を構成する要素のあいだに大きなバラツキはないと考えたのだ。[33] この仮説を早くから系統的に分析した科学者のひとりがジェームズ・キャッテルである。彼は心理学の博士号を取得した最初のアメリカ人で、「知能検査」と命名された検証理論のパイオニアである。[34] しかも、ゴルトンがランク付けに関して提唱したアイデアの熱烈な信奉者だった。一八九〇年代にキャッテルは、知能を一次元的に見ることを正当化するための証明に決然と取り組んだ。[35]

キャッテルは数年間にわたり、コロンビア大学に入学する何百人もの新入生を対象に、総合的な体力テストと知能テストを実施した。具体的には音に反応する時間、色を識別する能力、一〇秒が経過したタイミングを判断する能力、アルファベット文字を記憶して思い出す能力などが試された。これらのあいだには強い相関が存在するはずだとキャッテルは確信していたが、実際の結果は正反対だった。相関関係はほとんど見られなかったのだ。[36] 知能には明らかにバラツキがあった。

ランク付けの敬虔《けいけん》な信者にとって、これはゆゆしき事態だ。そこでキャッテルは、学生たちの大学での学業成績と知能テストのあいだの相関関係も測定してみたが、両者の結びつきはきわめて弱かった。そればかりか、ひとりの学生の教科ごとの成績のあいだでも相関は弱かった。実際、キャッテルが意味のある相関をなんとか見いだせたのは、ラテン語の成績とギリシア語の成績だけだった。[37]

現代の教育制度が幕を開けると、初めて学校は標準化され、「全体的な才能」を平均、平均以上、平均以下に分類して生徒を評価することが使命とされるようになった。ところが、この仮定の正しさを初めて科学的に調べてみると、間違いであることが判明したのだ。しかし心理学者たちは、知能は一次元的なものであるはずで、その事実が隠されているだけだと信じようとした。結局、キャッテルの同僚のほとんどが彼の導き出した結果を拒み、実験方法や結果の分析に何か間違いがあったのではないかと指摘した。[38]

一方、心理学者だけでなく、やがては教育関係者やビジネス関係者まで、誰もが知能を構成する要素には相関関係が存在するという概念に強くこだわり、IQテストの点数など一面的な要素での評価が可能だと信じるようになった。[39]実際にはキャッテル以降も、個性や性格はむろん、知性にもバラツキがあるという事実が研究でつぎつぎと明らかにされたが、まったく顧《かえり》みられなかった。[40]何かひとつの事柄に秀でていれば、ほとんどの事柄に秀でているという概念に基づいて現代の教育制度を作り上げたエドワード・ソーンダイクも、学業成績と標準テストの点数と卒業後の仕事の実績のあいだの相関関係を独自に調査したが、これら三つの相関はどれも弱かった。ところがそれでも、この事実は無視してもかまわないと主張して持論の正当化に努めた。「学習能力」さえあれば学校でも職場でも成功は約束されるという仮説を（証明されたわけでもないのに）信じて疑おうとしなかった。[41]
今日でさえ、科学者、医師、ビジネス関係者、教育関係者たちはいまだに、ＩＱという一面だけに頼って知性を評価しようとする。ひと口に知性と言っても、音楽的知性、芸術的知性、運動的知性などさまざまな種類があることを認めるところまでは譲歩しても、人間には一種の「総合的知性」が存在するはずで、それは多くの領域で通用するという思いを捨てきれない。もしも誰かがべつの人物よりも賢いと聞かされたら、いかなる知的作業を目の前に準備されても、賢い人物のほうが上手にこなすはずだと考えてしまう。
しかしここで、知性に関してバラツキのあるふたつのプロファイルについて考えてほしい。ここでは、ふたりの異なった女性がウェクスラー成人知能調査（ＷＡＩＳ）[42]で獲得した点数が紹介されている。ちなみにＷＡＩＳは、今日最もよく利用される知能テストのひとつである。[43]どちらの女性のプロファイルにも、ＷＡＩＳで実施される一〇の小テストの点数が示されている。語彙力を調べたりパズルを解かせたり、どのテストでも知性の異なった側面が測定され、小テストの点数をすべて合計すると、個人のＩＱの点数が明らかになる。
では、賢いのはどちらの女性のほうだろう。ＷＡＩＳによれば、ふたりの知能は変わらない。どちらのＩＱも一〇三点で、平均とされる一〇〇点に近い。もしも私たちが会社の

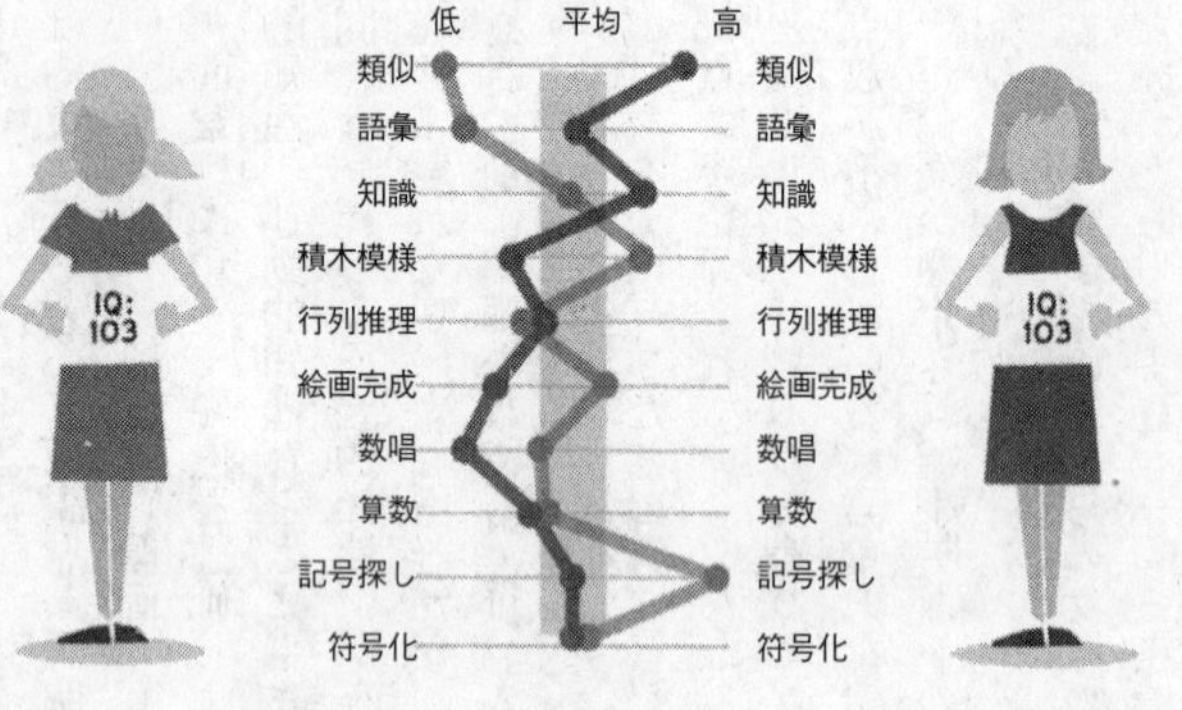

MIKE DICKS, DESCIENCE LIMITED

知性にはバラツキがある

人事担当で、賢いほうの候補者を採用しなければならないとしたら、ふたりの女性の点数が同じでは評価に苦しむ。しかし、このふたりの知性に関する長所と短所は明らかに異なる。ふたりの才能をきちんと理解することが目標だとしたら、ＩＱに頼るだけでは確実に誤解を招く[44]。

体のサイズと同様、ＷＡＩＳで評価される知性の各構成要素の相関は、ほとんどが特に強くない[45]。要するに知性にはバラツキがあり、ＩＱテストの点数のような一次元的な評価では説明も理解もできないのだ。ところが今日にいたるまで、知性をランク付けや数字だけで評価する誘惑に抵抗できる人はほとんどいない。しかし実際のところ一次元的な評価は、知能テストの結果に示されている以上に見当違いなものなのである。知性を細かく分割して、たとえば言葉に関する短期記憶とイメージに関する短期記憶を比較すると、これらの「ミクロの側面」のあいだの相関も弱いことが明らかにされる。[46] どんなに細かく心を切り刻んでいっても、不揃いな状態は消滅しない。

そうなると、明白な疑問が浮上する。人間の能力にバラツキがあるとしたら、大勢の心理学者や教育関係者や上級管理職が一次元的思考に基づいて才能を評価し続けるのはなぜだろう。答えは、ほとんどの人たちが平均重視型の教育を受けてきたので、個人よりも制度を暗に優先するからだ。しかも、弱い相関を土台に機能する評価制度を構築することは決して不可能ではない。一面的な見解に基づいて才能を評価したうえで社員を選抜すれば、正しい評価とは言えないかもしれないが、無作為に選抜するよりは平均して良い結果が得られるからだ。

そのため私たちは現実から目をそむけ、弱い相関にありもしない重要な意味がこめられていると信じこみ、自分を納得させようとする。実際、心理学や教育のほとんどの分野において、たとえば（SATの点数と大学の前期の成績のあいだの）[47]相関係数が〇・四であれば、だいたいは何か意味がこめられていると推測される。ただし数学的に考えれば、ふたつの側面の相関係数が〇・四ということは、それぞれの側面に関わる行動を説明できる確率が一六パーセントになってしまう。[48] 全体の一六パーセントを説明できるだけで、何かを本当に理解していると言えるだろうか。あなたの車の何が故障しているか、一六パーセントは説明できますという整備士がいたら、採用する気持ちになるだろうか。

もちろん、個性よりも制度の効率性を優先するなら、平均して一六パーセント理解できる状態は何も理解できない状態より確実に優れている。集団のために政策を立案するには十分かもしれない。しかし、個人の長所を確認して育むことが目標になると、弱い相関が語りかける言葉の意味は異なってくる。成功するためには、個性にはバラツキがあるという現実に注目しなければならない。

才能を隠している覆いを取り払う

二〇〇四年、トッド・カーライルはグーグルの人事部門のアナリストになった。新しい社員を採用しなければならないプロジェクトマネージャーと、マネージャーの決断に役立つ「雇用小則」を志願者に関して作成するリクルーターとのあいだの交流をスムーズに進めるための部署である。当時の小則では、志願者のGPAと標準テストの点数が大きな比重を占めていたが、カーライルは非常に奇妙な現象に気づいた。プロジェクトマネージャーがリクルーターに対し、志願者に関する追加情報を要求する機会が増えていたのだ。(49) 志願者がプログラミングコンテストに参加しているかどうか知りたがるケース、チェスやバンド演奏を趣味にしているかどうか知りたがるケースなどがあった。採用を決断するときに大切にする追加情報について、どのマネージャーも独自のアイデアを持っているように思えた。

「ある日、気づいたんだ。学校の成績やテストの点数といった従来の測定基準が本当に大切ならば、誰もが追加情報を求めるのはなぜだろう。だって、従来の基準とは明らかに違うんだよ。だから、実験してみることにした」とカーライルは私に語った(50)。そもそも彼は、才能ある人材の多くをグーグルは見逃しているのではないかという思いをひそかに抱いており、少数の馴染み深い測定基準に重点を置きすぎていることが問題の一部ではないかと考えていた。そして次第に、求人の仕方を変更し、複雑な要素を併せ持つ志願者の全人格に注目すべきではないかという思いを強めていった。グーグルでは主として、大きな決断は上意下達ではなく合意方式で行なわれる。したがって、さまざまな側面から才能を評価する方法の重要性をプロジェクトマネージャーに納得させるためには、それなりのアピールが必要だった。どのような側面での才能がグーグルでの成功につながりそうか、自分のアイデアの正しさを証明するだけでは十分ではない。優秀な社員には不可欠だとマネージャーや重役が確信している側面のすべてについて系統立てて研究する必要があった。

まずカーライルは、三〇〇以上の側面（彼はこれを「要因」と呼んだ）に関する膨大なリストを集めた。そこには標準テストの点数、ディプロマ、出身校のランキング、ＧＰＡといった従来の側面のほかに、自分以外のマネージャーたちが重要だと位置づけた独特な要因も含まれた(たとえば、ある著名な重役は、コンピューターに初めて興味を抱いた年齢は重要だと指摘した)。そのうえでカーライルは、社員の成功に実際に関わっているのはどの要因か分析するため、テストを何回も繰り返した。結果は驚くべき内容で、疑いの余地がなかった。[51]

SATの点数も、応募者の母校の評判も、さらにはプログラミングコンテストでの受賞歴まで、将来の予測にまったく役立たなかった。学業成績は多少役に立ったが、それも学校を出てから三年間に限られた。「でも、僕やグーグルの仲間たちの多くが本当に驚いたのは、そのことじゃない。データをひととおり分析しても、グーグルでの主だった仕事に役立ちそうな単一変数が見つからなかったんだ。まったくね」とカーライルは私に語った。[52]要するに、グーグルで才能を発揮するためにはさまざまな方法があった。そして採用で最高の結果を残したければ、すべての方法に注目しなければならない。グーグルで発揮される才能にはバラツキがあることを発見したカーライルは、その結果として新入社員の採用方法に変更を加えた。学校を出てから三年間経過しているケースでは、GPAの提出を滅多に要求せず、テストの点数はいっさい提出が不要になった。カーライルはつぎのように説明してくれた。「以前のように、出身校で候補者を選ぶのはやめた。これから大切なのは、どんな情報を集めるかだけじゃなく、情報をどう活かすかだよ。雇用小則のなかで、どの要因を最も重視すべきか考えないといけない。この実験は、志願者の全体像を把握するために役立った。マネージャーがこれをうまく使えば、以前よりも優れた人材を採用できる」[53]。

志願者の才能にバラツキがある点を考慮するのは、グーグルのような巨大企業だけに許される贅沢ではない。競争の激しい求人市場で小さな企業が最高の人材を確認して確保するためにも役立つ。ＩＧＮをご存じだろうか。ビデオゲームなどのメディアに特化した人気の高いウェブサイトだが、社員の人数はグーグルの一パーセント未満、売り上げはそれよりもさらに小さい[54]。当初ＩＧＮはほかのテクノロジー企業と同様、一次元的発想に基づいた採用方法で臨んだ。でも、テクノロジー業界全体のすべての企業が同じ方針で臨み、学業成績や標準テストの点数だけで応募者を評価したらどうなるだろう。トップにはごく少数の応募者しかランクされないが、この「トップランクの」志願者はＩＧＮのような小さな企業ではなく、グーグルやマイクロソフトといった大手と契約する可能性がはるかに高い。

誰からも才能を認められる志願者の獲得をほかのすべてのテクノロジー企業と競うのは不可能だという現実に、ＩＧＮのエグゼクティブは目覚めた。結局のところ、選択肢はふたつだけ。報酬を増やせば注目されるだろうが、これは実行可能ではない。そうなると、才能を評価する方法を変えるしかない。そこで二〇一一年、ＩＧＮはコードー・フーというプログラムを創造する。これは「履歴書不要の」採用プログラムで、未知のプログラミングの才能の発見を目的とした。[55]六週間にわたるプログラムでは将来有望なプログラマーを集め、新しいプログラミング言語を学ばせてから、実際にIGNでソフトウェアエンジニアリングのプロジェクトを任せて報酬を支払った。[56]コード・フーは、マネージャーが志願者を評価する方法がユニークだった。学歴やそれまでの経験はまったく考慮されない。志願者は履歴書を提出する代わりに、IGNに対していかに情熱を抱いているか面接で訴えたうえで、コーディング能力を試すための四つの質問に答えた。要するに、IGNはこう語りかけたのだ。「きみがこれまでどんな仕事をしてきたか、プログラムをどのように学んできたかは問題ではない。優秀でさえあれば、ほかに注文はつけない。きみが技量を発揮する機会を提供できるなんて光栄だ」。

二〇一一年、コード・フーのプログラムに一〇四人が応募して二八人が選ばれたが、そのなかで、技術分野で大学の学位を取得していた人材は半分しかいなかった。IGNのロイ・バハト社長はファスト・カンパニー誌に対し、コード・フーから最終的に一、二名が正式採用されれば十分だと考えていたことを明かした。実際には八人が採用されるに至った。[57]「履歴書に目を通して、われわれの仕事にふさわしい人材ではないと評価するようなやり方じゃない。履歴書だけに注目したら……採用を決断する理由がないレベルなんだ。従来のやり方では確実に見逃される人材だよ」とバハトはファスト・カンパニー誌に語った。[58]

才能にはバラツキがあるという現実を初めて受け入れた組織は、ダイヤモンドの原石を発見したような、あるいは隠された非凡な才能を確認する方法を見つけたような気分になる。しかし、バラツキの原理が語る内容はやや異なる。たしかに見逃されてきた才能が確認されるかもしれないが、この才能は非凡でもなければ隠されているわけでもない。真実の才能として常に存在してきた。ただし、それが見つかるのはあくまでバラツキのある人間のなかだけに限られる。本当に難しいのは、才能を識別する新しい方法を見つけることではなく、視界を曇らせている一次元的な思考を手放すことだ。

もちろん、真っ先に手放すべきなのは、自分自身についての一次元的思考である。

知られざる才能について理解する力

私はウェバー州立大学で必修単位を取得できる見込みが立つと、神経科学関連の分野で大学院に出願する決心をした。入学が認められれば、父方と母方のどちらの家系でも最初の大学院生になれる。だから大学で学業に精を出して良い成績を収めただけでなく、複数の教授から立派な推薦状を書いてもらった。前途に立ちはだかるものはひとつだけ。標準テストだった。

私はGRE（大学院入学共通試験）で良い成績をとる必要があった。私が希望する分野に関しては、どの大学院でも受験が義務づけられていた[59]。当時、試験は三部構成だった。数学の筆記試験、口頭試験、そして論理的思考能力を評価するための、いわゆる分析的思考を試す試験である。具体的には、つぎのような複雑な文章題が出題される。「ジャック、ジェニー、ジュリー、ジェリー、ジェレミーの全員がディナーパーティーに出席している。ジャックはジェニーを好きではない。ジニーはジェレミーを好きではない。ジュリーはジェリーが大好き。そしてジェニーはいつでもジュリーのロールパンを盗む。全員が丸テーブルを前にして座ったら、ジェレミーの左側には誰がくるだろう」。

私は本番の半年前からGREの準備を始めたが、残りわずか二週間になっても見通しは暗かった。模擬試験をおよそ二〇回受けて、数学と口頭試験では一貫して好成績を上げていたが、分析的思考に関する試験の結果はおそまつだった。一〇パーセンタイル値、すなわち一〇〇人中、低いほうから一〇番め以内を抜け出したことは一度もなかったのだ。毎回、ほとんどすべての問題を間違えた。分析的思考で満点を獲得していた私の指導教官は、自分の解答方法を伝授してくれた。だから彼の方法に関して十分に練習を積めば、最後は成績が向上するだろうと私は期待した。ところが、現実はそうならなかった。ジュリーもジェニーもジニーも、私にとっては全員が同じ人物のような印象で区別がつかず、理性をはたらかせて正解にたどり着くことは不可能としか思えなかった。私は再び、せっかくの夢がひそかに終わりを告げる可能性に目を向けた。いかなるテストであっても一〇パーセンタイル値から抜け出せないような人物なんて、受け入れてくれる大学院があるとは想像できなかった。

実家で勉強している最中、苛立ちを募らせた私は鉛筆を部屋のなかで放り投げ、思いがけず通りかかった父にぶつかりそうになった。幸い父は気を悪くせず、心配して声をかけてくれた。そこで分析的思考の問題で合格点をとれそうにないと打ち明け、解答に使っている方法を見せた。

「これだと、ほとんどの部分を頭のなかで解かないといけないな」と父は指摘した。

「うん、そうだよ。問題はそうやって解くものだろう」と私は答え、ひとりでつぎのように考えた。結局、指導教官はこの方法で満点をとったんだ。それに、試験対策のクラスの仲間のほとんどは、このやり方で八〇パーセンタイル値以上を獲得しているじゃないか。

「でも、おまえは作動記憶があまりよくないよな。それなのに、苦手な作動記憶に頼る方法を使おうとするなんて、おかしくないか」と父は言った。実は父は、私の幾何学の成績は良いことを知っていた。「おまえも、視覚的思考は優れているじゃないか。問題解決に生かしてみたらどうだろう」。

父は腰を据え、ほらこうだよと言って、各問題を視覚的にわかりやすく表現し直してくれた。なるほど、これならばジェリーとジェニーとジュリーのあいだの正確な関係がわかりやすい。当初私は、こんな簡単なテクニックが効果をあげるはずがないと、頭から疑った。しかし、この方法で問題に取り組み続けていくと、常に正解が導かれた。キツネにつままれた気分だった。そして二週間後、私はGREの分析的思考の問題でこれまでの最高点を獲得する。

GREの指導教官は、彼のバラツキのある知能にふさわしい問題解決方法を考案したが、それはかならずしも私にふさわしくなかった。幸い、父は私のユニークな点を正確に理解しており、私にとっての問題は分析的思考の弱さではないと気づかせてくれた。指導教官の方法を使って模擬試験で失敗を繰り返しているのに、ひとつの型にこだわり続けたことが問題だった。作動記憶は私にとって知能のなかで最も弱い要素のひとつなのに、いつまでも頼り続けて問題を解こうとしたのがいけなかったのだ。父のサポートによって自分の長所を生かす戦略が出来あがると、ようやく正しく解答できるようになり、隠されていた本当の才能が発揮されたのである。

父には本当に感謝している。賢明にも父はバラツキのある私のプロファイル、すなわち個性について考慮した末、貴重なアドバイスを与えてくれた。ひいてはそれが、私の人生を好転させてくれた。GREの分析的思考の問題について視覚的解決法に変更していなければ、私のテストの点数は悪く、おそらくハーバードには入れなかっただろう。個性の第一の原理には、これほどの力が備わっている。人間の才能にはバラツキがあるという事実を私たちが受け入れ、子どもや社員や学生の千差万別なプロファイルを評価するようになれば、彼らの未知の潜在能力を認識し、長所を生かすための方法を教え、短所を確認して改善するために力を貸すことができるだろう。私の父と同じように。

一方、自分に備わっているバラツキのある才能に注目できるようになれば、才能の一面だけに注目する罠に陥る可能性が少なくなり、潜在能力が日の目を見ないで終わる展開を回避できるだろう。もしもあのとき私がテストに落ちていたら、自分には大学院で成功するために必要な資質が備わっていなかったと結論を下していただろう。結局のところ、テストはそれを教える目的で実施されるものだ。その結果、自分に対する期待のハードルを下げていたかもしれない。

自分はユニークな能力の持ち主だと認識できれば、それが第一歩となり、自分の潜在能力を十分に理解できるようになる。そうすれば、平均主義によって将来像を独断的に決めつけられても、狭い枠に閉じこめようとする圧力をはねつける勇気がわいてくるだろう。

第5章　特性は神話である

あなたは外向型、それとも内向型？　この一見やさしそうな質問をめぐり、心理学では古くから激しい論争が繰り広げられてきた。論争のテーマは人格の本質である。一方の陣営を代表するのは特性心理学者で、私たちの行動は内向性や外向性など、明確に定められた人格的特性によって決定されると主張する。これらの心理学者の科学的起源はフランシス・ゴルトンにまで遡《さかのぼ》る。かつてゴルトンは、人間の気質や性質は「耐久性のある現実であり、私たちの行動を促す不変の要因」だと論じた。[1]

一方、状況心理学者は、人格の形成は人格的特性よりもむしろ、環境によって促されるものだと主張する。私たちの行動は文化や身近な状況によって決定されるものだと信じ、たとえば暴力的な映画を見ると、生来の傾向にかかわらず誰でも攻撃的になりやすいと論じる。[2] 状況心理学者の起源は、ゴルトンと同様に印象的な人物であるアドルフ・ケトレー

まで遡る。「社会が犯罪を準備するのであり、犯罪者はそれを実行する手段にすぎない」という彼の言葉は有名だ。(3)

イェール大学の心理学者スタンレー・ミルグラムは服従に関する研究で有名だが、これは状況主義者による実験の典型的事例だ。(4) この実験では、教師役の被験者と生徒役のサクラが別の部屋に分けられる。そのうえで、教師の質問への解答を生徒が間違えると、そのたびに電気ショックを流すようあらかじめ指示が与えられる。電圧は一五ボルトから命にかかわる四五〇ボルトまでで、一問間違えるたび徐々に引き上げられていく。サクラは実際に電気ショックを与えられるわけではないが、被験者はその事実を知らされていない。権威のある人物から命令されたとき、人間はどこまで他人を傷つけることができるのか、ミルグラムはこの実験で確かめようと考えたのだ。そして驚くべき結果がもたらされた。べつの場所にいるサクラがやめてくれと懇願しても、心臓の持病を抱えていると訴えても、あるいは反応を示さなくなっても、六五パーセントの被験者が最大の電圧の四五〇ボルトになるまでスイッチを入れ続けたのである。(5)ほとんどの人は状況によって行動を大きく影響されやすく、残虐な行動にさえ駆り立てられるものだと状況主義者は結論した。

二〇世紀を通じ、特性論者と状況論者のあいだでは大学の教室や研究室で激論が交わされてきたが、一九八〇年代に勝利を確実にしたのは特性心理学者のほうだった。(6) ある状況においてほとんどの人たちが平均してどのような行動をとるか、状況心理学者は予測することができたが、特定の個人の行動についてはまったく見当がつかなかったのだ。たとえば、罪のない他人に電気ショックを与えろと権威のある人物から命令された場合、大多数の被験者が言われたとおりに行動することは予測できても、フロリダ州タラハシー出身のアビゲイル・ジョーンズよりもオハイオ州シンシナチ出身のメアリー・スミスのほうが命令に従う傾向が強いかどうかまではわからなかった。

むしろ、特定の個人の行動について少なくとも平均的にうまく予測できたのは、特性論者のほうだった。しかも彼らは、ビジネスにとってはるかに役立つものを生み出した。性格検査である。今日では、毎年二五〇〇種類もの異なった性格検査が行なわれ、社員の資質が評価されている。(7) たとえば、フォーチュン一〇〇社のうち八九社、何千もの大学、何百もの政府機関で実施されているマイヤーズ＝ブリッグス・タイプ指標（ＭＢＴＩ）による性格検査では、四つの心理的傾向に関する評価の結果に基づき、性格のタイプが一六種類に分類される。(8) 一方、セールスフォース・ドットコム（営業支援システムや顧客管理システムをオンラインサービスとして提供する世界的ソフトウェア企業）が応募者の評価に採用しているエニアグラム性格診断においては、質問への答えに基づいて人間の性格が九つの基本タイプに分類される（たとえば「タイプ８」は「挑戦者」と評価される）。(9) これらの検査は、もっぱら人格的特性を測定・分類することによって五億ドル規模に成長した産業の一翼を担っている。

しかし特性論が成功した最大の理由は、自分や他人に対して個人的に抱く思いと一致しているように感じられるからだろう。たとえばマイヤーズ－ブリッグス性格検査の質問を目にするとたちまち、自分の性格を本能的にテストの枠組みに当てはめようとする。自分は内向型か外向型か、考えて行動するか感じるままに行動するか、物事を決めつけるタイプか洞察力が鋭いか、迷わず判断を下していく。同様に、親友や最大の敵の性格について尋ねられれば、目立つ特徴をすらすらリストアップしていくだろう。頼りになる、楽観的、衝動的とか、攻撃的、シニカル、利己的といった具合に結論するはずだ。あるいは、内向的な同僚を数人指摘してほしいと言われたら、名まえを挙げるのにほとんど困らないのではないか。

人格的特性に基づいて人間を点数で評価するテストが普及したのは、根強い確信を満足させてくれるからだ。人格の本質を定義付ける特徴が明らかになれば、「真の」アイデンティティを突き止められるのだと、実のところ私たちは信じている。誰かが本質的に親切か冷淡か、怠け者か働き者か、内向的か外向的か、心の奥深くであらかじめ決められていると信じたがる傾向が人間には備わっているのだ。そしていかなる状況でいかなる仕事をこなしていようとも、決定的な特性は隠しおおせないと考える。これは本質主義的思考として知られる。[10]

本質主義的思考は、タイプ分けの原因でもあり結果でもある。誰かの人格的特性を手がかりに、特定のタイプへの分類が可能だと私たちは信じたがる。一方、誰かが特定のタイプに当てはまることがわかれば、どんな個性の持ち主でどんな行動をとるのか理解できるという結論に達する。これは私の実体験でもある。七年生のとき英語の授業中に紙つぶてを投げあって、（当然ながら）スクールカウンセラーのもとに呼び出された。そして私がいたずらを咎《とが》められたのは初めての経験ではなかったので、攻撃性に関するアンケートに回答するよう命じられ、結果として七〇パーセンタイル値あたりにランクされた。学校に呼び出された両親はカウンセラーから、息子さんは「攻撃的な子ども」のようですねと伝えられた。教室で紙つぶてを投げあうし、その前にはけんかをしているし、何よりもアンケートの結果が動かぬ証拠だという。

攻撃性は私の性格の本質的な部分だとカウンセラーは疑わなかった。私がどんな人間か決定する要素だと信じ、当然ながらこの知識を参考にして私の未来を予測したうえで、心理学者に診てもらうべきだと判断した。攻撃的な子どもはだいたいにおいて学校で苦労するし、大学のプレッシャーにつぶされるケースも多いと説明を続けた。そして権威のある人物と衝突する恐れがあるのだから、カウンセリングの成果が出なければ将来どんな仕事も長続きしないだろうと両親に警告したのである。もちろん私たちが本質主義的思考を頼りに人びとを品定めするのも無理はない。人格的特性さえわかれば、将来学校や職場でどのようにふるまうのか予測する能力が手に入ったように感じられる。いや、（出会い系サイトの主張どおりなら）恋愛のパートナーを予測することも可能だ[11]。

しかし大事な問題を指摘しておかなければならない。集団の平均的行動を予測するときと異なり、個人の行動を予測するときには、人格的特性は実際のところ役に立たない。それどころか、人格的特性と行動のあいだに存在するはずの相関関係――攻撃的ならば喧嘩っ早いとか、外交的ならパーティーが大好き――の値は、〇・三〇よりも強いケースは滅多にない[12]。では、実際のところどれだけ弱いのだろう。数学の見方から相関関係を評価するなら、人格的特性で決定される行動は全体の九パーセントでしかない。たった九パーセントだ！　同様に、人格的特性の点数と学校の成績や職場での実績や恋愛の成果とのあいだでも、相関関係は決して強くない[13]。

では、持続的な特性をいくらたくさん見つけてきても人格や行動の解明につながらないとしたら、実際のところ人格をどのように説明すればよいのだろう。結局のところ、私たちの行動は行き当たりばったりではないし、状況だけで決定されるわけでもない。特性理論やそれを支える本質主義的思考が人間の行動の解明に成果を上げられないのは、人格に関する二番めの原理をまったく無視しているからだ。それはコンテクストの原理である。

コンテクストの原理

ワシントン大学の正田祐一《しょうだゆういち》教授は、子どもの発達に関してトップクラスの研究者のひとりで、心理学のあらゆる分野を通じて私の大好きな科学者のひとりだ[14]。特性理論と状況理論をめぐる学者間の対立が頂点に達した一九八〇年代、スタンフォードの大学院生だった正田は人格についての研究を始めた。ところが、研究を通じて個性に関する論争の真っ只中に放りこまれたものの、どちらの陣営にも味方しなかった。早い時期に、どちらのアプローチも不完全で、結局は見当違いだと直観したのだ[15]。

人間の個性に対する正田のアプローチは分析的かつ系統的で、古くからの前提にこだわらなかった。そして研究を続けるうちに、特性理論と状況理論の果てしない対立は、この分野を後退させていると確信した。人間は複雑な生き物なのに、その真実の姿がどちらのアプローチによっても解明されないからだ。人格については三番めの方法で考えなければならないと正田は結論した。特性だけ、状況だけに注目するのではなく、このふたつの要素がいかに相互作用しているかを考えなければいけない。これは決して折衷案ではない。もしも彼の主張が正しければ、人格をめぐる古くからの論争ではどちらの陣営も間違っていることになるのだ[16]。

自分の理論の正当性をほかの科学者に認めてもらうためには、きわめて説得力の強い研究結果が必要であることを正田は理解していた。個人の行動に関して大量のデータをさまざまの自然な環境から集めなければならない。大人を対象にして、これだけ広範囲にわたる研究を行なうのは適切とは思えなかった。職場も含めほぼ確実に、一日中監視する必要があったからだ。そこで代わりに、ニューハンプシャー州の滞在型サマーキャンプ・プログラムに参加している子どもたちを研究対象に選んだ。このプログラムは、ウェディコ・チルドレンズ・サービスとして知られる。[17]

ウェディコにやって来た子どもたちは年齢が六歳から一三歳までで、ほとんどはボストン地区の低所得層の家庭出身だった。正田は八四人の子ども（男子六〇人、女子二四人）を六週間、キャンプ活動中に毎時間観察し、浴室を除いたすべての場所での行動を記録した。この遠大な企画をやり遂げるため、正田は七七人の大人、すなわちキャンプ・カウンセラーから成るチームの協力を仰いだ。その結果、観察時間は延べ一万四〇〇〇時間以上、ひとりの子どもにつき平均で一六七時間におよんだ。さらにカウンセラーは、毎時間ごとにすべての子どもを対象に主観的評定を行なった。[18]

夏の終わり、正田は大量に集められたデータを根気強く選り分けた。まずはそれぞれの子どもの行動を分析してから、全体に共通するパターンを見いだそうとした。結果は明白で疑いようがなく、本質主義的思考にとって大きな打撃となった。どの子どもも状況によって異なった個性を発揮したのである。[19]

いまではある意味、この結果は衝撃的ではないし、すぐにこんな反論をされるかもしれない。「状況が異なれば行動が異なるなんて、当然じゃないか!」。しかしここで少し、特性理論のモデルについて考えてほしい。たとえばマイヤーズ－ブリッグス性格検査は、人間の特性が状況次第で根本的に変化するとは絶対に考えていない。実際のところその反対で、内向的か外向的かといった気質によって行動は決定されるもので、状況には影響されないと主張している。特性理論に基づいた性格検査では、私たちが外向型か内向型のどちらかだと仮定する。両方ではない。しかし正田は、どの子どもも実際には両面を持ち合わせていることを発見したのだ。(20)

ある女の子はカフェテリアでは外向的かもしれないが、遊び場では内向的になるかもしれない。逆にある男の子は遊び場では外向的かもしれないが、数学の授業では内向的になるかもしれない。しかも、決定要因は状況だけではない。ふたりの女の子に注目してみると、ひとりはカフェテリアで内向的で教室で外向的かもしれないが、もうひとりはその逆の可能性があった。どのように行動するかは、個性にも状況にも常に左右されていたのだ。人間には「本質的な性質」など存在しない。たしかに、あの人は平均すると内向的だとか外向的だとは言えるだろう。実際、心理学において特性論はまさにこの結論に達した。しかし平均に頼ると、人間の行動に備わった重要なディテールをすべて見逃してしまう。

正田の結論は、特性論の最も基本的な信条と完全に矛盾した。人格の平均を評価するのは、人間の集団について学者が大まかな結論を引き出すためにはよかったかもしれない。

しかし、ある仕事に最もふさわしい人材を雇ったり、ひとりひとりの学生に最も効果的なカウンセリングを行なったりするときにふさわしいとは言えないし、同様に、自分について決断を下すためにも十分ではない。資金繰りのよい母校ではなく、お金に困っている非営利組織に使命感を持って献金した事実から、自分は本質的に「寛大」であるとか「しみったれている」とか評価することはできない。その一方で、正田の結論は状況理論も否定している。同じ状況に置かれていても、そこから受ける影響は人によって異なることをデータは示しているのだ。まったく意外ではないが、性格心理学者の多くは正田の調査結果を聞くと、ペーター・モレナールのエルゴード性スイッチについて知らされた精神測定学者と同じ反応をした。正田は混乱を提案していると、非難したのだ。

人びとの個性には一貫した要素など存在しないと正田は指摘しているようにも思える。行動は目まぐるしく変化するもので、場所ごとに不規則に異なると考えているようだ。では、特性が不安定だとしたら、人格理論の信奉者は何をモデルにすればよいのか。ただし、正田はパーソナリティという概念を攻撃しているわけではない。むしろ、人間とコンテクストというふたつの要素をひとつにまとめたことによって、命を吹きこんだのである。実際のところ彼は、私たちのアイデンティティには首尾一貫した要素が存在していることを示している。ただしその一貫性は、誰もが期待するような種類のものではない。私たちは特定のコンテクストで首尾一貫しているのだ。正田の導き出した結論（そしてその後に行なわれた多くの調査結果）によれば、もしもあなたが今日運転しているとき注意深くて神経質ならば、明日運転するときも注意深くて神経質だと考えても間違いないだろう。同時に、べつのコンテクストに置かれたら注意深いわけでも神経質でもない点が、あなたをユニークな存在にしている。たとえば、地元のパブでバンドの仲間といっしょにビートルズのカバーを演奏しているときは、人が変わる可能性がある。

正田の研究結果は、個性の第二の原理の正しさを裏づけている。それはコンテクストの原理である。この原理によれば、個人の行動はコンテクストすなわち特別の状況に左右されるもので、コンテクストから切り離して説明することも予測することもできない。一方、コンテクストがおよぼす影響は、当事者がどんな特性の持ち主かによって異なってくる。[21] 言い換えれば、行動は特性だけ、状況だけで決まるわけではない。両者のユニークな相互作用によって生まれるのだ。もしもあなたが誰かを理解したいと思えば、平均的な傾向や「本質的な性質」に注目しても明確な回答は得られない。新たな発想から、コンテクストごとに異なるシグネチャー（行動パターン）に目を向けなければならない。

条件《イフ・》と帰結《ゼン》のシグネチャー

正田は先駆的な発見について、その内容にふさわしい『人間はコンテクストに左右される――個性学の構築』（*The Person in Context: Building a Science of the Individual*）というタイトルの本にまとめた[22]。そこでは、本質主義に代わるアイデアが紹介されており、彼はそれを「条件《イフ》と帰結《ゼン》のシグネチャー」と呼んだ[23]。たとえば、ジャックという名まえの同僚について理解したければ、「ジャックは外向的だ」と言うだけでは十分ではない。正田は異なった特徴づけを提案している。もしもジャックがオフィスにいるときならば非常に外向的であり、もしも大勢の他人のなかにいるときならばやや外向的で、もしもストレスを感じているときならば非常に内向的、という具合だ。

正田の研究の事例からは、条件と帰結のシグネチャーに実用的な価値があることがわかる。たとえば攻撃性について標準的なアンケートを実施したとき、ウェディコのふたりの少年は攻撃性がほぼ同レベルだと評価された。この結果を本質主義者の発想に基づいて解釈すれば、ふたりの将来の展望は似たようなもので、同じ形での介入が必要だと推測される。しかし、正田のデータからは隠された特徴が明らかにされ、それに注目すると、ふたりの子どもについての解釈はすっかり変わってしまう。ひとりの少年は仲間といっしょのとき攻撃的で、大人のなかに混じるとおとなしい。もうひとりの少年は大人といっしょのときだけ攻撃的で、仲間といるときはおとなしい。つまり、ふたりの少年の攻撃性は非常に異なっているが、特性という観点からひとくくりに考えると、大事な違いがかき消されてしまう。攻撃性とは、それぞれの少年の人格の「本質」ではない。むしろ、どちらにとっても攻撃性を発揮する状況と発揮しない状況が存在するのだ。コンテクストをまったく無視して、平均主義者の発想からふたりの少年の性格は同じだと決めつけると、大きな犠牲を払う羽目になる。

つぎのイラストについて考えてほしい。正田の研究対象になった少年たちの調査結果に基づいて、ふたりの少年の攻撃性を条件と帰結のシグネチャーで表している。

私は正田の研究について初めて読んだとき、過去の経験に思いをはせた。学校で私は「攻撃的な子ども」という烙印を押された。祖母はこの宣告を聞かされても信じようとせず、「うちではいつも、あんなにいい子なのに！」と両親に語った。これは決して、孫びいきゆえの発言ではない。祖母といるとき、私は本当にいい子だった。攻撃性が引き出されるのは、いじめられたときなど特別なコンテクストに限られていた。たとえば私が授業中に紙つぶてを飛ばして問題を起こした背景には、体の大きな三人の少年の存在があった。私に乱暴しては面白がるので、教室の外では努めて顔を合わせないようにしていたが、授業中は仕方なく、しばしばクラスの道化役を演じた。うまく笑わせれば、私にちょっかいを出す機会も減るだろうと考えたのだ。おかげで私はたびたびカウンセラーに呼び出されたが、作戦はだいたいにおいて成功した。

もしも学校関係者（彼らは私を気遣ってくれたのだと心から信じている）が私の行動を

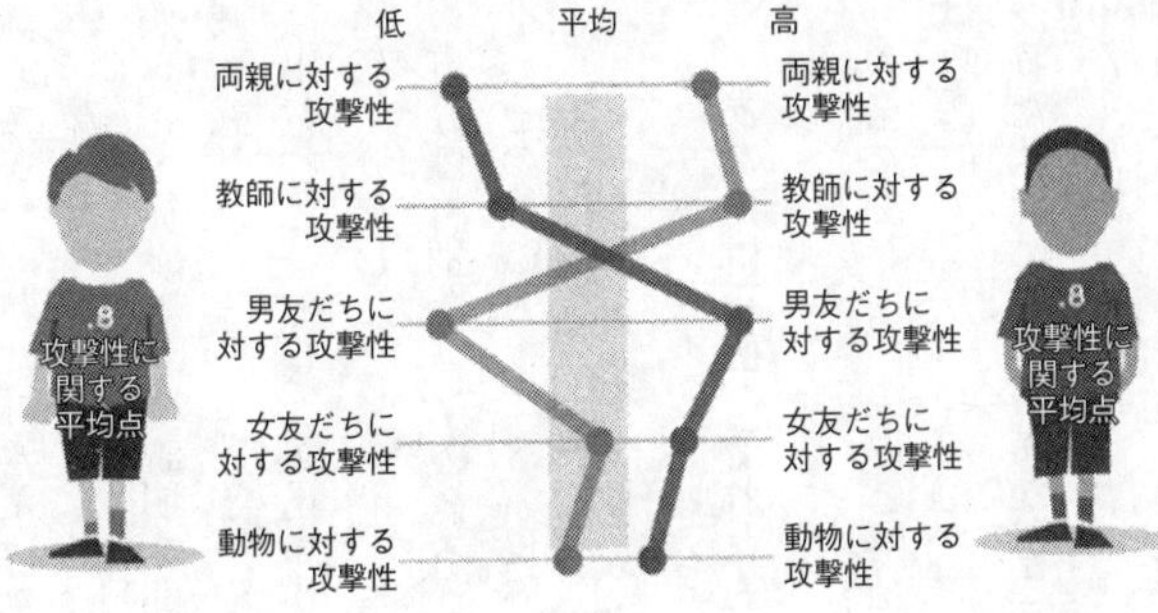

MIKE DICKS, DESCIENCE LIMITED

攻撃性に関する条件と帰結のシグネチャー

促した特別なコンテクストを理解しようと努めていたら、おそらく私に救いの手を差し伸べていただろう。私を攻撃的だと決めつけたり、「問題児」という困った集団に押しこめたりしなかったはずだ。私があの特別なコンテクストでなぜ問題を起こすのか、きちんと洞察していたら、教師と話しあうとか、べつのクラスに移すとか、正しく介入していたかもしれない。私の性格の本質的な要素が明らかになったとは考えなかっただろう。

　のちにウェバー州立大学に入学した私は、条件と帰結のシグネチャーを応用し、クラスへのアプローチ方法を工夫した。たとえば入学早々、同じ高校出身者のいるクラスを回避した作戦はうまく成功した。その特殊なコンテクストに置かれれば、自分がクラスの道化役としてふるまうのはわかっていたし、それでは大学で絶対に成功できなかっただろう。

　さらに私は、自分に合った教え方があることも認識していた。特に好きだったのは、生徒ひとりひとりがじっくり考えてアイデアを出しあい、みんなで議論するように仕向ける教師だった。一方、事実はすでにわかっているのだから、生徒は黙って説明を聞いて理解すればよいと考えている教師には不満を募らせ、幻滅を感じた。そこで各学期の初めには六つの講義の履修届を出し、どれも少なくとも一回は出席した。そして顔見知りを見つけたときや、教え方が自分に合わないときは、講義を迷わず放棄した。

自分は特別なコンテクストでどのようにふるまうか理解していたおかげで、私は大学でも、その後の人生でも、良い決断を下せるようになったのである。

あなたは正直、それとも不正直?

人格に関して、条件と帰結のシグネチャーを受け入れるのは難しくない。一部の相手には攻撃的でも、べつの相手にはやさしく穏やかにふるまえることや、内向性や外向性は置かれた状況によって異なることは、抵抗感なく受け入れられるだろう。では、誠実さはどうか。忠誠心や思いやりは? これらは持って生まれた性格ではないだろうか。あるいは性格も、コンテクストによって変化するのだろうか。

長いあいだ、人間の性格は生まれつき決められていると信じられてきた。もしも隣人の息子がコンビニでキャンディを万引きしてつかまったら、ほかにも盗みをはたらくにちがいないと本能的に仮定する。自分の家にその子を招き、ひとりきりにはさせないだろうし、道徳心に何らかの欠陥があると疑いたくなるかもしれない。これからも確実に盗みを重ねるだろうし、学校でカンニングしたり大人に嘘をついたり、ほかにもよからぬ行動を続けるのは間違いないと考えるだろう。

しかし、この見解は間違っている。性格は人間のあらゆる行動と同じで、特別な状況を考慮せずに理解しようとしても意味はない。私たちは相変わらず、共感や尊敬や自制など、道徳的特性を子どもたちに植えつけるにはどうしたらよいか、白熱した議論を展開している。おまけに、人間は正直か不正直のいずれかであって、中間は存在しないと信じている。そんな時代に、これらの重要な資質はどれも条件と帰結のシグネチャーに大きく左右されるという発想は、いかにも挑発的な印象を受ける。しかし、性格には特別な状況が関わっているという発想は、決して新しいものではない。

性格について大がかりな科学的調査が行なわれるようになった一九二〇年代、心理学者であり牧師でもあるヒュー・ハートショーンという人物が、ある調査を手がけた[24]。当時は全米の学校が標準化の熱気に包まれていた時代で、学校は子どもたちに性格教育をすべきかどうか、教える場合にはどうすればよいか、議論が白熱していた[25]。宗教教育協会の会長を務めていたハートショーンは、若者に道徳的価値を植えつけるには宗教教育が最善の手段だと個人的に信じていた。しかし科学者でもあった彼は、何か特別なアプローチを提唱する前には、性格とはどういうものか確認するためあらかじめ調査を実施すべきだとも感じていた。

ハートショーンのチームは、八歳から一六歳までの子どもを対象に調査を実施した。公立学校の生徒が八一五〇人、私立学校の生徒が二七一五人だ。どの生徒も二九の異なった実験的コンテクストに置かれた。四つの状況（学校、家庭、パーティー、スポーツ競技会）が設定され、他人を欺く可能性が三つ（嘘をつく、カンニングをする、盗みをはたらく）提供された。そしてどのコンテクストも、二通りの条件下で実験が行なわれるように操作された。ひとつめの条件下（監視された条件下）では、生徒は不誠実に行動しようがない。たとえば、学校でテストが実施されるときには教師が厳しく監視して、あとで教師が答えを採点した。二番めの条件下（監視されない条件下）では、どんなインチキをしてもばれないと生徒たちは確信できる。たとえば、学校でテストを受けたあと、生徒たちは一人きりの部屋で自己採点する機会を与えられる。ただしハートショーンは解答用紙の下にカーボンシートをこっそりはさんでおいたので、解答を改竄《かいざん》して点数を上げたかどうか確認することができた。どのコンテクストにおいても、監視されているときと監視されていないときの行動の違いによって、生徒の正直さの程度が確認できるはずだった。[26]

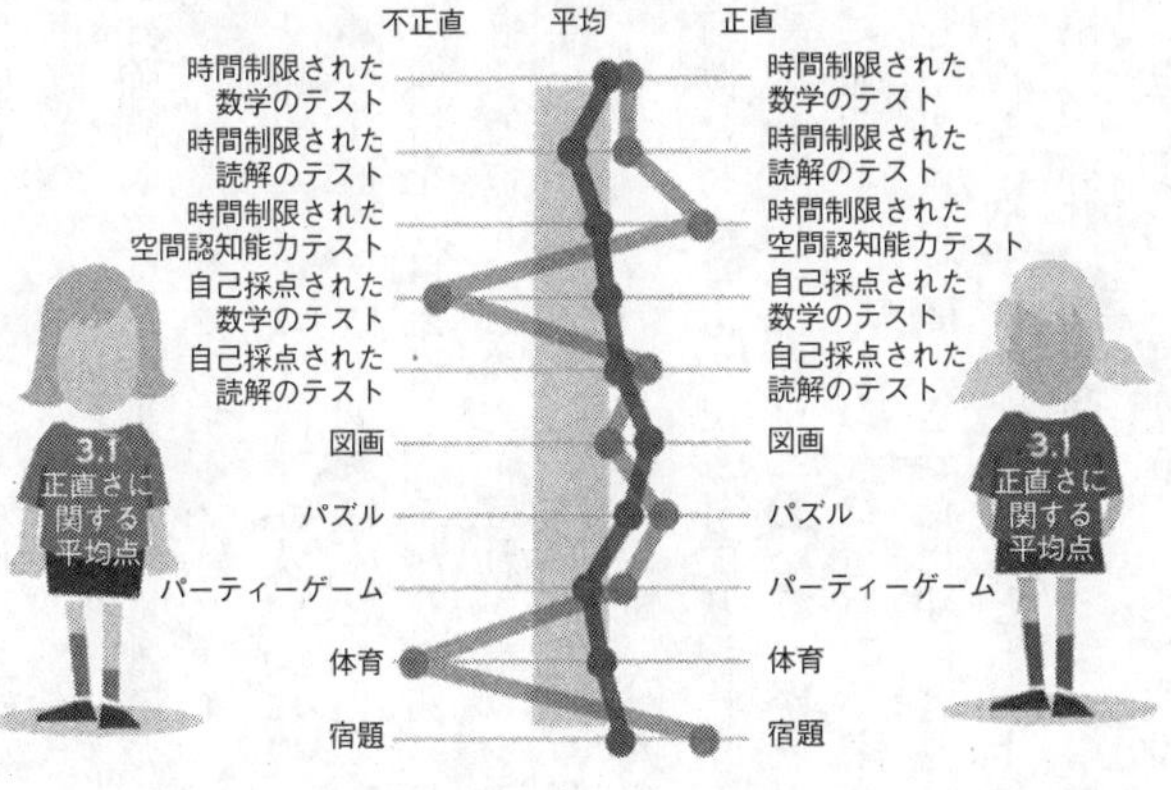

MIKE DICKS, DESCIENCE LIMITED

正直さに関する条件と帰結のシグネチャー

ハートショーンは正直さについて調査を始めた頃、本質主義的な視点に立っていた。どの生徒も道徳心があるかないか、いずれかだと期待していた。ところが結果はそうではなかった。生徒たちの道徳心にはほとんど一貫性がなかったのだ。テストの自己採点で嘘をついた少女が、パーティーゲームの採点では嘘をつかず、テスト中にべつの生徒の答案をカンニングした少年が、自己採点では嘘をつかず、家でお金を盗む生徒が、学校ではお金を盗まない可能性があった。正直さは、特別な状況すなわちコンテクストに左右されていたのだ。(27)

ハートショーンの発見について理解してもらうため、調査対象になったふたりの八年生の条件と帰結のシグネチャーに注目してみよう。どちらも正直さに関する平均点は同じだ。イラストの右側の生徒はひとつの例外を除き、他人を欺く機会に飛びつかず、正直さのレベルが一定しているが、このようなケースは例外中の例外だとハートションは強調している。調査対象になった一万八六五人のなかで、この生徒の一貫性は際立っており、正直さに関するプロファイルは誰よりも安定している(28)。一方、左側の生徒は、条件と帰結のシグネチャーが決定的に違う。コンテクストによって行動が著しく異なり、きわめて正直なときもあれば、とんでもない嘘をつくときもある。ただし、本質主義者の見解で性格をとらえると、ふたりのあいだに違いは存在しなくなる。平均すると、どちらも同じように正直なのだ。けれどもコンテクストの原理は、そのような見解の間違いを明らかにした。平均においては、各生徒の個性が無視されてしまう。

ハートショーンの結果を知った人びとのあいだには、衝撃と怒りが広がった。「道徳的行動は特殊なもので、外的状況に左右される部分が大きいという教義ほど、親や教師を当惑させる理論はない」という声があがった。これに対してハートショーンは、つぎのように強調した。「もしもジョニーが家庭で正直な子どもならば、学校のテストでカンニングをしていると聞かされた母親は容易に信じられないだろう。たしかに通説とは異なるかもしれないが、特殊性は教義として十分に確立されているとしか思えない……正直さ、慈善、協力、抑制、粘り強さといったものは、一般的な特性ではなく、特殊な習慣である(29)」。

それ以降も、事態はたいして変化していない。今日、親も教師もいまだに、道徳心は人格的特性であり、状況に左右されないと信じたがる。自制心を例にとってみよう。子どもが人生で成功するためには、自制心が欠かせないと主張する研究結果や書籍を親はいやというほど目にする機会が多い[30]。自制心の重要性を擁護するためにしばしば引用される有名な研究のひとつ——私たちの世代における心理学の研究では間違いなく最も有名なもの——が、いわゆる「マシュマロ・テスト」だ。

マシュマロ・テストの大まかな枠組みは、何度も再現されてきた[31]。最もよく行なわれるバージョンでは、通常は三歳から五歳ぐらいの子どもに対し、大人がマシュマロを与えて行動を選択させる。マシュマロをすぐに食べてもよいが、一五分間待てば、ふたつめのマシュマロをもらえるのだ。大人は部屋を去り、子どもがマシュマロを食べるのを我慢できる時間を唯一の基準として、自制心が低いレベルから高いレベルまでのどこに該当するか評価を下す。

マシュマロ・テストは四〇年以上前、ウォルター・ミシェルというコロンビア大学の心理学者によって考案された[32]。しかしこの実験は時間が経過してから、世間に爆発的な影響を与えた。ミシェルが我らが友人の正田祐一といっしょに追跡調査を行なったところ、最初の実験で自制心が最高レベルだった子どもは、平均すると大人になってからも社会への適応力に優れ、学業でも成功を収めていたのだ[33]。

その結果、科学から子育てや教育まで幅広い分野で、自制心に対する熱狂が沸き起こった。マシュマロを食べたいという誘惑に子どもが打ち勝つのは、脳のなかに「自制心」が構造的に組みこまれているからだと神経科学者は想定し、その解明に努めた。[34] 児童心理学者は、親が息子や娘の自制心の発達を促すために役立つプログラムを開発した。[35] 教育者は、自制心を向上させてくれそうな、新しい人格教育を競って考案した。[36] そして専門家やメディアは、おまけのマシュマロをもらえるまで我慢できない意志薄弱な子どもは、人生で失敗するリスクが大きいだろうと指摘した。[37] もちろん、マシュマロ・テストが引き起こした熱狂は、自制心を生来の特性と見なす本質主義の暗黙の前提に基づいていた。

「誰もが性格は生まれ持ったものだと決めつけて、硬直的な人格教育を進めるためにこの研究を利用するなんて、本当に皮肉な話だ」と、正田は私に語った。「だってウォルター［ミシェル］は、そんな発想と闘うために生涯を捧げてきたのだよ。実際には、条件と帰結のシグネチャーを戦略として利用すれば、子どもは状況から受ける圧力を上手にコントロールできることを証明するつもりだったのにね[38]」。

実際のところコンテクストの原理は、自制心が特殊な状況と切り離して考えられないことを教えてくれる。マシュマロ・テストについての俗説からコンテクストが欠落している事実を認識したのは、セレスト・キッドという科学者だった。[39] 現在はロチェスター大学の助教授として脳科学と認知科学を研究しているキッドは、マシュマロ・テストについて初めて聞いたときホームレス施設でボランティアとして働いていた。「施設には大勢の子どもたちがいたわ」と彼女は語った。「もしも誰かがおもちゃやキャンディを受け取ったら、べつの子どもにいきなり奪われてしまうリスクが常につきまとっていたの。どこかに隠してしまうか、できるだけ早く食べてしまうのが、最も安全で利口なやり方なのよ。だからマシュマロ・テストについて知ったとき、私はすぐにこう考えたわ。施設の子どもたちは全員が、マシュマロを直ちに食べてしまうだろうとね」[40]。

キッドはマシュマロ・テストにひねりを加え、独自のバージョンを考案した。ここでは子どもたちのグループの一方は「信頼できる」状況に、べつのグループは「信頼できない」状況に置かれた。マシュマロ・テストが始まる前、信頼できない状況の子どもたちは約束を守らない大人と対面した。たとえばアートプロジェクトのなかで子どもは、少し待っていれば新しい画材を持ってきて、使い古して折れたクレヨンを取り換えてあげると大人から約束されるが、数分後にその人物は手ぶらで戻ってくる。一方、信頼できる状況に置かれた子どもたちは、約束どおり新しい画材を提供される[41]。

信頼できる状況の子どもたちは、かつてのマシュマロ・テストに参加した子どもたちとよく似た行動をとった。目の前のマシュマロの誘惑に呆気なく屈した子どもは数人ほどで、およそ三分の二は一五分間、すなわち最後までじっと我慢した。しかし、信頼できない状況の子どもたちの行動はまったく異なる。半数は、大人がいなくなった途端にマシュマロを口にした。ふたつめのマシュマロを手に入れるまで我慢できたのは、たったひとりだった。[42] 自制心は本質的な特質のように感じられるが、これもまたコンテクストに左右されることがキッドによって証明された。

才能は特別なコンテクストで発揮される

マシュマロ・テストが大衆に支持され、自制心は成功への鍵だという結論が導かれたことからは、能力や才能や潜在性に対する姿勢がいまだに本質主義の考え方に大きく縛られている現実が明らかにされた。これらはいずれも生まれ持った資質で、個人はそれを持っているか持っていないか、いずれかだと見なされる。才能などに対して環境は多少の影響をおよぼすかもしれないが、才能を決定したり創造したりするわけではないと考えられた。

この発想が最も顕著に反映されているのが、雇用プロセスである。仕事に最適の人材を見つけようとするとき、ビジネスの世界ではすべてのシステムがコンテクストを無視するように作られており、最も本質主義的な雇用ツールを手始めに利用する。職務記述書だ。営業部門の取締役の典型的な職務記述書には、「重要な資格」や「必要なスキル」といった項目があって、以下のように記されているかもしれない。

●営業や販売管理の最前線で活躍した経験が一〇年以上必要である。
●四年制大学卒業者。大学院修士課程卒業者であれば望ましい。
●コミュニケーション、戦略、リーダーシップのスキルが抜きん出ている。
●マルチチャネル・マーケティングならびにアフィリエイト・プログラム（成功報酬型広告）管理の専門家である。

欠員を補充するために何十万もの企業が毎週、似たように書かれた職務記述書を掲載している。リクルーターは雇用者が求める経験やスキルや資格を掲載したうえで、これらの基準に満たない応募者をふるい落とし、残ったなかから最高の候補者を選ぶ。一見すると、これは常識的なやり方のような印象を受ける。候補者は特定のスキルや能力を持っているか否か、どちらかだ。「優れたコミュニケーター」か否か、マルチチャネル・マーケティングなどの「専門家」か否か、ふたつにひとつである。もちろん、このアプローチの何が間違っているのかわかりにくいのは、私たちが本質主義的思考にどっぷりつかっているからだ。

コンテクストの原理では社員の「本質」だけに注目する代わりに、社員にはどんなパフォーマンスが必要とされ、それはどのようなコンテクストで実現可能かという点を重視するほうが良い結果につながると考える。このアプローチのパイオニア的存在が、ルー・アドラーだ。ルー・アドラーグループの創業者であり、人材の募集・採用関連のコンサルタントとして、世界中で最も影響力の大きい人物のひとりである。(43)リクルートの分野に転身する以前、アドラーは航空宇宙メーカーでミサイルと誘導システムの設計を手がけていた。そのため、人材を見つけて選抜する際には、エンジニアとしての思考様式を持つ候補者に注目することが習慣になっていた。「ある日、閃いたんだ。仕事での成果はコンテクストに左右される。だから採用においては、候補者がどのようなコンテクストで最高の成果を発揮できるのか、考えることが肝心なんだ。いたって常識的な発想だろう。ところが実際には、企業を常識的に行動させるのは本当に難しい」(44)とアドラーは私に説明してくれた。

社員の募集にはコンテクスト重視の姿勢で臨むべきだと結論したアドラーは、新たな募集・採用方法を開発し、それを「パフォーマンス基準の雇用」と呼んだ。そして、どんな人材を希望するかではなく、どんな仕事をしてもらいたいかという点がここでは優先されると経営者たちに説明した。(45)「企業はいつでも優れたコミュニケーターがほしいと言うよね。職務記述書に最も頻繁に記載されるスキルのひとつだ。でも、オールラウンドの〝優れたコミュニケーター〟なんてものは、存在しない。仕事によって、必要とされるコミュニケーション能力はさまざまに異なる。すべてに優れた人材なんていないよ」とアドラーは語った。顧客サービス担当者なら、的確な質問を行なって顧客の問題を理解することが優れたコミュニケーション能力として評価される。経理だったら、売り上げ不足が収益にどう影響するか、シニアエグゼクティブにきちんと説明できなければならない。顧客担当営業ならば、仕入れ委員会に一日中でもプレゼンを行なう能力が求められる。特殊な状況で発揮される「優れたコミュニケーション」能力こそ大切だという事実が、アドラーによって明らかにされたのである。(46)

アドラーグループは新興企業からフォーチュン五〇〇社まで、さまざまな企業の合わせて一万人以上の雇用担当マネージャーを支援して、パフォーマンス基準の雇用への転換を後押ししてきた。(47)このパフォーマンス基準の雇用が自分の会社にどれだけ素晴らしい影響をもたらしたか、二五歳の新進気鋭のクライアント、キャラム・ネーガス＝ファンセイは熱をこめて語っている。彼は、ロンドンに拠点を置くレッツゴー・ホールディングスの創業者だ。(48)同社はメディアならびにテクノロジー企業を対象にした「ブランディング戦略のスペシャリスト」としてたちまち頭角を現し、創業からわずか三年で急成長を遂げた。(49)

「最初は、採用に関して何をすればよいか、皆目見当がつかなかった。だから従来型の職務記述書を使うしかなかった」とキャラムは私に語った。「ちょうど営業チームを束ねてくれる人材が必要だったから、一般的な職務記述書の要求に見合う人物を採用したんだ。素晴らしい経験をたくさん積み重ねていたしね。ところがその人物は、大企業で働いた経験しかなかった。だから、僕たちみたいな成長著しい新興企業で働き始めたら、まるで仕事ができなくてね。ひどいものさ」[50]。

そんなときキャラムは、パフォーマンス基準の雇用について噂を聞き、新しい人事部長の採用を手伝ってほしいとアドラーに依頼した。「本当に大切なのは、レッツゴーと似たようなコンテクストで優れた実績を残した人材を選ぶことだったんだ。アドラーはそれを教えてくれた」とキャラムは語った。この場合、アドラーのモデルから最終的に浮かび上がったのは、直観にまったく反する人物、すなわちベルギー出身の薬剤師だった。「ティエリー・ティエレンスはイギリス人ではないし、人事の分野での経験もなかった」とキャラムは回想した。当初、彼は半信半疑だった。しかしアドラーから、この薬剤師の過去の実績も職場環境（スタッフの入れ替わりが激しく、状況がどんどん変化するなかで、速やかに部下をまとめなければいけない）も、レッツゴーの特殊な状況にはぴったりだと説明を受けた。そこでキャラムは、薬剤師を採用することにした。「いまでは、我が社で最も重要な人材のひとりさ。でも、職務記述書にしか目が行かなければ、絶対に採用を考えなかっただろうね」とキャラムは認める[51]。

人材関連業界はティラー主義から生まれ、人事部門は平均的な仕事をこなす平均的な人材の発掘を任された。当初から、この考え方には本質主義の発想が必要不可欠で、いまでも多くの点でその傾向は残っている。「会社はいつでも才能ある人材が不足しているとか、スキルギャップがあるといって嘆く。でも実際には、発想にギャップがあるだけなんだ。

仕事がどのようなコンテクストで行なわれるか細かく分析する努力を惜しまなければ、報われるんだよ」とアドラーは語った。(52)企業はコンテクストの原理を取り入れるべきだ。そうすれば、求人を行なう職種の仕事内容にふさわしい応募者が、条件と帰結のシグネチャーに基づいて採用されるようになり、最終的には有能で忠実でやる気のある社員を確保できるだろう。一方、採用された社員は、自分の本領を発揮できる理想的なキャリアを楽しむチャンスに恵まれる。

しかしコンテクストの原理は、よりよい人材の発掘に役立つだけではない。他人についての理解を深め、自分以外の人たちの才能や能力や可能性を確認するためのヒントを与えてくれるだけでなく、自分への理解も深めてくれる。自分がどんな人間で、周囲の人たちとどのように交流しているのかを解明すれば、私生活においても仕事においても成功するための土台が形成される。

他人のありのままの姿を知る

私たちは個性についていかに考えるべきか、人生の大半を通じて教えこまれてきたが、コンテクストの原理はそれに異議を唱え、自分や他人について従来とは反対の発想を持つように促している。心の奥底には何らかの本質的な特性が確実に存在していて、それは決して変わることがないという発想は、多くの人にとって手放したくないものだろう。私たちは心の奥深くで、人間は根本的に楽観主義者だとか皮肉屋だと信じている。礼儀正しいか不作法か、正直か不正直か、どちらかだと考える。人格は環境によって変化するという発想は、たとえそれが自分自身のユニークさを表すものであっても受け入れられず、アイデンティティの根本的な信条に反するような印象を受ける。私たちにとって、人格は安定して揺るぎないものに感じられるのだ。

なぜこのように感じられるのかといえば、私たちの脳はコンテクストにきわめて敏感で、どんな状況にも自動的に適応するからだ。たとえば友人のパーティーで外向的にふるまうのは、かつて似たようなコンテクストでどのような行動をとったのか脳が記憶しており、そのときの経験と比較したうえで、期待どおりに行動すべきだと結論を下すからだ。だから少なくともパーティーでは外向的になる。一方、職場で内向的になるのは、同僚のそばでは日頃、行動が控えめであることを脳が記憶しているからだ。人格が安定して揺るぎないものに感じられるとしたら、それは一定のコンテクストで実際に安定して揺るぎないものだからだ。占星術師はとっくの昔にこれを理解していたので、占星術には説得力が感じられる。獅子座の人は内気になるときがあるという言い方を占星術師はするが、誰でも内気になるときはあるものだ。結果はコンテクストによって左右される。

しかし、他人の人格が安定して見えるのは、べつの理由からだ。私たちは限定的な狭いコンテクストでほとんどの人と交流する。たとえば同僚について知っているのは職場での姿だけで、家族といっしょにいるときの様子はわからない。友人と週末に買い物や飲み会に出かけても、重役会議室で会うわけではない。子どもたちと家でいっしょの時間を過ごすが、学校にいるときや友だちといっしょにいるときの様子をほとんど知らない。そしてもうひとつ、他人の行動が特性のようなものに裏づけられているように感じられるのは、あなたがコンテクストの一部になっているからだ。あなたが上司のそばにいるときだけ臆病だったら、上司から臆病者だと判断されても無理はない。一方、上司があなたといるときに限って尊大で横柄だったとしたら、あなたは上司が尊大で横柄な人間だと考えるだろう。知り合い、いや、きわめて身近な人物であっても、さまざまなコンテクストにおけるさまざまな姿を見る機会はない。その結果、限定的な情報に基づいて相手の人格を判断してしまう。

本質主義の発想から解放され、条件と帰結のシグネチャーに基づいてコンテクストの重要性を意識するようになれば、私生活でも職場でも信じられないほどの変化が訪れる。自分が個人としてどのような状況で輝けるのか認識しやすくなるので、優れた決断を下しやすくなる。たとえばあなたは、チームで共同作業するときは他人より秀でているかもしれないが、孤立した環境でひとりコツコツ作業するのは苦手だとしよう。この場合、たとえ昇進する絶好の機会が提供されても、九〇パーセントの時間は在宅勤務を義務づけられるとしたら、せっかくだが断る決断を下したほうが賢明だ。たしかに見返りは大きいかもしれないが、条件と帰結のシグネチャーがあなたには当てはまらない。逆に、コンテクストの原理に注目すれば、自分が消極的になったりサボりたくなったりする状況の要因が確認されるので、それを変化させたり回避したりすることが可能だ。

だいたいにおいて、自分が成功したり苦労したりするときのコンテクストについて理解するのは難しくない。難しいのは、他人に関して条件と帰結のシグネチャーを確認することだ。いまだに本質主義的思考は、私たちの社会生活のあらゆる側面に定着しており、間違った確信に抗《あらが》って行動するのは容易ではない。誰にとってもこれは大きな課題になっているが、ここでコンテクストの原理に注目すれば事態は好転する。あの人は神経過敏だ、攻撃的だ、よそよそしいと考えている自分に気づいたら、それは特殊なコンテクストで現れる一面にすぎないことを思い出すべきだ。

マネージャー、親、カウンセラー、教師などの立場から、他人の成功を後押しするときには、条件と帰結のシグネチャーに基づいた戦略作りが特に重要になってくる。指導的立場で行動する際にコンテクストの原理を採用すれば、子ども、社員、生徒、クライアントなど、ネガティブな行動を改めさせたい相手に建設的に対処できるようになる。なぜそんな行動をとるのかと尋ねる代わりに、相手の置かれた特殊なコンテクストに注目し、「あのコンテクストではなぜあんな行動をとるのだろう」と考えることができる。とんでもない行動を目撃して、反射的に反応する姿勢は改めなければならない。悪い行動が当てはまらないコンテクストの具体例（たとえば私は美術の授業で攻撃的に行動するが、祖母の前では違った）をまず見つけ出すのだ。あるいは、セレスト・キッドを見《み》倣《なら》ってもよい。誰かの行動から思いやりや合理性が欠けている印象を受け、その印象に基づいて相手を判断しようとしている自分に気づいたときは、いったん立ち止まって慎重に考える。同じ行動が合理的で思いやりがあると判断される状況はないか、想像してみるのだと、キッドは語ってくれた。だいたいにおいて、相手のコンテクストを理解せず、自分のコンテクストを押しつけようとしている自分に気づかされるという。

たとえ他人の成功の手助けを任された立場ではなくても、他人と交流するときには、相手が同僚だろうが上司だろうが、自分が目撃しているのはただひとつのコンテクストにおける一面にすぎないという事実を忘れないでほしい。そうすれば、相手に対する思いやりも理解も深まるだろう。同僚が「厄介」なのは職場という特殊な環境のせいだと考えるようになれば、職場の外では忠実な友であり、世話好きな姉であり、姪にとって愛すべき叔母であり、いろいろな顔を持っている可能性に目が向くかもしれない。そうなると、特殊な状況に置かれたときの言動だけに基づいて同僚の個性を決めつけ、複雑な人間的要素を邪魔ものとして簡単に捨て去るのは難しくなるだろう。自分といっしょにいるとき以外にも、相手はいろいろなコンテクストにいるという事実を忘れなければ、新たな道が開かれる。本質主義的思考にとらわれていたときよりも、相手に対する理解や尊敬が深まるはずだ。ひいてはそれがポジティブな人間関係の土台となり、成功や幸せを確実につかむことができる。

第6章　私たちは誰もが、行く人の少ない道を歩んでいる

幼児にとって人生で最も画期的な出来事のひとつは、二本の足で歩き始めることだ。歩くという単純な行為を学んだだけで、親は子どもの未来に夢や希望を膨らませ、正常に健やかに育ち、きっと成功するだろうと安堵する。子どもが床の上でなかなかまっすぐ立てずに苦労している姿を見ると、標準と比べて成長が遅いのではないかと心配になる。子どもが正しい年齢で立ち上がるかどうか、正しい方法でハイハイするか、注意深く見守る。娘の成長が遅れがちならば、もっと深刻な問題の前兆ではないかと不安に駆られ、何事においてもスローな性格が生涯にわたって足を引っ張るのではないかと頭を悩ませる。

私の友人の息子は最近、一見変わった方法でハイハイを始めた。体を横にして寝そべり、手を使って前進するのだ。腰や足は動かず、まるで小さな人魚のように床をずるずると這っていく。友人はこの息子をすぐさま医者に連れていった。常軌を逸した行動は、足が—

——いや、あってはならないのだが脳が——正常に発達していない証拠ではないかと疑ったのだ。私たちはそんな過剰反応を大袈裟だと言って面白がるが、同時に親なら誰でも不安を理解できる。私の友人にかぎらず多くの人が、正常な進路から外れた行動を見ると本能的に、これは紛れもなく何かがおかしいことのシグナルだと思いこんでしまう。
平均主義の発想に私たちがだまされ、「正常な」脳や体や人格の存在を信じてしまうことは、すでに紹介してきた。それだけでなく平均主義にだまされた私たちは、正常な進路なるものが存在するとも思いこみ、成長や学習や目標への到達にはひとつだけ正しい道が存在すると信じて疑わなくなっている。歩くという基本的な目標にせよ、生化学者になるという困難な目標にせよ、正しい道以外はあり得ない。この確信の源《みなもと》は、平均主義に伴う三つめの精神的障壁、すなわち規範的思考である。

規範的思考においては、平均的な人間は正しい進路を歩むものだという発想が大前提になっている。少なくともこれは、成績優秀な卒業生や専門家など、集団の模範とされる平均的なメンバーが歩んできた道だ。歩き始める時期や話し始める時期、本を読み始める年齢など、子どもの発達にはすべてあらかじめ定められた一里塚が存在していると小児科医や科学者から何度も聞かされるうちに、信じてしまうのと同じだ。[1]

正しい道がひとつだけ存在するように感じられるのは、フレデリック・テイラーやエドワード・ソーンダイクや彼らの弟子による影響が大きい。階層型組織での標準的な出世コースという発想は、テイラーが土台を築いた。平均的な人間は課長の見習いとしてキャリアを始め、やがて課長に昇進し、部長、本部長と、出世の階段を上っていく。産業活動のプロセスにおいては、どんな仕事を達成するためにも「ひとつだけ正しい道」が存在するというのがテイラーの経営理念で、そこから外れないように、一日あるいは一週間の労働時間が正しく設定されるべきだと信じていた。本来は工場の効率を最大化させるための一時的な基準だったが、いまでは家庭でも職場でも私たちの生活のすべての面において、目立たないけれども重要なペースメーカーになってしまった。(2)テイラーによる標準化は工場の勤務時間を決定したが、教育制度においても、ソーンダイクら教育界のテイラー主義者が柔軟性のない進路を考案し、学校関係者が実践するきっかけを与えた。(3)私たちの学校はいまだに、一世紀前と同じ厳格なスケジュールに沿って運営されている。授業時間も在学期間も、学期設定も固定化されており、「必修」科目の内容はどこでも同じで、柔軟性のないカリキュラムをつぎつぎ消化していかなければならない。その結果、(正常な)生徒は全員が同じ年齢で、おそらく同じ知識を身に着けて高校を卒業していく。

正常な教育進路に引き続いて正常なキャリアの進路を歩んでいけば、最終的には人生の全行程で正常な進路を歩むことになる。もしもエンジニアになりたければ、高校卒業まで一二年間学校に通い、つぎに大学で四年間を過ごしてからジュニア・エンジニアとして就職し、できればシニア・エンジニア、プロジェクト・マネージャー、エンジニアリングの部門長、バイス・プレジデントと出世していければ望ましい。私が所属する学者の世界でも、正常な進路は決められている。高校、大学、大学院、博士研究員、助教、准教授、教授、学部長と続く。

成功に至る正常な進路が存在するはずだと信じこんでいれば、自分自身の進歩を平均的尺度と比較したくなるのも無理はない。心のなかは常にストップウォッチが動いているような状態で、大事な一里塚（ハイハイを始めるなど）に到達するまでの正常な所要時間、あるいはキャリアの目標（自分のマーケティング代理店を経営するなど）に到達するまでの正常な所要時間についての情報は、そこにすべて記録されている。もしも自分の子どもがハイハイを始めるのが正常な時期より遅かったり、元クラスメートがふつうよりも早くマーケティング・ディレクターに昇進したりすれば、自分（そして子ども）は取り残されているような気分をしばしば味わう。

規範的思考という精神的な障壁を克服したければ、その第一歩として、ヒトがどのような経過をたどって成長するのかを正確に理解しなければならない。

歩くという動作は人類に共通のものなので、正常な成長経路、すなわち明確に定められた発達段階を一定の手順で踏んだ末に歩くということは、疑問の余地がないような印象を受ける。子どもは正常なタイムテーブルにしたがってハイハイを始め、立ち上がり、歩きだして成長していくものだという発想に、六〇年ちかくのあいだ著名な研究者や医療機関は疑いを持たなかった。これらの大物たちは、子どもの成長が年齢ごとに定められた一里塚の連続であると確信し、「典型的な」子どもは多くのサンプルから得られた平均的な年齢に基づいて成長していくものだと考えた。(4) 子どもが歩き始めるまでには正常な成長経路をたどるはずだという前提は直観的に理解しやすく、ほとんど誰も異論を唱えなかった。

ただひとりの例外は、カレン・アドルフという科学者だった。(5)

アドルフは子どもの個性に注目することの重要性について、メンターのエスター・テレンから学んだ。テレンは、自立歩行反射の謎を解明した科学者である。メンターの研究結果に注目したアドルフは、ハイハイなど幼児の発達に関する研究のパイオニアとして、同じ視点を取り入れる決心をした。ある研究では同僚といっしょに、二八人の幼児の発達をハイハイする前から歩き始めるまで観察したうえで、「分析して集計する」方法でデータを調べた。その結果、ハイハイに至る正常な道など存在しない事実を発見する。子どもがたどる道はひとつどころか二五種類もあり、どれもがユニークな動きのパターンを伴うが、最終的には全員が同じように歩いた。[6]

正常な成長経路の存在を信じる学者たちは、子どもが一定の順序にしたがって一定の段階（腹這いや高這いなど）を踏みながら成長していくと主張する。しかしアドルフは、複数の段階を同時に経験する子ども、先に進んだかと思えば逆戻りする子ども、途中の段階を省略してしまう子どもなど、さまざまなタイプがいることを発見した。[7] たとえば、「腹這い」は幼児が歩くまでの道のりで避けて通れないと長いあいだ信じられてきたが、アドルフの研究対象になった幼児の半分ちかくがまったく腹這いをしなかった。[8]

アドルフの研究について初めて知ったとき私は、息子が歩き始めた頃を思い出した。息子はハイハイを始める前に歩き始め、それを見た私は親バカと思われても仕方がないほど有頂天になり、「この子はすごい！　将来はオリンピックの体操選手だ！」と喜んだ。ところがわずか二ヵ月後、息子は「逆戻り」してハイハイを始めてしまった。しかしアドルフの研究からは、人間という生物はあらかじめ定められた青写真に沿って行動するよう強制されているわけではないことがわかる。「どの赤ん坊も体の動きの問題をユニークな方法で解決している」とアドルフは私に説明している。[9]

それだけではない。ハイハイを始めるまでのプロセスはいくつも存在するようだが、実はハイハイ自体、歩くまでの道のりにおいて誰もが通過しなければならないステップではなさそうなのだ。ハイハイは歩く前に不可欠な段階だという発想は、特定の文化のなかで人工的に作り出されたもので、特殊な子どもたちの行動のサンプルを集め、平均して引き出された結果だ。それは西洋先進国社会の子どもたちである。
　二〇〇四年、人類学者のデイヴィッド・トレーサーはパプアニューギニアで先住民アウ族の調査を行なっているとき、奇妙な事実に気づいた。すでに二〇年間にわたりアウ族を観察してきたが、赤ん坊がハイハイする姿を見たことがなかったのだ。[10] ひとりも。そのかわり全員が、いわゆる「スクートの段階」、すなわち地面にぺったり座りこみ、お尻を引きずって移動する動作を経験していた。アウ族の子どもたちの運動技能の発達は、西洋科学で正常と見なされる成長経路と、なぜこれほど異なるのだろうか。[11]
　そこでトレーサーはもっと深く研究しようと決心する。一一三人の幼児を誕生から生後三〇カ月まで観察し、育児に関わる人たちとの日々の交流を記録するだけでなく、幼児の運動技能発達に関する標準テストを利用して、行動についての評価を行なった。その結果、アウ族と欧米人のあいだでは、子どもとの交流の仕方が根本的に異なる点を発見したのだ。アウ族の赤ん坊は、七五パーセントちかくの時間をスリング（身に着けて赤ん坊を抱くための幅広の布）のなかで縦抱きのまま過ごす。そして地面におろされるわずかな機会には、うつ伏せの姿勢になることを許されない。このような行動の制約には十分な理由があった。赤ん坊を地面と頻繁に接触させると、致命的な病気や寄生虫に感染しやすいことを大人たちは知っていたのだ。[12]

西洋では、家の床に危険な病原菌が比較的少ない状態が当たり前になっている。したがって、運動技能の発達にとってハイハイが欠かせない段階だろうかと疑問を抱いたりしない。平均的な行動パターンは、人間に先天的かつ普遍的な要素が備わっている証拠だと解釈しがちだが、実際のところ、これらのパターンは社会的慣習にもっぱら由来するという事実を、トレーサーの研究結果は力強く教えてくれた。実のところ成長経路は、文化的制約を受けているのだ。

もちろん、正道を踏み外したケースが存在しないわけではない。道を踏み外したり行き詰まったりするときはあるし、子どもが医学的に本当に深刻な問題を抱え、運動技能の正しい発達が妨げられ、介入しなければならないケースもある。しかし、このような医学的問題は歩行と同様に大きな個人差があるので、平均的な発育状態とどれだけ異なるか比較するだけでは容易にわからない。

正常な成長経路がひとつだけ存在すると見なす規範的思考には、児童の発達に関わる研究者にかぎらず、多くの分野の科学者がだまされてしまった。たとえば結腸ガンに注目してほしい。世界で最も患者数が多いガンで、死亡率も高いと言われる(13)。何十年ものあいだ、結腸ガンが発生して進行する過程には「標準的な経路」があると思われてきた(14)。特定の遺伝子の突然変異によって、正常な状態だった細胞に変化が生じるというものだ。科学者は、この標準的な経路をどのようにして確認したのだろう。実は、結腸ガン患者のデータを広い範囲から集めてきて、その結果を平均したのだ。

結腸ガンの発生に標準的な経路があるという概念は、大多数の科学者の見解として定着した。しかしやがて、データや実験方法を充実させた研究者たちは、平均ではなく個々の患者に注目し始め、意外な結果に驚いた。結腸ガンの実例のうち、標準的な経路に該当するのは全体の七パーセントにすぎなかったのだ。ひと口に結腸ガンと言ってもさまざまな形があり、どれも独自の成長経路をたどっていた。標準的な経路が存在するはずだと科学者が信じこんだため、隠されていたのである。[15] 複数の経路の存在が確認されると研究も治療法も大きく進展し、早期発見につながっただけでなく、結腸ガンの特殊なパターンに合わせて効果的な薬が開発されるようにもなった。[16]

規範的思考の影響は心の健康にもおよんでいる。うつ病の治療に当たってきた臨床医は長いあいだ、認知療法（心理学の一般的な治療法）を受けている患者は、回復にいたるまで標準的な経路をたどるものだと想定していた。その経路は、多くの患者が回復した経験を平均して確認されたものだ。標準的な経路によれば、患者は症状がいきなり軽くなり、そのあとは回復への歩みが遅くなるという。[17] 認知療法を受けている患者の回復状態を評価する際には、この標準的な経路が基準として広く使われていた。ところが二〇一三年、平均ではなく個人が回復する結果に注目した研究者チームは、回復までの標準的な経路が患者の三〇パーセントにしか当てはまらない事実を発見したのだ。しかも、回復にいたる道はほかにもふたつ確認された。症状が少しずつ直線的に回復するケースがひとつ。そしてもうひとつのケースでは、症状が一時的に大きく改善するが、そのあとはほとんど回復しない。平均的な回復経路には、最適なパターン、いや「正常な」パターンすら存在しなかったのである。[18]

人間の体、精神、モラル、職業など、いかなるタイプの成長についても、たったひとつの正常な経路など存在しないという事実から、個性の第三の原理は生まれた。迂回路の原理である。この原理からは、ふたつの重要な指摘の正しさが確認される。人生のあらゆる側面において、そしていかなるゴールをめざそうとも、同じゴールにたどり着く道はいくつもあって、しかもどれも妥当な方法だということがひとつ。そしてもうひとつは、最適な経路は個性によって決定されることだ。

最初の指摘は、等結果性という複雑系の数学の強力なコンセプトに根ざしたものだ。[19] 等結果性によれば、人間と世界との関わりなど、長い時間をかけた変化を伴う多元的システムにおいては例外なく、Aの地点からBの地点に到達するまでに複数の経路が常に存在するという。そして二番めの指摘は、個性学に由来している。人間は個性にバラツキがあり、しかもそれはコンテクストに左右されるので、進歩の速度も、結果にいたるまでの順序も異なるのが当然だと考える。[20] では、迂回路の原理を個人や社会全体に活用するためには、どんな方法が考えられるだろう。それを発見するためには、複数の迂回路がなぜ存在するのかをまず理解しなければならない。

進歩のペース

もしもあなたがゴール達成の道はひとつしかないと信じているなら、どれだけ進歩しているか評価する方法もひとつしかない。ひとつひとつの節目に到達するまでのスピードが、標準よりも速いか遅いか比較するのだ。そうなると、人間が成長し、学習して進歩していく速度には大きな意味があると見なされ、より速くはより優れているの同義語と考えられる。「神童」や「飲みこみの速さ」がもてはやされるのは、成長が速いほど利口だという文化的信念を反映している。ふたりの生徒がテストで同じ点をとっても、一方は解答を仕上げるまでの所要時間が相手の半分であれば、こちらのほうが優秀だと見なされる。そして宿題を仕上げたりテストの答案を書き終えたりするまでに余分な時間が必要な生徒には、あまり利口ではないという評価が与えられてしまう。

速いほうが賢いという前提を教育制度に持ちこんだのはエドワード・ソーンダイクだ。生徒が教材を学ぶまでの速度と、学んだ内容を記憶する能力とのあいだには相関関係が存在しており、記憶する能力は最終的に学業や仕事での成功に関わってくると彼は確信していた。実際、「覚えが速い人間は学んだ内容を忘れない」という発言もしている[21]。さらに、このような相関関係の原因は脳にあると考え、関連する情報を脳が結びつけていく能力には個人差があり、それが学習能力の個人差を引き起こしているとも語っている[22]。

平均的な生徒が課題を仕上げるまでの所要時間に基づいて、授業や宿題やテストの時間を標準化するようソーンダイクは提言した。そうすれば、生徒を効率的にランク付けできるからだ。平均よりも速ければ平均よりも賢いという発想の持ち主だった彼は、賢い生徒は平均的な時間内で良い成績を残すはずだと仮定した。一方、頭の鈍い生徒はどれだけ時間を与えてもたいした成果を上げられないと考え、平均以上に時間を配分してやっても意味はないと判断した。それではむしろ、賢い生徒の能力が正しく評価されない[23]。今日《こんにち》でも、生徒がテストや宿題を仕上げる時間を延長するのを嫌がる傾向は残っている。延長するのは不公平だと信じられ、決められた時間のなかで課題を仕上げられない生徒は、罰として成績のランクを下げられても当然だとされる[24]。

しかし、もしもソーンダイクが間違っていたらどうか。スピードと学習能力のあいだには関連性がないとしたら、私たちはきわめて不公平な教育制度を作りあげたことになってしまう。いまの制度では、たまたま飲みこみの速い生徒が評価され、頭の良さは同じでも飲みこみの遅い生徒は罰せられる。しかし、スピードと学習能力のあいだに関わりがないことがわかれば、新しい教材を学ぶときにも宿題やテストを仕上げるときにも好きなだけ時間を与え、じっくり取り組ませるようになるだろう。そうなれば、学習する速さではなく、学んだ内容に基づいて生徒が評価される。大事なテストに制限時間を設け、その結果を参考に生徒をランク付けする必要はない。

では実際、飲みこみの速さと学習能力はどのように関わりあっているのだろう。私たちの社会では、このふたつの要素の関係をどう評価するかに基づいて教育の機会が提供される。実はこの質問への答えはすでに三〇年前、二〇世紀の著名な教育学者による、パイオニア的な研究によって明らかにされた。その教育学者とは、ベンジャミン・ブルームだ。[25]

一九七〇年代末から一九八〇年代初めにかけて、アメリカでは学者や政治家が教育について議論を展開した。そこでは、学校教育は習熟度の差を改善できるのか、それともここには貧困など、学校の管轄外の要因が大きく関わっているのかが争点になった。当時シカゴ大学教授だったブルームは、学校の影響が大きいと確信していた。学校の勉強で大勢の生徒がつまずくのは、学習能力が劣るからではなく、教育のプロセスが人工的に制約されているからだと考えたのである。教材を学ぶペースがカリキュラムの立案者によって設定され、その決められたペースがクラス全体に押しつけられるのは、特に問題だった。[26] このような制約を取り除けば生徒の成績は改善されるとブルームは論じ、その仮定の正しさを証明するため一連の実験を考案した。生徒が自分のペースで学習できる環境を与えられたら、どんな結果が生じるか明らかにしようと試みたのである。

ブルームらは生徒をふたつのグループに任意に割り振った[27]。そして全員が確率論など、まだ学んでいない教科を教えられた。最初のグループは「ペースの固定されたグループ」で、従来の方法、すなわち決められた時間内に教室で教材を学んだ。二番めのグループは「マイペースのグループ」で、同じ教材を全体としては同じ時間内に学ぶが、個別指導を受けることができた。おかげで自分のペースで勉強を進め、時にはペースを上げ、時にはペースを落とし、都合のよい時間配分で新しいコンセプトを学んでいった[28]。

ブルームが各グループの生徒の学習成果を比較すると、驚くような結果が得られた。従来の方法で学んだ生徒たちは、速いほど賢いと信じる人たちの予想どおりの結果を残した。一連の講義が終了したとき、教材をマスターした成績優秀者はおよそ二〇パーセントだった（最後の試験で八五パーセント以上の正解率の生徒を、ブルームは成績優秀者として定義した）。成績が非常に悪い生徒も同様に少しの割合であり、大多数は真ん中あたりに分布していた。対照的に、マイペースで学習したグループでは、九〇パーセント以上が成績優秀者として評価されたのである[29]。

学習するペースにわずかな柔軟性を持たせるだけで、ほとんどの生徒が成績を大きく向上させることが、ブルームの実験からは明らかになった。さらにブルームのデータからは、生徒ひとりひとりのペースは学ぶ内容によってさまざまに変化するという事実も明らかにされた。たとえば分数はすらすら理解できるのに、小数には苦労する生徒がいるかと思えば、反対に小数は得意でも、分数を理解するまでには余計な時間がかかる生徒もいた。覚えが「速い」生徒も「遅い」生徒もいなかった。このふたつの洞察――飲みこみの速さと学習能力は同じではないこと、すべてに関して学習速度が速い生徒も遅い生徒もいないこと――は実際のところ、ブルームのパイオニア的な研究よりも数十年前に認識されていた。それ以後たびたび、異なった学生や異なった教材を使った実験が再現されてきたが、常に同様の結果が得られた。(30)学習速度の速さを優れた学習能力と同一視するのは、絶対的に間違っているのだ。

当然ながらここからは、明白で厳然たる事実が論理的に導き出される。決められたペースで学ぶことを生徒に要求しているおかげで、多くの学生の学習能力や成功の可能性が不当に損なわれている。実際のところマスターできる生徒がひとりでもいる事柄は、学習ペースの調整を許されるかぎり、ほとんどの生徒がマスターできるものだと考えて間違いない。ところが今日の教育制度の構造は、そのような個性を受け入れるように設計されていない。そのためすべての生徒が、潜在能力や才能を十分に発揮する機会を奪われている。

もちろん、問題の存在を認識しただけで解決に結びつくわけではない。一九八〇年代に研究を行なったブルームは、ペースの定められた標準的な教育制度を柔軟な制度に変更するのは複雑なプロセスで費用もかかるだろうと認めている。(31)しかしいまは八〇年代ではない。今日では新しい技術のおかげで、マイペースでの学習が手の届く現実になった。

カーンアカデミーは非営利の教育機関で、ネットを通して「世界水準の教育を誰にでもどこでも無償で」提供することを理念として掲げている。[32] 今日、カーンアカデミーのユーザーは世界中で一〇〇〇万人にのぼり、オンラインモジュールの範囲は広く、古代史からマクロ経済学まで、想像し得るあらゆる科目を学ぶことができる。[33] カーンのモジュールで最も注目すべきは（コストがゼロである点を除けば）、完全にマイペースで学べるという事実だろう。ソフトウェアは各学生の学習ペースに合わせて調整されるので、いま学習している内容を完全に理解してから、初めて新しい教材に移る仕組みになっている。[34]

カーンでは各生徒の進歩に関してデータを記録しており、モジュールを利用した生徒それぞれの学習経路をきちんと確認することが可能だ。このデータからは、ブルームが三〇年以上前に発見した事実が裏づけられる。どの生徒も自分に合ったペースでユニークな経路を歩んでいるのだ。さらにデータからは、生徒が学習するペースは統一されていないという事実も確認される。誰にでも速く学べるものと時間のかかるものがあって、この現象はひとつの教科のなかでも見られる。[35]

二〇一一年に大勢の視聴者から広く支持されたTEDトークのなかで、設立者のカーンはペースと学習成果の関係についてつぎのように雄弁に語った。「従来のモデルでは、「一定の期間ののちに生徒の成績を」断片的に評価して、たとえばこの子は優等生だ、あの子は劣等生だと評価するよね。そして、優等生と劣等生は進み具合が違うから、クラスをべつにしたほうがよいと考える。でも、どの生徒も自分のペースで学習できるようにしたらどうだろう……六週間前には劣等生としか思えなかった子どもが、すごい能力の持ち主に見えてくる。実際、僕たちはこれを何度も目撃している。そうなると、これまでの評価は何だったのかという疑問がわいてくる。高い評価も偶然だったのではないかと思えてしまう(36)」。

子どもが二次方程式を学ぶために二週間かかるのか四週間かかるのか、なぜ気にするのだろう。最終的に問題を解ければよいではないか。歯科学生が根管治療を学ぶのに一年かかるのか二年かかるのか、なぜ気にするのだろう。失敗せず治療できるようになれば十分ではないか。習熟するために要した時間を特に問われない領域は、いまでも人生のあちこちに存在しており、マスターさえすれば資質を疑われない。たとえば車の運転だ。運転免許証には、筆記試験に落ちた回数や取得した年齢は記録されない。実技試験に合格すれば、運転を許可される。司法試験も同じだ。試験に受かるまで何年かかろうとも、合格さえすれば弁護士開業の免許が与えられる。

もしもすべての生徒が異なったペースで学び、しかも、どの生徒も時期や与えられた教材によって学習ペースが異なるとしたら、すべての生徒を同じペースで学ばせるシステムには大きな欠陥があるとしか言えない。身に覚えがないだろうか。あなたは本当に数学や科学が不得意だったのだろうか？　もしかしたらそれは、授業の進め方があなたの学習ペースに合っていなかっただけかもしれない。

発達の網の目構造

人間が成長するペースには個人差があるだけでなく、ひとりの人間のなかでも領域が異なれば進歩の速度が異なることを信じるのはそれほど難しくない。むしろ簡単に受け入れられないのは、人間の発達には厳密に定められた順序が存在しないという、迂回路の原理の二番めの指摘だ。そのとおりならば、成長し、学んでゴールに到達するために、決められた段階を踏む必要はないことになる。標準的発達段階というアイデアは二〇世紀初めに大衆から広く支持されたが、それは幼児研究のパイオニアのおかげだ。その人物、すなわちアメリカ人のアーノルド・ゲゼルは、心理学者であり小児科医でもあった。[37]

脳は進化の設計図に基づいて、あらかじめ決められた生物学的成熟度にしたがって段階を踏みながら発達していくものだとゲゼルは確信していた。したがって、人間の心は世界について特定の事柄を学んで十分に適応してから、もうひとつ上の段階へと進んでいく。そしてこの新しい段階は、さらにつぎの段階へ進むために欠かせない土台として役に立つのだ。[38] ゲゼルは大勢の幼児の成長の軌跡に注目した最初の人物であり、大勢の発育状況の平均に基づいて、人生の一里塚となる複数の時期を特定した最初の人物でもあった。そして、典型的な子どもはこの経路を順調に歩んでいくものだと信じて疑わなかった。[39]

ゲゼルはどこに目を向けても、平均的な成長段階を見出した。たとえばハイハイに関しては二二の段階を確認している。「頭を上げて胸を地面から離す、ぐるぐる円を描く、腹を地面につけたまま手を使って前進する、腹を地面につけたり離したりしながら飛び跳ねるように前進する、腕と膝をリズミカルに動かす、腕と膝で腹這いをする、腕と足を使って高這いする」といった具合に。[40] ボールで遊んでいるときの行動にさえ、五八の段階を確認している（ゲゼルによれば、生後二八週の幼児は手を広げたままボールを包みこむようにするが、生後四四週になるとぎゅっと握るようになるという）。ガラガラを握る動作にも五三の段階を発見し、[41] さらには「恐るべき二歳児」という単語や「この子はちょうど必要な段階を経験している」といった文句まで考え出した。[42]

ゲゼルはイェール大学に研究所を設けて赤ん坊の実験を行ない、その結果に応じて「ゲゼルスコア」という点数を割り出し、体や精神の発達状況を標準と比較した。[43] もしも子どもの成長が決められた段階を踏んでいなければ、お子さんはどこか悪いのかもしれないとしばしば両親は忠告された（あるいは不安を募らせた）。[44] この「ゲゼルスコア」は養子縁組の基準としても利用された。賢い赤ん坊は賢い両親と、平凡な赤ん坊は平凡な両親と縁組するほうがうまくいくとゲゼルは信じていたのである。[45] 当時は米国小児科学会をはじめ多くの医療機関が、ゲゼルの設定した枠組みを支持した。[46] そしていまでも彼は注目され続けている。発達には節目となる「標準的な」年齢があるという発想は、多くの小児科のガイドブックや人気の高い育児書で取り上げられているが、これはゲゼルのアイデアに由来している。[47]

ゲゼルをはじめ発達段階に注目した理論家はほぼ一世紀にわたり、成長は不変のはしごのようなものだと考えてきた。この世に生まれた瞬間から、誰もが同じはしごをひとつずつ登っていくようあらかじめ運命づけられていると見なした。[48] ところが一九八〇年代になると一部の研究者は、普遍的と思われてきた発達段階を順番どおりにたどらない子どもが大勢いることに気づき始める。最終的に、個人の成長といわゆる「正常な経路」の食い違いは無視できないほどになり、発達学では「変動性の危機」が指摘されるようになった。[49]

この危機を解決するため、新しい世代の科学者は人間の個性の理解に努めるようになり、成長のはしごという概念に代わるアイデアの考案に取り組み始めた。そんな研究者のひとりが心理学者のカート・フィッシャーで、個性学のパイオニア的存在だ。彼は私に個性学の諸原理を正式に紹介してくれた人物であり、[50] ついでに言えば、私のメンターでもある。フィッシャーはキャリアを通じ、個性を優先する視点で研究にアプローチした。[51] そのうえで、人間の成長に関わる幅広い問題に迂回路の原理を取り入れた。たとえば私にとって関心の高い問題、子どもが文字を読む能力を身に着けるプロセスの解明もそのひとつだ。

科学者や教育者は何十年にもわたり、子どもが単語を読むスキルは標準的な順序を踏んで発達していくものだと考えてきた。単語の意味がわかるようになると一文字ずつ確認するようになり、すると今度は特定の単語を正しく発音するようになるのだという[52]。文字を覚えるための「標準的な」順序は集団の平均から導き出したものだが、こうした平均主義的なアプローチには弊害があるのではないかとフィッシャーは閃いた。科学者や教育者は、文字を読む能力を習得するプロセスのなかで、大事な要素を見落としているように感じられたのだ[53]。

この閃きの正しさを確認するため、フィッシャーは同僚といっしょに研究に取り組み、一年生、二年生、三年生がそれぞれ読解力を発達させていく順序を分析した。そしてグループの平均ではなくそれぞれの生徒の行動に注目した結果、ひとつの単語の読み方を学ぶ順序には三つの種類があることを発見したのだ[54]。そのうちのひとつは「標準的な」経路で、六〇パーセントの子どもがこの道をたどった。しかし、手に入れるスキルは同じでもそこにいたる経路が異なるケースが全体の三〇パーセントにのぼり、それでも読解力にはまったく問題がなかった。残りの一〇パーセントは最初のふたつと異なった経路をたどり、最終的に読解力に関して深刻な問題が発生した。従来これらの子どもたちは学習が遅くて障害を抱えているという評価を下され、知能に欠陥があるとか正常から外れているとか決めつけられてきた。しかし、ふさわしくない経路をたどっていることが確認されたおかげで、集中的に介入や補習を受けられるようになった[55]。

発達段階は固定されているという概念の間違いはフィッシャーの研究によって証明され、おかげで変動性の危機は解決された。するとつぎに彼は、時代遅れの平均主義から人びとを解放するため、新しい比喩を使って人間の成長を説明した。私はかつて、彼からつぎのように言われた。「はしごなんて存在しない。誰でも、発達は網の目構造のなかで進行する。新しい段階に一歩踏み出すたびに新しい可能性があちこちで提供されるが、どこに進むかは個性に大きく影響される」[56]。

迂回路の原理によれば、読解力にかぎらず人生のあらゆる面において、能力は順序正しく発達するわけではない。キャリアを追求するにしても、はしごを登っていくようなわけにはいかない。たとえば科学者として成功するためには何が必要か考えてみよう。学問の世界には通常、成功にいたる標準的な行程表について暗黙の前提が存在している。大学院に入り、博士号を取得したらすぐに大学や研究機関で正式な職を手に入れ、スピード出世を繰り返しながら研究助成金を増やしていくのだ。ところが二〇一一年、欧州研究会議（ERC）は「標準に対する先入観」が若い女性科学者の成長に悪影響をおよぼしている可能性について憂慮した末、科学者として優れたキャリアを手に入れるために、標準的な経路が本当に必要なのかどうか確認する決心をした[57]。

この疑問に答えを出すためにERCは、アムステルダム自由大学のクラーティエ・フィンケンブルグがリーダーを務める研究に資金を提供した。この研究では、ふたつの有名な研究助成金の獲得に成功した志願者と失敗した志願者それぞれのキャリアの経路が調べられた。その結果、科学者として成功するための標準的な経路は発見されず、その代わりに七つの異なった経路が確認され、いずれもキャリアの成功につながっていた[58]。

フィンケンブルグは遊び心から、各経路をダンスにちなんで名づけた。「クイックステップ」と「フォックストロット」は成功したキャリアに関する従来の概念のことで（大学や研究機関でのスピード出世）、およそ五五パーセントの科学者がこの方法で成功を収めた。一方、「ウィンナワルツ」と「ジャイブ」は遅いけれど着実に昇進していく経路で、「ワルツ」は残りわずかな時期に学者としての頂点に到達し、その先の動きを終了する余裕がない状態をさした。「スローワルツ」は博士研究員としての期間が長引く状態。「タンゴ」は最も複雑な経路で、科学の世界への出入りを繰り返し、失業している時期もある。「タンゴを踊っている科学者は従来、科学者としては平凡で薄弱だと見なされてきたが、ERCの研究からは、なかには科学者として秀でるケースもあることがわかった[59]。

「どのパターンでも成功につながる可能性を認めなければならない。道はひとつではない」とフィンケンブルグはサイエンス・キャリアズ誌で語っている。「七人の子育てをしているときでも、病気の親の介護をしているときでも、研究の素晴らしいアイデアはわいてくるものだ。もちろん、研究室に二四時間こもりきりでも。どの道を使って到達するかは重要ではない」(60)。

特定のゴールまでは一本の太い道が続いているものだと、私たちはどうしても想像したくなる。文字を覚えるにしても、トップアスリートになるにしても、会社を経営するにしても、森のなかでハイカーが切り開いた道に出会うように、道が準備されていると思いたくなる。人生で成功するための最善の方法は、きれいに切り開かれた道をたどっていくことだと仮定する。しかし迂回路の原理はべつの可能性を教えてくれる。私たちは新しい経路を常に切り開いている。私たちが下すあらゆる決断、経験するあらゆる出来事が、将来の可能性をどんどん変えていくのだから、そうしないわけにはいかない。ハイハイの仕方を覚えるにせよ、マーケティングキャンペーンの企画の仕方を学ぶにせよ、これはあらゆるケースに当てはまる。

この事実について考えると不安に駆られるかもしれない。馴染み深い道しるべが実際には、役に立つどころか障害になる可能性があるのだ。それに馴染み深い道しるべを当てにできないなら、将来の行動を決めるときに何を頼ればよいのか。お答えしよう。個性にはバラツキがあること、そして条件と帰結のシグネチャーを理解しておくのだ。そうすれば、迂回路の原理は最高の形で機能する。自分のさまざまな個性のそれぞれにどの経路がふさわしいのか正しく判断できてこそ、正しい道を歩むことができる。

成功までの道なき道

私は高校を中退してから数年後、ようやくウェバー州立大学に入学を果たし、大学生活で成功するための標準的な経路についてたくさんのアドバイスを受けた。講義の開始に先立ち、私は指導教官とじっくり話しあった。彼が私の受け持ちになったのは、ラストネームがアルファベットのQからZのあいだの文字で始まる学生を担当していたからで、学期ごとに私がどの講義をとるべきか指導してくれた。私は紙と鉛筆を取り出し、彼が話す言葉をすべて熱心に書き留めながらこう考えた。この人はここのシステムを熟知している。そして僕にとって最善策を見つけることを仕事にしている。指導教官は私の高校の成績に目を通し、親指でひげをいじりながらこう宣言した。「きみは成績がずいぶんおそまつだな。すべての講義を通常の順番で受けていくのがベストだろうね。数学の補習をとる必要があるから、早めに片づけておいたほうがいいな。それから、一学期には新入生向けの英語の講義を忘れないように」。

私はとても親身なアドバイスを受けたと思い、深く感謝した。数時間後、私がばったり出会った新入生は指導教官が私と同じだった。彼女の履歴は私とはずいぶん違う。ソルトレークシティの名門高校出身のお嬢さまで、卒業時の成績の平均はAだった。私たちはメモを比べあった……なんと私の指導教官は、彼女にも私とまったく同じ内容のアドバイスをしていた。もちろん数学の補習は除いて。

これはどういうことかと困惑したが、しばらくして落ち着くと自分の置かれた状況をじっくり考えた。高校時代、標準的な経路は私に向いていなかった。ならば、大学で役に立つはずがないではないか。指導教官を非難したわけではない。右も左もわからない何百人もの新入生ひとりひとりに対し、状況に応じて懇切丁寧にアドバイスをするなんて、しかもそれを数日間でこなすなんて、容易な仕事ではない。しかし私は、この教官にかぎらず、誰からアドバイスを受けようとも、それが正しい教育方針だとむやみに信じるべきではないと意識的に結論した。その代わり、自分の長所や短所についての知識を頼りに、自分の道は自分で切り開いていけばよい。

まず考えたのが数学の補習だ。これはとるべきだろうか。いや、必要ない。数学の補習は、全米のどの大学でも単位を落とす確率が最も高い講義のひとつだ。[61] 長時間の講義は退屈するだけだし、ほぼ確実に単位を落とすだろう。そこで代わりの方法はないかと調べ、CLEPという一回かぎりの数学のテストに合格すれば、数学の補習はパスできることがわかった。[62] このテストなら自分のペースとやり方で勉強に集中できる。そこで一年間、私は空き時間を利用してテストに出題される専門的な概念について学び、最終的にCLEPで良い成績を収めた。実際、かなりの高得点だったので、統計までの数学の講義を省略することができた。そして統計の講義は楽しかったので、しまいには統計学の教授のティーチングアシスタントまで務めた。

ほかには新入生向けの英語の受講を四年生まで延期することも決めた。退屈なのはわかっていたし、すぐに受講してもあまり良い成績は上げられないと判断したのだ（予想は当たった。新入生向けの英語はウェバー州立大学でも特に退屈な授業のひとつになった。それでもようやく受講した頃には、勉強のスキルがしっかり身に着いていたので、なんとか理解することができた）。変更した点はまだある。私は四年間のスケジュールの流れを見直し、興味を持てそうな講義を最初の二年間に集中させた。そのひとつが伝染病の上級課程である。受講するために必要な複数の前提条件を満たしていなかったが、面白そうだったのでとりあえず履修届を出した。そして実際、講義は面白かった。

新入生の私は、大学のオナーズ・クラス（習熟度別クラス編成などでの上級クラス）の受講について考えもしなかった。高校中退者だったからだけではない。オナーズ・クラスは勉強に余計な時間がかかるが、私は妻とふたりの息子を養うために働かなければならない。勉強に余計な時間をとられないよう、できるかぎりの努力をした。しかし二年生になると、オナーズ・クラスを受講している友人がさりげなくこう語った。授業といっても、アイデアを論じあうだけで、ほかには何もしない。本人は授業が気に入らず文句を言ったつもりなのだが、私は聞いた途端にうれしくなった。退屈な講義を長々と聞かされるのではなく、ひたすらアイデアを論じあうだけなんて理想的ではないか。どうすれば履修できるのだろう。私はオナーズ・クラス担当職員を説得し、なんとか参加させてもらった（高校の成績はひどいもので、大学進学適性試験の点数も平凡だったから、決して簡単ではなかった）。そして出席した途端、友人の言うとおりだとわかった。オナーズ・クラスは事実を丸暗記するのではなく、エッセイやディスカッションだけで成り立っていた。私にはまさにぴったりの内容だったのである。

私はよく、大学で成績が劇的に変化したのはどうしてかと尋ねられる。なにしろ高校卒業時の成績は平均でDだったのに、大学を卒業したときはオールAだったのだから。卒業直後だったら、一生懸命勉強し、試行錯誤を重ね、多少運がよかったからだと答えていただろう。たしかにそのとおりなのだが、卒業から何年も経過すると、学生時代をじっくり振り返るようになった。そして、学校にうまく馴染めない学生を助けるため、自分が成功した要素をどのように役立てればよいか真剣に考え始めた。その結果、大学での成功を後押しした決断はどれも、成功への道が自分にも開かれているという確信に裏づけられていることがわかった。しかし、それがどのような道か想像できるのは、自分自身のほかにいなかった。想像するためにはまず、自分がどんな人間なのかきちんと理解しておかなければならないが、私はその前提条件を満たしていたのである。

さらに私の決断からは、バラツキの原理とコンテクストの原理と迂回路の原理が、最終的にはすべて同時に作用することもわかる。自分にとって正しい道を選ぶためには——たとえばどんな順番で講義を受けるか決めるためには——自分の能力にはどのようなバラツキがあるのか理解しなければならない（退屈な話には我慢できないが、興味のある事柄には驚異的な集中力を発揮する）。つぎに自分が能力を発揮できるコンテクストについても理解しなければならない（高校の同級生がいるクラスは避け、議論やアイデアに集中するクラスを選ぶ）。自分のプロファイルにどのようなバラツキがあるか、そして自分にはどんな条件と帰結のシグネチャーが当てはまり、どんなコンテクストなら能力を発揮できるかわかったので、私は自分に最もふさわしいユニークな経路を選ぶことができたのである。

私のストーリーを聞かされても、特殊なケースにしか思えないかもしれない。しかし実際のところこれは、個性に関する原理の核心である。私たちは全員が特殊なケースなのだ。個性に関する一連の原理を理解すれば、あなたはこれ以上ないほどうまく人生をコントロールできるようになる。平均が押しつけてくる型にこだわらず、ありのままの自分と向き合えるようになるからだ。あなたのめざす場所に到達する道が、一〇〇万通りもあると言っているわけではない。キラーアプリを設計するにせよ、ヒットドラマの制作総指揮者になるにせよ、自分の会社を立ち上げるにせよ、そこにいたる経路はひとつではないことを強調したい。あなたに最もふさわしいのは、足を踏み入れた人が少ない道のほうだ。さあ、勇気を出して新しい道に一歩を踏み出し、まだ誰も進んだことのない方向をめざそう。平均的な経路をたどるよりも、成功する可能性は確実に高くなる。

第3部　個人の時代

すべての組織は意識しているか否かにかかわらず、個人に関する基本的仮定を土台としている。

——ポール・グリーン、モーニングスター・カンパニー

第7章　企業が個性を重視すると

　私が高校を中退したあと就《つ》いた仕事のひとつに、量販店の予約販売部門というのがあった。このときの同僚の態度を一言で表現しなければならないとしたら、無関心と言えるだろう。私の上司は、おおらかで好感の持てる四十代後半の女性だったが、部下のことにはまったく興味がなかった。私は新しい職場でなんとか良い印象を残したいと願い、予約販売のタグを顧客が見つけやすい方法を考案した。そしてとっておきのアイデアを上司に伝え、試してみてはどうでしょうかと伺いを立てた。

「どうでもいいじゃない」と上司は、気乗りのしない様子で肩をすくめながら答えた。「かりに今より良くなるとしても、会社は絶対に許可しないからね」。それからさらに数週間働いて、私はその言葉の意味を理解した。タグの変更に関する私のアイデアは優れていたかもしれないが、試すのは時間の無駄だった。なぜなら私はオイルがたっぷりなじんだ巨大な機械を動かす歯車の小さな歯のひとつにすぎず、いつでも交換できる存在だったからだ。たとえ私のアイデアが会社の利益になる可能性があって、あえて決められた進路から外れたとしてもなんの報奨も出ない。私は誰かが決めた一定の作業をこなせば十分で、それ以上もそれ以下も期待されなかった。

社員は誰もが使い捨ての駒と見なされ、実際、私が量販店で勤務した半年のあいだの入れ替わりは激しかった。同僚のおよそ三分の一が退職し、そのなかには件《くだん》の上司も含まれていた。これだけ入れ替わりが頻繁では、同僚と信頼関係を築くのは難しい。しょせん、誰もが腰かけにすぎないことがわかっていたのだから。そもそも会社の組織は、離職率が高くなるように編成されていた。経営陣は「社員に影響されない」システムを慎重に考案し、個々の従業員が店の経営を混乱させる事態を回避していた。社員がすぐ辞《や》めても代わりの労働力を安く確保して、能率的なシステムを動かし続けることを優先した結果、このようなトレードオフを受け入れる決断を下したのである。これでは私のような従業員は、目的意識もやる気もすっかり失ってしまう。

社員の無関心は、特定の企業や事業部門に限られた現象ではない。標準化と階層管理というテイラー主義の原則に依存しているほとんどの組織に蔓延《まんえん》している。テイラー主義者の「プランナー」や経営者は業務をいかに標準化すべきか決断を下し、労働者はその大事な決断が正しいか間違っているかを問わず、実行に移す。二〇一三年のギャラップ社の調

査で、従業員の七〇パーセントが仕事に熱中できないと回答した背景にはこのような事情があったとも考えられる。(1)

ティラー主義に由来する平均主義のビジネスモデルが一世紀にわたって評価され続けたおかげで、システムが勝利するために、個人はスプレッドシートのセルのように見なされるべきだという発想が定着し、平均的で使い捨て可能な社員が重宝されるようになった。しかしこの発想はまったく間違っている。本書ではここまで、デロイト、グーグル、アドラーグループ、IGNといった企業のストーリーを紹介してきた。いずれも意識的ではないにせよ、個性の原理を採用して素晴らしい結果を残している。一次元的な思考、本質主義的な発想、規範的思考といった精神的なバリアを排除したおかげで、いずれの企業もやる気と競争心にあふれる労働力の確保に成功した。これらの企業は豊かな資源に恵まれているし、おまけに型破りな経営にきわめて開放的な業界(先端技術産業など)にいるからこそ、ティラーの科学的管理の遺産を処分するために絶好の立場にあるのだと考えたくなるのも無理はない。しかし個性の原理の応用は、あらゆる企業、あらゆる業界、あらゆる国に提供されている選択肢なのだ。

ここからは三つの企業——ある小売業者、インドのIT企業、ある食品メーカー——について紹介していく。平均主義のモデルに従うことが利益を確保するための唯一の方法や最善の方法だと思われている業界や国でも、個性の原理を取り入れれば従来と同様の成果が上がり、場合によっては結果が改善されることがわかる。

コストコにおける忠誠心の秘密

従業員によれば、コストコは素晴らしい雇用主である。グラスドアが発表する「最も働きがいのある会社ランキング」には四年連続で選ばれ、二〇一四年には「給料と福利厚生の充実度ランキング」でグーグルに次いで第二位になった。(2) 従業員がこの大型小売店を賞賛するのも無理はない。二〇一四年、コストコの典型的な従業員の時給は二〇ドル強だったが、小売業界の平均時給は一二・二〇ドルである。そして八八パーセントが会社主催の医療サービスに参加している。二〇〇八年の深刻な景気後退のとき、ほかの小売業者は社員を一時解雇したが、コストコは実に時給を一・五〇ドル上乗せした。(3)

このように従業員にやさしい環境は偶然出来あがったわけではない。個人を重視する企業理念の所産である。「従業員個人への投資はわれわれの業務の中核だ」と、コストコの創業者ジム・シネガルは私に説明してくれた。「決してスローガンではない。個人に配慮するという言葉はよく聞くけれど、だいたいは宣伝用の文句で、本当にそう信じているわけではない。でもわれわれは違う、ずっとこうなんだ。素晴らしい人材を雇い、良い賃金を支払い、尊厳ある待遇を行ない、キャリアを誠実に追求できる道を開いてやれば、すごいことは起きるものさ[4]」。

コストコは従業員に投資する方法のひとつとして、キャリア追求の経路——すなわちキャリアパスの決定権を従業員に委《ゆだ》ねている。会社にとって役に立ちそうなスキルを従業員が向上させるために経営陣は支援を行ない、コストコでやりがいのある仕事を見つけるよう奨励する。たとえ現在の仕事とかけ離れた部署の仕事でもかまわない。そして組織内部で積極的な昇進を行ない、従業員の自主的な決定の後押しという公約を果たしている。実際、コストコの管理職の七〇パーセント以上は、カートの整理やレジ打ちから仕事を始めた[5]。

コストコでユニークな経路を歩んだ従業員のひとりがアネット・アルバレズ＝ピーターズだ。コミュニティカレッジに何学期か通ったのち、コストコでキャリアを歩み出した。二一歳のアネットはサンディエゴ店の経理部に販売監査担当事務員として配属される[6]。やがて彼女はマーチャンダイジング部門に移り、フロント係、管理補佐、追加注文係など複数のポジションを経験してから、仕入れ担当補佐としてブランクメディア（フロッピーディスクや生テープ）とテレコミュニケーション（固定電話や携帯電話）を手がけた。そして仕入れに優れた才能を発揮したため、エレクトロニクス・バイヤー、さらにはロサンジェルス地区のアルコール飲料バイヤーに昇進した。最終的には二〇〇五年、現在の地位まで登りつめ、ワインやビールなどコストコのアルコール飲料すべての買いつけを統括している。これは影響力の大きなポジションで、いまやアネットは世界のワイン業界で最も影響力のある人物を選ぶデキャンター・パワーリストで四位にランクされるほどだ。(7) 経理担当の事務員から始まったコストコでのキャリアパスは順調で、彼女の決断は地元のレストランのワインの価格やイタリアで栽培されるブドウの種類に影響をおよぼすまでになった。(8)

アネットのキャリアパスはほかの多くの企業では想像できないだろう。規範的思考にとらわれた組織では、管理職や人事部が社員を狭いキャリアパスに押しこめてしまう。そして一部のポジションは一定の必要条件を満たした社員にしか提供されない。MBAの資格や同じ業界での勤続年数が重視されるのだ。「書類だけ見れば、アネットはワイン業界にとって重要なタイプの人材に思えないけれど、実際は重要だった」とシネガルは語る。「コストコの部外者は、彼女のキャリアパスによく困惑するようだけれど、社内では誰もが当たり前だと思っている」。(9)

マシュー・ホーストのコストコでのキャリアパスも、アネットに劣らずユニークである。マシューの兄弟のクリスがコストコ創業者のシネガルとクレイグ・ジェリネック社長宛に送った公開状には、つぎのように書かれていた。障害者と診断されたマシューには、これまでいつも雇用機会が限られてきた。ところがコストコでは、彼の雇用機会は限られなかった。マシューはペンシルベニア州ランカスターでカート整理係として採用された。それ以来、彼は昇進を繰り返し、そのプロセスを楽しみながらキャリアを築いている。「マシューはそれまでの人生でずっと〝障害者〟に分類され、それが定着してきました。でもコストコで働き始めてからは、同僚も顧客も彼のユニークな長所を評価してくれるようになったのです」という[10]。コストコはマシューの特性を平均的な従業員と比較せず、一個人として仕事にもたらしてくれる可能性に基づいて評価したのである。

「すべては相性だよ」とシネガルは私に説明した。「採用基準として［大学での］成績証明書のようなものだけに目を向けるといった、単純な選び方はしない……コストコではもっと重視する資質がある。勤勉とかね。それは履歴書からわからないだろう」。才能ある若者を見つけるための最善の方法は、地元の大学の学生をパートで募集することだと、シネガルは早くから認識していた。有名大学の卒業生を採用するよりも効果がある。パート労働者のなかからコストコの職場環境にうまくフィットする人材を確認する一方、コストコのほうから従業員には何が提供されるのか、学生たちに経験を通じて理解してもらう。そうすれば才能を長いスパンで育てられる[11]。

もちろん、コストコが個性を重視するといっても、小売業界での厳しい競争に勝たなければ意味はない。この業界は薄利と労務費の高さで知られる[12]。しかしコストコは上場以来、毎年利益を上げているだけでなく、ウォルマートよりも大きな利益を投資家にもたらしている[13]。この一〇年間、コストコの年間成長率は平均すると九パーセントで、いまではアメリカ第三位の小売店になった。[14] ウォルマートの従業員と比べ、コストコの従業員の給与は七五パーセント高いと推定され、[15] 福利厚生も業界トップであることを考えれば、この会計上の成功はさらに際立っている。ではコストコは、サプライチェーンに関しても人件費に関しても、効率性と費用の削減を徹底させる姿勢で知られるウォルマートのような企業に比べ、多額の費用を社員にかけているのに、なぜ大きな競争力を維持できるのだろう。

理由のひとつは社員の忠誠心だ。[16] コストコの社員はウォルマートなどライバルの社員よりも生産性がずっと高いだけでなく、滅多に会社を辞めない。ウォルマートの離職率は四〇パーセントと推定されるが、コストコの離職率は一七パーセントで、一年間在籍後はなんと、六パーセントにまで低下する。[17] ある研究によれば、社員が離職した場合、新たな人材を雇って教育するための目に見えないコストを考慮すると（控えめに見積もっても固定給の六〇パーセントにおよぶ）、実際のところコストコが社員ひとり当たりにかける費用はウォルマートよりも少ない。[18] 皮肉にも、コストコはウォルマートが得意とするゲーム、すなわち効率の追求で勝利を収めているのだ。

「ウォルマートやターゲットなど多くの小売店は、われわれとは取り組み方が違う」とシネガルは言う。「でも、あの発想はいったん受け入れると、後戻りするのがすごく難しい。ウォルマートは二〇〇万人以上の従業員を抱え、年間の離職率は五〇パーセントに迫る水準で推移している。つまり、毎年一〇〇万人の従業員を取り換えているわけだ。それがどういうことか、考えてみてほしい」[19]。

ウォルマートはテイラー主義の効率をマスターしたおかげで史上屈指の巨大企業に成長したが、従業員の処遇には資本主義が反映されていると、つい考えたくなるかもしれない。しかし資本主義は本質的に、平均に基づいて人事などの慣習を構築すべきだと雇用者に要求しているわけではない。コストコはウォルマートのサムズ・クラブ（ウォルマートが一九八三年に設立した会員制スーパーマーケット）と同じ土俵で闘っているが、従業員を個人として処遇する方法を経営陣は理解しており、それでも健全な利益を生み出している。

ふたつの企業の違いは価値観にある。ウォルマートはテイラー主義の発想のもとで、従業員を統計の数字で表現される平凡な存在と見なし、簡単に交換可能だと考える。一方コストコは従業員それぞれの個性の理解に努め、能力を発揮できそうなコンテクストに従業員を配置することに重点を置き、ユニークなキャリアパスを追求する権限を誰にでも与える。パートタイマーがバイス・プレジデントに、経理補佐が世界で屈指の影響力を持つワインのバイヤーになる可能性が、コストコでは夢ではない。そして従業員は、忠誠心とやる気で恩に報いるので、それがコストコの業績や顧客サービスや純利益の素晴らしさにつながっている。

「個人について配慮しなければ、コストコのような会社は経営できない。絶対に。ほかの方法でも金儲けはできるけれど、関係者全員が勝利を収める環境を創造することはできないよ」とシネガルは私に語った。[20]

ゾーホーはいかに巨人の成果を上回ったのか

ゾーホー・コーポレーションはインド最大のIT企業で、マイクロソフトやセールスフォース・ドットコムなど業界のリーダーと競いあっている企業のひとつだ。[21]この偉業を達成したのは、社員に対するユニークな姿勢のおかげだ。ゾーホーは社員の給与をできるだけ低く抑えようとはしない。むしろ、目のつけどころさえ正しければ誰にでも才能は見いだせると信じて疑わない。

プリンストン大学で電子工学の博士号を取得後、シュリダー・ヴェンブは一九九六年に故郷のチェンナイに戻ってソフトウェア会社を立ち上げた。最終的にこれがゾーホー・コーポレーションにまで成長した。[22]今日《こんにち》ゾーホーは、クラウドベースのビジネス、ネットワーク、ITインフラ管理ソフトウェアの分野で国際的なリーダーになっている。いずれの分野の製品も、マイクロソフトのオフィスあるいはセールスフォース・ドットコムのCRM（顧客関係管理）と激しく競いあっている。[23]複数の国で二五〇〇人以上の社員を雇い、二〇一四年の収入は二億ドルと推定される。[24]

いまでこそゾーホーは大企業として成功を収めているが、ヴェンブが創業した頃には、「最高の才能」を獲得するためのインド国内での競争で大企業に太刀打ちすることができなかった。従来の一次元的な学力評価の基準で上位にランクされる候補者は、獲得できなかったのである。だから成功するためには、ほかの人たちが見落としている人材を発掘しなければならなかった。「インドのＩＴ業界の大半は資格証明書を重視する。ＧＰＡの評価基準が高く、その条件をクリアしなければ候補者にさえ選ばれない」とヴェンブは私に語った。「だから、かならずしもこうした基準を満たしていない人材に注目することにした」[25]。

そんな人材のひとりが、ヴェンブ自身の弟だった。コンピューター科学を学んだ経験はなく、学校の成績はおそまつで、あの子は「たいしたやつじゃない」と一族のほとんどから期待されていなかったが、ヴェンブはチャンスを与えた。「プログラムの方法を学ばせたら、すごいプログラマーになったんだ。弟の才能が思いがけない形で開花していく様子を実際に観察したことは、大きな転機になった」とヴェンブは説明してくれた。「才能はどこでもかならず見つけられると公言してきたけれど、実際に目の前で才能が花開いたんだ。見逃されている才能をたくさん見つけられると確信した」[26]。

まもなくヴェンブの直観は、確かな証拠によって裏づけられた。ゾーホーは無名校出身者や学校教育をまったく受けていない人材の採用を増やしていったが、学校の成績（成績表やディプロマの中身で測られる）とプログラミング現場での実績のあいだには、ほとんどまったく相関関係が存在しなかったのだ。「プログラミングのような分野で成功するためには、狭き門から大学に入る必要はないようだった。それなのになぜ、みんな学歴を採用の前提条件にするのだろう。不思議に思ったよ」[27]。

ヴェンブの理念はコストコの理念と非常によく似ている。どちらの企業も有名校以外から人材を雇い、実力を存分に発揮できるチャンスを与えている。しかしヴェンブはその理念をさらに一歩進めた。才能はどこでも見つけられると信じるなら、その信念にしたがって行動するためには、自ら才能を発掘するべきだと考えたのだ。ヴェンブはこう語った。「発掘されない才能がたくさんあるという事実を認める人は多いけれど、そこから行動を起こす人はほとんどいない」[28]。

しかしヴェンブは行動を起こし、二〇〇五年にゾーホー大学を創設する。ゾーホーの社員として成功する可能性のある学生を見つけて能力を開発するだけでなく、人間として成功できるスキルを身に着けることを目的とした、従来の大学とは一線を画した教育機関である[29]。ゾーホー大学で特に注目すべきは、入学する学生にインドの最貧地区出身者が多い点だろう。学歴がほとんどない恵まれない立場の若者の大学の学費は、ゾーホーが負担している。そして大学ではプログラミングのスキルだけでなく、数学、英語、時事などについて学ぶ。原石のままの若者を見つけ出して挑戦する場を与えるため、ヴェンブは学校を創設したのだ。

ヴェンブにとって、これは危険な賭けだった。ゾーホーは急成長していたが、まだ組織が盤石ではなかった。かりに大きな賭けが失敗しても、会社の生き残りが保証されるほどの財力はなかった。しかも、あり得ない場所から才能を探してくることだけがリスクではなかった。ヴェンブは平均主義の価値に反対するあまり、標準化とランク付けという従来のやり方にこだわるほとんどの学校と一線を画した学校運営に取り組んだのである。

ほぼすべての学習は学生のペースに合わせて進められ、課題解決型方式が採用されている。成績はつけられず、学生は各課題に関するフィードバックを受ける。「学生たちは自分のペースで学習するから、それを尊重しなければいけない」とヴェンブは強調した。「これから一〇年間、会社で素晴らしい成果を上げてもらうために教育しているわけだから、理解が速いか遅いかなんて関係ない。速ければ成功するわけじゃない[30]」。

一二カ月から一八カ月におよぶ有給の研修期間を経て、そのあと全員が仕事を提供される。ただし学生は契約を強制されないし、卒業後はゾーホーへの就職を義務づけられてもいない。ヴェンブはこう説明してくれた。「学生たちには、ほかの仕事に就いても成功できるだけのスキルを身に着けてもらいたいと本気で願っている。自分で会社を起こしてもいいさ。でも結局、ほとんどはウチで働くんだ[31]」。

では、この実験はどのような経過をたどったのだろうか。二〇〇五年、ゾーホー大学は学生六人に教師がひとり。二〇一四年には学生一〇〇人に教師が七人にまで発展した。[32]ただし、驚くべきは学生数の増加ではない。ゾーホーがこのプロセスを通じて発見した才能のほうだ。現在、ゾーホーに勤務する何百人ものエンジニアの一五パーセント以上が、ゾーホー大学出身者である。[33]そして草創期の卒業生の一部は、上級管理職にまで昇進している。[34]このプログラムは大成功を収めたので、二〇一五年にゾーホーは新たな決断を下した。今後一〇年間で、社員の大多数をゾーホー大学出身者が占める会社組織を創造する計画である。

ヴェンブの個性へのこだわりは、ゾーホー大学で才能を見つける方法以外のところでも発揮されている。個々の社員は、会社内で自由に能力を開発しながら成長できるのだ。たとえば、ゾーホーは仕事を厳密に定義しないし、個々の社員が会社で歩む最適なキャリアパスが存在するとも考えない。「採用した人材のおよそ半分は、何か新しいものに挑戦したいと考えるし、われわれもそれを奨励している」とヴェンブは私に語った。「厳密な職務記述書が存在しないのは、発想が硬直的になるからだ。いきなり、自分には決められた仕事があると決めつけてしまうだろう。でもいろいろなキャリアパスを柔軟に提供してやれば、自分にはこんなことが楽しんでできるのかと驚いて、たくさんの役割をこなせるように進化していく」。[35]

ヴェンブは平均に基づいて社員を評価するやり方に賛同しないので、ゾーホーには勤務評価もスコアカードも社員のランク付けも存在しない。「人間を成績や数字で評価するなんて、ナンセンスだよ。チームのメンバーに関心のある管理職がいれば、必要に応じて一対一で話しあって助けるべきだろう。それがわれわれの理念なんだ(36)」。

さらにゾーホーは、チーム編成において一次元的な思考を意識的に避けている。「製品チーム、たとえばワープロのチームを編成するとしよう。ふつう、メンバーとして思い浮かぶのはロックスター並みのプログラマー、つまり、名門大学で良い成績を収めた人材だよね。でも、これは間違っている！　さまざまなスキルや才能を準備しなければいけない。みんなが同じ型どおりの人間だったら、誰も輝かないじゃないか。発想が狭くて文化が画一的になってしまう。異なる才能や年齢や経験をたくさん集めると、実際のところ良い製品が生まれるんだよ。伝統には反するけれど、何よりもわれわれの製品が正しさを物語っている(37)」。

ヴェンブが誇りにする自社製品の品質の高さは、決して誇張ではない。セールスフォース・ドットコムは自社の市場で影響力を拡大し続けるゾーホーの存在に不安を抱き、買収を試みたほどだ。「われわれが提供する品質や価格、そしてわれわれの急成長ぶりに脅威を感じたんだ。でも、会社は売らなかった。だって、この会社を作ったのは、金儲けだけが目的ではないからね。われわれの成果について考えてほしい。優れた製品を創造したことを評価されているし、たしかにそのとおりだけれど、それは文字どおり、ライバルがどこも採用しなかった人材による成果なんだ[38]」。

ゾーホーが世界で成長したのは、賃金を低く抑えることでソフトウェアをライバルよりも安く製造したからではない。社員には公正な賃金を支払い、福利厚生も充実している。ヴェンブが才能を見つけ出して育て上げたのち、才能を開花させた人材が期待に応え、仕事に熱中して高い生産性を発揮したことが、ゾーホーに競争力をもたらしたのである。平均主義の基準から見れば、ゾーホーは機能するはずがない。ほとんどのIT企業から採用されなかった社員ばかり集め、しかも社内で好きなキャリアパスを歩む自由を与え、最も貢献できそうだと本人が判断した仕事を選ばせている。ところが、これが機能しているのだ。ヴェンブはその理由を確信している。「僕は数学を学んで、数字について理解している。人間は数字と同じで、平均して最適化すればよいと思い始めたら、大きくつまずく。誰に対しても、ひとりの人間として敬意を払わなければいけない。そうすれば、投資した以上の見返りが得られる[39]」。

モーニングスターでイノベーションを促す

製造業のように平均主義が一世紀以上にわたって世界基準だった産業でも、個性を重視するようになれば、新たに優れた方法で業務を進めていくことができる。実際にイノベーションは、個性を重視する姿勢から得られる最大の恩恵のひとつだ。テイラー主義のモデルを採用している工場などの組織は、一定の制約のなかでコストの管理と生産性の最大化を図るうえでは非常に優れているが、創造性を生み出して育むことは得意ではなく、しばしば苦戦する。

しかし、製造業の分野の企業でも個性の原理をレバレッジとして活用すれば、個人のやる気を促し、個性を育て、あらゆる人から提供される革新的なアイデアを歓迎する文化が創造される。モーニングスター・カンパニーは、まさにそんな文化を創造した。

一九七〇年、クリス・ルファーが立ち上げたモーニングスターは、トマトを加工する小さな個人商店で、トラックは一台しかなかった(40)。今日、カリフォルニア州ウッドランドを拠点とする会社は二〇〇台以上のトラック、複数の工場、そして何千人もの従業員を抱えている。カリフォルニア州のトマト加工業の二五パーセントを支配しており、毎年アメリカで消費されるトマト加工品の四〇パーセントを製造している。いまや世界最大のトマト加工業者に成長した(41)。キャンベルのトマトスープやラグーのスパゲッティソース、あるいはハインズのケチャップが自宅にあるだろうか。おそらくいずれもモーニングスターの製品を使っている(42)。

一見すると、モーニングスターの業務はテイラー主義のモデルにぴったり当てはまるような印象を受ける。あちこちの畑や工場で複雑な生産工程が進められ、毎年何億トンものトマトが効率よく加工されなければならない。トマトの加工品は業界のなかでも一貫して最も価格の低い製品である。(43)しかし、クリス・ルファーの会社のなかで実際に何が進行しているか知ったら、フレデリック・テイラーは大いに困惑しただろう。

モーニングスターには、管理職がひとりもいない。ついでに言えば、厳密な肩書もないし、階層もほとんど存在しない。モーニングスターのベテランで、教育研修を担当するポール・グリーンは、このような大胆なビジネスモデルの背景にある理念について私につぎのように説明してくれた。「意図的かどうかはともかく、あらゆる組織は人間に関する基本的な前提に基づいて構築されている。モーニングスターでは、個人は何よりも大事な存在だという強い信念を持っている。だから個人の力の成長を促すため、できるかぎりのことをするんだ(44)」。

これは決して、ただの宣伝文句ではない。組織のあらゆるレベルで、いや正確を期するなら網の目状の組織のあらゆるリンクにおいて、モーニングスターはいわゆる「自己管理」の理念を通じて個性の原理を暗黙のうちに実践している。同社の制度は各社員のバラツキのある個性に組織のほうから適応し、各自が成果を発揮できるコンテクストを提供し、好きなキャリアパスを追求できるように促す。(45)そんな個人の自由と責任を重視する姿勢は、各人のミッションステートメント（目標設定書）に最もはっきり表れている。

何か希望のある社員はミッションステートメントを作成し、会社全体のミッションにどのように貢献したいのか意思表示したうえで、ゴールや目標をいかに達成するつもりか説明する。そしてこれは、ゴールや活動の影響を受ける社員の全員から承認されなければならない。いったん認められれば、たとえば必要な物品の購入が許されるし、ミッション達成のためにかなりの自由裁量権を与えられる。その一方、任務が成功するにせよ失敗するにせよ、同僚（上司ではない）に対して結果の責任を負わなければいけない。(46)

これは職務遂行能力に関する従来の考え方とは大きく異なり、新入社員の多くは対応にとまどう。ちなみにモーニングスターは社内での成功を予測するための基準になりそうな個人的資質を確認するため、知性や人格や教育といった要素の分析に長年取り組んできたが、注目に値する相関関係は見いだせなかった。ただひとつの例外を除いて。「ほかの企業ですでに管理職として長年働いてきた人材は、ここで何をしたらよいか理解できない」とポール・グリーンは私に語った。「自由をもてあまし、上司が一方的に命令できない状況に対処できないんだ。でも、ほかの職場の雰囲気を知らない人材や、ほかの職場にうまく適応できなかった人材は、ここが自分の居場所だととてもすんなり受け入れられる」。(47)

ポール・グリーンは現在、会社の基本理念をすべての部署に伝える仕事を任されているが、モーニングスターのほかの社員と同じく肩書を持っていない。彼は二〇〇六年に季節労働者として同社でのキャリアをスタートさせ、大型産業用機械の保守を任された。フィニッシャーとして知られる機械で、巨大な金属製のシリンダーのなかでトマトを攪拌《かくはん》し、トマトの液体がなるべく失われないよう配慮しながら皮と実の部分を分離していく。「ずいぶん退屈な仕事だったよ」とグリーンは回想する。「でも、モーニングスターでは自分の望みどおり自由に仕事を変更できるということを初日に教えられた。それが会社のミッション達成に役立つかぎり、そして僕の方針変更の影響を受ける同僚たちが共感し、良いアイデアとして評価してくれるかぎりね(48)」。

仕上げ用機械の設定を変えてみたら、トマトの皮をもっと効率よく分離できないだろうかとグリーンは考え、ある実験を思いついた。たくさんのフィニッシャーをそれぞれ異なった方法で設定し、作業の結果を一五分ごとに記録する作業を数カ月間続けたのだ。会社の日常業務に欠かせない高価な装置で、保守要員として採用されたばかりの季節労働者が個人的な工学実験に取り組んだら、ほとんどの会社は眉をひそめるだろう。いや、それは控えめな表現だろう。ほとんどの場所では、組み立てラインの心臓部を臨時社員がいじり始めたら、解雇される可能性が高い。しかしグリーンは、フィニッシャーの使い方の変更に影響される関係者ひとりひとりに自分の言い分を説明した。「みんなすごく応援してくれた。実験から得られた数字についてきちんと説明し、それがどんな良い結果につながるか、きちんと伝えたからね(49)」。

実験を行なった末、フィニッシャーの効率が二五パーセント改善されるセッティングが発見され、モーニングスターは直ちにすべてのフィニッシャーのセッティングをそちらのほうに変更した。まもなくグリーンはフルタイムの待遇になり、今日に至る。

グリーンはべつの同僚のストーリーも紹介してくれた。ここではかりにエイブと呼ぶことにする。エイブは当初、工場の単純労働者として採用されたが、ずっと機械いじりが大好きだった。そこでモーニングスターで働きながら、本来の仕事ではなかったものの、機械や装置の点検修理を始める。やがて、機械の修理や改善が必要なときは、エイブのところへ行けばなんとかしてくれるという評判が生まれた。そこで、自分は「修理責任者」として採用されるべきだと同僚に訴えた。それまでモーニングスターには存在しなかったポジションである。おまけにエイブは修理の仕事の範囲を広げるため、ワークショップを設立するための予算も要求した(50)。

モーニングスターは、社員の要求を無条件で許可するわけではない。ワークショップの設立と似たような要求の多くがしばしば却下される。しかしエイブは自分の修理作業が同僚の役に立つことを明確な形で証明したため、提案を支持されただけでなく、ほかの会社では考えられなかったほどの高給を提供されるようにもなった。グリーンはつぎのように語った。「それまでの経歴や資格から判断すれば、彼は作業員以外の何者でもない。キャリアを追求するなんて、とんでもない話だ。でもモーニングスターでは、自分で役割を見つけてくれれば評価される。彼は工場の機械の修理専門家として認められたんだ(51)」。

自分のアイデアを会社と共有すれば組織に付加価値がもたらされること、そして自分のアイデアには説明する機会が与えられ、評価されれば実行されることがわかっていれば、会社への帰属意識や個人的な目的意識が生まれる。これこそ、モーニングスターの成功のいちばんの理由だ。従来のテイラー主義の組織では、階層的な構造のなかでイノベーションを行なう自由がしばしば抑圧され、イノベーションのプロセスに参加する意欲がくじかれてしまう。このような組織では、研究開発部門など、イノベーションに特化した部門が創設される。あるいは費用のかかる経営コンサルタントをわざわざ雇い入れ、革新的なプロセスや新製品について提言してもらう。そしてほとんどの職場では、予約販売部門での私の経験と同じく、創意工夫は露骨に嫌がられる。

対照的に、モーニングスターのように個人を中心に据える企業では、イノベーションが組織ぐるみで頻繁に行なわれる。季節労働者が組み立てラインで実験を行ない、業務にとって欠かせない機械を日雇い労働者が修理しても咎《とが》められない。個性を本当に重視して、個性が育まれる企業の創造を心がければ、イノベーションはいつでもどこでも、ネットワークのあらゆるリンクで発生する。なぜなら、自分が最高の形で働きながら会社に貢献できる方法を、すべての従業員が誰からも制約されずに考案できるからだ。

「われわれは慈善組織ではない。ここではどの社員も自分の居場所を勝ち取らなければならない。でもモーニングスターは、自分の居場所を勝ち取る自由を全員に与える。自分に

とって重要な事柄のすべてを自由に支配できるなんて、これ以上の幸せはないだろう」とグリーンは強調する。(52)

ウィンウィンの資本主義

七〇年前、テイラー主義は「アメリカ文明のユニークな特徴」と考えられた。しかし個性の三つの原理は、より良い社会に至るべつの経路を教えてくれた。ここでは企業の自由を犠牲にすることなく、個人の自由やイニシアチブや責任が育まれる。コストコ、ゾーホー、モーニングスターの事例からは、社員の個性を尊重する決断を企業が組織として下すと、社員だけでなく企業のシステムにも勝利がもたらされ、しかもそれはかつてないほど大きな勝利になることがわかる。これこそウィンウィンの資本主義で、これはどの国のどの業界のどの企業にも実現可能だ。

コストコ、ゾーホー、モーニングスターの成功から、最後にもうひとつ教訓を紹介しよう。個人を評価すると決めたら、その決断に揺らぎがあってはならない。社員が仕事に没頭し、生産性が向上し、イノベーションが広がって恩恵がもたらされるためには、都合のよいときだけ個性をもてはやす姿勢を控えなければならない。「個人に投資する決心をしても、状況が厳しくなると余裕がなくなる」とシネガルは語る。「工場を閉鎖し、社員を一時解雇して、あちこちで少しでも損失を取り戻そうとする。景気が後退しているときにコストコが社員の給料を上げたのは、社員だって大変なことがわかっていたからだ。目的を明確に定め、見失わないようにしないとね」(53)。ゾーホーのヴェンブも同じような結論に達した。「僕は社員にずっといてもらいたい。そのために全力を注ぐ。その気持ちが、大きな違いとなって表れるのさ」(54)。

ただし、コストコやゾーホーやモーニングスターをすべての企業が見倣《みなら》うべきだというわけではない。個性を重視するならば、個性に関する三つの原理は自分のビジネスにとってどんな意味があるのかじっくり考え、その答えに基づいてビジネスを構築しなければならない。どの企業も管理職もぜひ、個性の三つの原理を実践してもらいたい。個人に投資する道を選べば、相手の心には忠誠心や意欲や情熱が育まれる。平均主義が幅をきかせている業界でも、意欲と生産性の高い社員を確保して、最終的な収益の向上に貢献してもらうことは可能だ。大事な社員をいつまでも平均に縛りつけておく余裕はない。

第8章　高等教育に平均はいらない

私はユタ州のオグデンで大学生活を始めたとき、生活保護に頼る窮乏生活から抜け出す方法をなんとか見つけたいと切望していた。妻とふたりの子どもたちを養うため、キャリアアップにつながる道を見つけなければならないが、その一方、苦しい台所事情によって将来の道は大きく制約されていた。ウェバー州立大学への入学で第一歩を踏み出したものの、私にとって大学での勉強は苦労の連続だった。入学して最初の二年間は、すべて夜間の講義を選んだ。これなら昼間はフルタイムで仕事を続けられるからだ。それでも、ベーグルを作ったり電子機器を販売したりして得られるわずかな賃金は、家族のニーズをすべて満たすためには決して十分ではなかった。毎月かならずひとつは、請求書の支払いが滞《とどこお》った。妻は法的限度ぎりぎりまで血液を売った。おむつは隣人から借りて、トイレットペーパーは公衆トイレから盗んだ。

自分や子どもたちが大学を無事卒業するために窮乏生活を耐え忍ぶ人たちは大勢いるし、私のストーリーは彼らと大差ない。これだけの犠牲は、合理的かつ現実的な計算に基づいている。私たちの社会では、チャンスにつながる最も重要な出発点が高等教育だと誰もが信じ、実際にそのとおりなのだ。ディプロマを手に入れるために何事も嫌がらずに実行するのは、良い仕事、良い収入、良い住環境、良い人生を自分や子どもたちが手に入れるために、それが最大のチャンスだと期待するからだ。

このような実際的な視点から大学の学位の価値について考える人たちにとって——私も確実にそのひとりである——高等教育の暗黙の目的は、学生が自ら選んだキャリアを歩みだせるよう、金銭的に無理のない範囲で準備を整えてやることだろう。ひょっとするとあなたは、高等教育にはほかの目標もあると考えているかもしれない。批判的思考を養う、芸術を鑑賞する力を育む、学生を新しいアイデアに触れさせるといった具合に。ミッションステートメントに記されるような、価値ある目標がほかにもあるという点は私にも異論がないが、やはり第一の目標はキャリアに向けた準備であり、それ以外の目標は二次的なものではないだろうか。私は大学で批判的思考や社会的価値以外にも、自分がもっと良い人間になるために役立つ素晴らしい事柄を数多く学んだ。しかし何年もあれだけ苦しい経験をした末、自分にぴったりの仕事にめぐり合っていなければ、大学での勉強は失敗だったと考えていたはずだ。

ただし、高等教育の現実的な目標についてみんなの意見が一致したとしても、残念ながら現在の教育制度は期待に応えていないと結論せざるを得ない。[1] 自分の専門分野で仕事を見つけられない学生はあまりにも多く（キャリアビルダー〔アメリカ最大の求人サイト〕の最近の調査では三一パーセント）[2]、高賃金の仕事に充《あ》てる従業員を雇えない雇用主はあまりにも多く（マンパワーグループによれば三五パーセント）[3]、また雇い入れてみたところで大学卒業生たちはすぐには使いものにならないと報告する雇用主はあまりにも多い。[4] しかも、費用が制御不能に陥っていると言われてもピンとこないかもしれないが、ここに衝撃的な事実がある。大学の学位を取得するための費用は、一九八五年から五三八パーセントも上昇しているのだ。[5] 参考までに同じ時期、医療費は二八六パーセント上昇している。[6] いまではアメリカ人は総額で一兆一〇〇〇億ドルの学生ローンを抱えており、[7] これはクレジットカードによる借り入れの総額よりも多い。ちなみに私もいまだに学生ローンがかなり残っている（アメリカの多くの地域で快適な家を購入するのに十分な金額だ）。この借金のおかげで、私の金銭的な未来には暗雲が垂れこめている。

私たちの誰もがこのような状況に陥ったのは大学のせいだと想像するのはたやすいが、実はそうではない。一部の企業が社員を統計の数字のように扱うのが資本主義のせいではないのと同じだ。

ビジネス社会の大半と同じく、現在の高等教育モデル（同様に高等教育のビジネスモデルも）はテイラー主義に基づいている。(8)今日の大学は過去から受け継いできた平均主義のシステムを厳格に守り、重要なのは個人よりもシステムだと信じて疑わず、教育プロセスの標準化を推し進めている。現在のシステムでは費用がかかりすぎることは無論、学校で学んだ内容と仕事を確保するために必要な能力のギャップが何よりも欠点になっているが、その原因はずっと以前に確立された平均主義の構造の根深さにある。

みんなと同じことで秀でる

大学は今日、自らの使命についてさまざまに信じているだろう。問題解決能力や批判的思考の開発、学生の物の見方についての指導など、人本主義的な立派な目標（人本主義とは、資本主義における人材重視の思想のこと）が考えられる。ただし、何を信じていようとも、現在の高等教育制度は一世紀前、明確な目的のもとで考案された。標準化されたカリキュラムでの成績に基づいて、学生をランク付けしたうえで分類することが本来の目的なのだ。高校で成績やテストの点数が最上位ならばトップランクの大学への入学を許され、大学の成績が最上位の学生は優良企業への就職やトップランクの専門職系大学院への入学が可能だ。ノーマを探せコンテストの教育バージョンと言ってもよいだろう。画一的な評価に基づいたランキングばかりが常に注目されるので、どの学生も平均的な学生とまったく同じに行動せざるを得ない。みんなと同じ場所で、みんなよりも秀でなければならないのだ。

大学へ入学する以前から、このシステムはみんなと足並みをそろえるよう学生に圧力をかける。良い大学に入りたければ、みんなと同じ授業やテストを受けて同じ課外活動に精を出し、そこで秀でなければいけない。大学生になったら、専攻の同じ学生と同じ講義を同じ時間だけ受講したうえで、平均と比較してランク付けされる。そして四年間学んだ後には誰もが同じディプロマを受け取るが、これでは学生にとっても両親にとっても金銭的負担が大きい。

ジュディ・ミューアはヒューストンを拠点とする大学入学コンサルタントで、現代の教育制度が抱える画一化の問題を誰よりもよく理解している(9)。高校生が大学へ入学して成功するための支援に人生を捧げてきたが、彼女の実績はずば抜けていると私は考えている。ミューアの顧客には、セレブや会社社長、そしてヨーロッパや中東の富豪の子どもたちもいるが、ほとんどは中産階級のティーンエージャーだ。その一方で、恵まれない子どもたちを対象にした無償のコンサルティングにかなりの時間を割いている。大学に出願するまでの複雑で面倒なプロセスをティーンエージャーや親たちが把握できるよう、ミューアは懇切丁寧に指導している。しかし、彼女が人と会って話を始めてから鬱積《うっせき》している不満をぶちまけるまでに時間はかからない。

「このプロセスは、学生の個性について何もかも無視するように作られているの。何もかもが平均を基準に選ばれるでしょう。だからティーンエージャーたちは、学校関係者が自分たちにどんな姿を期待しているのか考えて、それに合わせてアイデンティティを変えてしまう」と訴え、さらにこう続けた。「これが現在の教育制度の実態よ。この暴走したシステムでは、誰もが平均と比較される。だから子どもたちは心にもないことをエッセイで記し、役に立つとも思えないインターンを経験するの。海外ではSATでカンニングが行なわれているし。そう言えば、こんな質問をよく受けるのよ。希望する大学へ入学するためには、社会奉仕活動が何時間必要ですかって。だからいつも、こう答えるの。充実した人生への道はひとつだけ。自分にはどんなユニークな個性があるか理解して、それを成長させなさいってね。でも、個性を磨くどころか、必死で隠そうとする子どもや親があまりにも多いわ。誰もがまったく同じことに挑戦し、そこで目立つことだけを考えている」(10)。

ハーバード大学の事務局で入学ならびに奨学金の窓口の責任者を務めるビル・フィッツシモンズも同じ意見で、つぎのように語っている。「大学への入学は通常、平均を競うゲームだよ。そのためには、家を抵当に入れることもあるんだ。とにかくみんなと同じようになるために、ユニークな個性を捨て去ってしまう。そうすれば、誰もが挑戦している事柄で少しは秀でるのではないかと期待するのさ。でも、平均ばかり競っていたら、平均すると結局のところ効果はないんだ」(11)。

才能を画一的に評価してランク付けするシステムには、実際のところ不備が多い。では、それをわかっていながらなぜ、誰もが嫌がらずに平均を競い続けるのだろう。一六歳のときの標準テストでの成績、あるいは一七歳のときに建設現場を手伝ったコスタリカの教会の数が、最高裁判事になる可能性、起業の成功、ガンの治療法の発見と重要な関連性があるという科学的な証拠は存在しない。しかしほかの誰もが平均を競い続けるかぎり、そして大学や経営者がゲームに参加し続けるかぎり、参加しない道を選ぶ学生には大きな代償が待っている。

だから事あるごとに、学生もその家族もありとあらゆる犠牲を払う。多額の借金をしてまで、狭量《きょうりょう》で無情なシステムに自分を合わせるための努力を惜しまない。一九世紀に確立されたランク付けという概念に基づいて学習した末にディプロマを受け取っても、もはやそれは仕事を確実に保証してくれるわけではないのに。高等教育において平均主義のシステムから提供されるものは今後ますます少なくなっていくが、それに反比例して、このシステムに伴うコストは上昇の一途をたどる。

学生をランクによって選別することは可能で才能ある学生とそうでない学生を区別するためには制度中心の標準化されたシステムが欠かせない、という間違った前提を土台として高等教育の構造が成り立っているとしたらどうか。たとえこのシステムから大きな成果が生み出されるとしても、社会全体として見逃せない失敗も確実に生み出されるだろう。

このような失敗を食い止めるためには、現状への投資を倍にするだけでは十分ではない。制度よりも個人を評価するように発想を改めたうえで、学生の個性が本当に優先されるよう、高等教育の構造を変化させなければならない。

このアイデアは理論的に高く評価できそうだが、いざ実行しようと思ってもうまくいかない。ただし、個人を優先する高等教育システムに至る道は決して平坦ではないが、道理にかなった現実的な道である。そしてすでに世界各地の大学で新しいアイデアは採用され、目覚ましい成果を上げている。

既存のシステムの平均主義的な構造を見直し、個々の学生を評価するシステムに変換させるためには、以下の三つのコンセプトを採用しなければならない。

- ディプロマ（日本でいう卒業証書）ではなく、資格証明書を授与する。
- 成績ではなくコンピテンシーを評価する。
- 教育の進路を学生に決めさせる。

個性の原理と一致する教育制度を確立するためには、これらのコンセプトが青写真として役立つ。具体的に実行されれば、すべての学生が自らキャリアを選び、そのために必要な訓練を受けられる環境が創造されるだろう。

ディプロマではなく、資格証明書を授与する

現在の大学教育の制度は、ひとつの決定的な要素に基づいて標準化されている。四年間で学位を取得して、ディプロマを授与されるのだ。何世紀ものあいだ、ディプロマならびにその授与に伴う伝統――卒業式、ガウンとキャップ――は、学生が大事な一里塚に到達したことをコミュニティに伝えるための、教育に関する通過儀礼と見なされてきた。

ここで問題なのは、学士号を取得するための必要条件が大方の場合、非常に専断的である点だ。大学でどのような科目を学ぶつもりでも、学位を取得するためにはほぼ例外なく四年の歳月がかかる。ドイツ文学、経営学、分子生物学のいずれを専攻するにせよ、学士号を授与されるまでに必要な履修単位時間（教育現場では「シートタイム」〔着席時間〕として知られる）の総数はほとんど同じで、どの大学でもほぼ同じ日数の学期から構成される学習期間のなかで単位を獲得できるように計画しなければならない[12]。あなたの選ぶ科目がどれだけ難しいか、あなたの理解が速いか遅いか、あなたが小さな私立大学と公立のマンモス大学のどちらに通っているか、あるいはめざすキャリアに必要なスキルを習得しているかどうか、いずれもたいした問題ではない。必要な時間だけ講義に出席している

（単位を落とさない）かぎり、ディプロマは手に入るのだ。その結果、さまざまな分野を網羅した大学教育において、一種の「平等」が実現するのだと、四年制教育の支持者は主張する。

ただし、ディプロマを教育の基本単位として利用すると、明らかな欠点が制度のなかに持ちこまれてしまう。たとえば機械工学で学士号を取得するために必要な単位をすべて四年間で受講して、そのすべての試験をクリアしても、かりに人文科学の単位をひとつ落とせば、ディプロマはもらえない（その場合も、四年間の授業料は払わなければならない）。たとえ機械技師として働く万全の準備が整っていても、大学の定めた必修科目のすべてで単位を取得しないかぎり、ディプロマは手に入らないのだ。皮肉なことに、コンピューター科学の学位取得に必要な単位をアイビーリーグの大学でひととおり獲得していても、コンピュータープログラマーとして働く準備が整っていないケースが発生してしまう[13]。

教育の成果の目安となる基本的な単位としては、ディプロマに代わる筋の通った代替《だいたい》手段が存在している。それは資格証明書だ[14]。このアプローチにおいては学習単位がきめ細かく分類され、有意義な知識を獲得した後に単位が認定される。たとえば、ウェブサイトのＪａｖａプログラミング、第一次世界大戦の歴史、お菓子作り、アジアの気候学といった具合に。講義に数回、あるいは一回だけ出席すれば獲得できる資格証明書もあれば、一年もしくはそれ以上の期間が必要なものもあるだろう。資格証明書ならば、あなたのスキルや能力や知識が、卒業証書よりもきめ細かいレベルで柔軟に評価される。

複数の資格証明書をまとめる（「積み重ねる」）ことで、より高度な資格証明書として用いることもできる。たとえば、あなたがビデオゲームのデザイナーになりたいとき、コンピューター科学の分野で学士をめざす必要はない。プログラミング理論、モバイル機器プログラミング、コンピューター・アニメーション、グラフィックデザインの資格証明書を取得すればよい。この四つの分野で資格を認められれば、全部をまとめた形の「モバイル機器ベースのビデオゲームデザイン」の資格証明書が授与される。同様に、暗黒物質を研究する宇宙物理学者になりたければ、数学、物理学、天文学など幅広い学問分野を学んで資格を取得し、さらに最終的に「暗黒物質専門の宇宙物理学者」の資格証明書を授与されるための研究方法を身に着ければよい。この資格証明書の場合、高い授業料を払って四年間ひとつの大学に通い、標準化された学位を獲得するために決められた時間だけ決められた講義に出席する必要はない。従来のプログラムに制約されず、将来のキャリアにとって必要だと思われる資格証明書を好きなだけ獲得すれば十分である。

資格証明書はやや大胆な発想のようなイメージかもしれないが、実際のところ、スキル重視型の教育ではかねてより重要な要素として注目されてきた。たとえば、MITはすでに複数の資格証明書プログラムを実施しており（「証書」と呼ばれている）、サプライチェーン・マネジメント、複雑な技術プロジェクトの管理、ビッグデータなどの分野（これらはほんの数例だ）で証書が提供されている。[15]

一方バージニア州では、州の支援を受けた大規模なプログラムが実施されており、IT（情報技術）、サイバーセキュリティ、先端製造技術、エネルギー、医療など複数の産業の資格証明書が発行されている。[16] これらの産業では、資格証明書を獲得した卒業生の仕事は報酬が高く、キャリアの機会が長期間にわたって保証される。プログラムではシミュレーション環境においておよそ二、三週間にわたるフルタイムの研修が義務づけられており、資格証明書ひとつにつき全部で二五〇ドルの費用がかかる（残りの費用は、研修を通じてスキルを手に入れた学生を雇用する業界が肩代わりする）。これまでのところ、資格証明書を獲得した卒業生の九三パーセントが仕事を確保している。テリー・マコーリフ州知事によれば、二〇三〇年までにほぼ五〇万の資格証明書を発行することがプログラムの目標だという。[17]

バージニア州の資格証明書の構想においては、特定の分野に狙いを定めているわけではない。いずれも資質のある就職希望者の不足が確認されている分野だ。したがって、フランスの演劇から量子物理学や映画撮影術まで、高等教育で教えられるあらゆる分野で資格証明書が提供される可能性が考えられる。

最近では、新たな展開によって資格証明書が取得しやすくなっている。一般にはムーク（MOOC）と呼ばれる大規模公開オンライン講座を利用すれば、大学の講座を受講できるのだ。その際、前提条件として大学に入学する必要はない。この一〇年間、アジア芸術から動物学まで、あらゆるトピックの講座が何百もの大学によって提供されてきた。ムークで大きく注目されるのは、オンラインでの学習経験を割引料金もしくは無料で提供できる能力である。しかし私は、ムークの最も革新的な面は費用の安さやオンラインを介した受講システムだとは思わない。むしろ注目すべきは、ハーバードやMITをはじめとするムークの主要なプロバイダーの多くが、講座を終了した学生に（証書など）資格証明書を提供し始めたという事実である。[18]

個別に発行される資格証明書がシステムとして将来あるべき姿を、ムークは垣間見《かいまみ》せてくれる。標準化された学位の取得に欠かせない講義に出席するため、ひとつの大学に四年間も高い授業料を払って在籍することを強制するプログラムはもはや無用だ。その代わり、自分で選んだキャリアを追求するため、必要な資格証明書を好きなだけ、自分で納得できるだけの費用をかけて、自分に合った条件で取得していけばよい。

成績ではなくコンピテンシーで評価する

高等教育に定着している平均主義のシステムに関して変化が必要な二番めの要素は、学生の学習成果を評価する基本的な方法、すなわちランク付けされた成績である。成績とは、学生の能力を一次元的に評価するための手段であり、教科についての習熟度を知る手がかり、すなわち特定の分野で通用する能力の測定基準になっている。さらに、学位取得までの標準化された経路を定められたペースで歩むことを義務づけられた学生が、どれだけ進歩しているか確認するための指標としても役立つ。

しかし、学習成果の評価を成績に頼ると、それに関連してふたつの問題が生じる。まず、こちらのほうが重要だが、評価が一次元的になってしまう。すでにご存じのバラツキの原理によれば、一次元的なランク付けでは個人の能力やスキルや才能の全体像を正確につかむことはできない。たとえば心理学者のトーマス・R・ガスキーは、著書『改革を格付けすることの五つの障害』(*Five Obstacles to Grading Reform*)のなかでつぎのように記している。「ある人の身長、体重、食事、運動についての測定値をひとつの数字や評点にまとめ、これでその人の体の状態がわかると誰かが提案したら、誰でも馬鹿馬鹿しいと考えるだろう……ところが教師は毎日、学生の成果、態度、責任感、努力、行動といった要素をひとつの成績にまとめ上げ、それを成績表に記録する。しかもそれを誰も疑わない」[19]。

成績に伴うもうひとつの問題には、学生を採用する立場の経営者が関わっている。ディプロマがいったい何を意味するのか、解釈するために頭を悩ませなければいけない。そこには、学生のスキルや能力、教科に関する習熟度を知る手がかりがほとんどないからだ。

結局のところ、大学のランクや卒業生のＧＰＡの評価に頼らざるを得ない。

幸い、この問題には明快な解決策がある。成績の代わりに、コンピテンシー（能力や適格性）を判断基準にすればよいのだ。講義に決められた時間だけ出席し、すべての宿題を期日に仕上げ、中間試験でAをとったら良い成績で評価するのではない。すでに紹介した資格証明書を、必要なスキルや能力や知識に関して優れたコンピテンシーを示した場合にかぎり発行するのだ。コンピテンシーの細かい内容は分野ごとに異なるが、コンピテンシーに基づいた評価には以下の三つの基本的な特徴がある。

一番めの特徴は理解しやすい。可か不可のどちらか、すなわちコンピテンシーを示すか示さないかのどちらかでしか評価されない。第二に、コンピテンシーの評価は制度の枠組みにとらわれない。資格証明書を獲得するために必要なコンピテンシーは、何でも好きな方法で獲得できる。もちろん、大学で講義を受講してもよい。ほとんどのケースでは、おそらくこれがベストの選択肢だろう。しかし、現在のシステムのように、講義に必要な時間だけ出席することが特別の評価を獲得する唯一の方法というわけではない。むしろオンラインを利用すれば仕事を持っていても、自分で必要だと判断したコンピテンシーを自由に獲得できるし、しかも授業料を払う必要がない。

コンピテンシーに基づいた評価の三番めの特徴は、専門家の要望が反映される点だ。専門分野の資格証明書の取得に必要なコンピテンシーを決定する際には、証明書を獲得した学生を採用する経営者や職能団体が何らかの提案をしなければならない。もちろん私は、経営者だけで決定が行なわれるべきだとは思わない。それでは評価が偏ってしまう。肝心なのは、彼らの意見にきちんと耳を傾けることだ。そうすればリアルタイムでしっかりと、でも柔軟に対応できるので、学生が学ぶ内容と仕事で成功するために必要な資質のあいだのギャップが解消される。

産業界の要望を反映し、コンピテンシーに基づいて学生を評価するアプローチは、突飛なアイデアのように感じられるだろうか。しかし、これはすでに存在している。たとえばウエスタン・ガバナーズ大学（WGU）のケースがある。(20) WGUは非営利の大学で、ビジネス、情報技術、医療、教育に関するプログラムを提供している。大学は一九九七年、特別なニーズのあるキャリアに対し学生が十分な準備を整えるための革新的な戦略として、一九の州の知事《ガバナー》によって設立された。WGUのカリキュラムはすべてオンラインで提供されるので、学生は自分のペースでいろいろな教材を選ぶことができる。WGUが授与するのは資格証明書ではなくて学位だが、学生が学位に必要な単位を取得するためには、講義を必要な時間だけ受講するのではなく、専門分野でのコンピテンシーを示さなければならない。さらに、学生がすでに知識を持っている教科に関しては、コンピテンシーテストに合格すれば単位を取得できるので、不要な講義を受講しなくてもよい。授業料の面でもマイペースの学習という概念を支えている。六〇〇〇ドルを支払えば、二学期のあいだに好きなだけの数の講義を受講できる[21]。

業界に特化したプログラムの妥当性を保証するためにWGUは、特定の分野で求められるコンピテンシーの定義に二段階のプロセスを採用している。第一段階の「プログラム協議会」は業界関係者や学者で構成され、特定分野の卒業生が仕事で成功するためにどんな知識や行動が求められるかを定義する。二番めは「評価協議会」で、ここでは全米から集められた専門家によって、学生が必要な教材をマスターしたかどうか評価するためのコンピテンシーテストが作成される。WGUが自ら評価基準を決定するのではなく、業界で認められた基準を可能な範囲で採用している点が何よりも重要である[22]。WGUの卒業生は学習した分野で優れたコンピテンシーを発揮するので、雇用主にとって魅力的な人材になっている。

そしていまやWGUだけでなく、二〇〇以上の学校が学生の実績をコンピテンシーに基づいて評価するか、その可能性を探っている。プログラムの規模に柔軟性を持たせるため、複数の大学による団体が結成されているケースもある。従来の成績に代わり、コンピテンシーに基づいた評価が定着すれば、学生は自分のペースで学び、技量によって判断されるようになるだろう[23]。

教育の進路を学生に決定させる

ディプロマの代わりに資格証明書を授与し、成績表ではなくコンピテンシーに基づいて学生を評価することは、高等教育が個性を育むために欠かせないが、これだけでは十分ではない。今日の大学は、あなたの教育の進路のほぼすべての側面をコントロールしている。大学は何よりもまず、ディプロマを授与するプログラムにあなたを受け入れるかどうかを決定する。そしてあなたが入学を許されたら、ディプロマを手に入れるための必要事項を通達し、当然ながら、その特権のためにあなたがいくら支払うべきかを決定する。あなたが自分の教育に関してコントロールできる唯一の側面は、どの大学に出願して何を専攻するかだけである。これからは個々の学生の自己管理に任せる部分を増やしていくべきで、そのためには教育の構造の面から自己決定型の経路を支援しなければならない。

それを達成するためには、コンピテンシーに基づいて資格証明書を授与するほかに、高等教育制度にふたつの特徴を追加すればよい。まず、学生は教育に関してもっと多くの選択肢を持つべきで、その選択肢はひとつの大学ではなく複数の大学から提供されなければならない。第二に、資格証明書を授与するプロセスは、いかなる特定の機関からも干渉されるべきではない。そうすれば、学生が証明書をどこでどのような形で取得しようとも、着実に積み重ねていくことができる。

このシステムにおいては、学生は好きなところで講義を受講できる。オンライン、教室、会社の研修センター、地元の大学など、どこでも可能だ。世界中の何千人もの学生といっしょに大規模なオンラインの講義を受講してもよいし、地元の指導教員から一対一で懇切丁寧な指導を受けるのもよいだろう。週に一度の夜間コースを半年間受講しても、二週間の短期集中型のコースを選んでもよい。スパルタ式の教師は学生を厳しく指導してくれるし、穏やかな教師なら学生にプレッシャーをかけない。ひとつの機関からすべての資格証明書を取得してもよいし、さまざまな機関から取得した証明書を積み重ねることもできる。そして多くの場合、自分の好きな教材を自分のペースで、しかも無料で学ぶことができる。すべての選択肢はあなた次第だ。あなた自身のバラツキのあるプロファイルやコンテクストや予算に応じて、適切な知識やスキルや能力を自分がマスターする手助けになるように、証明書を取得するまでの経路を歩んでいけばよい。

自己決定型の経路は多くの形で学生に恩恵をもたらす。たとえばあなたが何かひとつの分野で、資格証明書を積み重ねる決心をしたとしよう。それはいつか研究者になるために役立つ神経科学の分野かもしれない。そこで神経解剖学と神経系の資格証明書を取得するが、そのうち自分は人を助けたり人と交流したりすることが大好きだと気づいたらどうか。実験室で科学者として生理学を細かく研究し、日々単調な仕事をこなすキャリアには魅力を感じなくなるだろう。そこで、キャリアのゴールを変更し、臨床心理学の資格証明書を取得する決断を下す。その場合、すでに取得している神経科学の資格証明書に関連性があるので、それをそのまま活用し、臨床心理学の資格証明書の取得に役立てればよい。あるいは、人びとが抱える問題について話しあうのが自分には向いていないと思えば、すでに取得している資格証明書をそのまま活用し、医療機器営業のキャリアをめざしてもよい。

今日では、神経科学に関する四年間のプログラムの途中で専攻の変更を決断すれば、そのために必要な講義を受講するために改めて授業料を支払い、四年間で卒業するために講義を詰めこまなければならない。あるいは、神経科学の学位を取得したうえで、大学院やビジネススクールで臨床心理学を改めて学ぶことになるだろう。好きでもない勉強のために四年間を投資してから、本当に興味のある主題を学ぶためにさらなる年月と授業料をかけなければならない。

しかしコンピテンシーに関する資格証明書を自らの決断で取得するシステムならば、自分が本当に打ちこめるものを発見するために試行錯誤しても罰則が少ないし、途中で進路を取り換えてもコストが少ない。実際、学生が自ら決断するためには、教育制度全体での支援体制が欠かせない。自分は何が好きで、どんな事柄に秀でているのか、学生が常に評価し直せる環境が提供されれば、自分の新たな可能性と求人市場の変化を擦り合わせ、キャリアプランを調整するのが当たり前になるだろう。

自己決定型の教育の進路について初めて聞かされた人びとには、つぎのような反応が共通している。「大学生に自分で進路を決めさせろと言うわけですか。あなたは今日の大学生に会ったことがあるのですか」。一九歳の若者は四〇歳の大人よりも愚かな決断を下す傾向がある点は私も認めるが、どんな制度であれ、人間は信用できないから決断を任せるべきではないと決めつけることには賛成できない。実際、決断する能力を人びとから取り上げ、すべての決定を制度に委《ゆだ》ねる発想は、テイラー主義の典型であり、そもそもこのような発想が私たちを厄介な立場に追いこんだのである。

私たちにはふたつの選択肢がある。どの学生にもみんなと同じようになることを強制し、そのなかでみんなより秀でることを求める高等教育のシステムを望むべきだろうか。あるいは、どの学生にも選択する権利を与えるシステムのほうを望むべきだろうか。

個人の時代の教育

ここまで本章では、三つの概念を紹介してきた。ディプロマではなく資格証明書を授与すること、成績ではなくコンピテンシーを評価すること、教育の進路を学生に決定させることの三つだった。これらの概念が高等教育制度に採用されれば、テイラー主義の工場をモデルにしたトップダウン型の階層制や標準化を重視する制度から、ダイナミックなエコシステムへの移行が可能になる。その結果、どの学生も自分に最もふさわしい中身の教育を選べるようになるだろう。

コンピテンシーを評価する資格証明書を自らの決定で取得するシステムは、個性の三つの原理ともうまく調和する。まず、自分は何が好きで、どんなものに秀でているのか学生が考えたうえで、興味のある事柄を追求するための最善の道を見つけていくのだから、バラッキの原理にかなっている。つぎに、学生が将来働く職場環境にできるかぎり近い状況でコンピテンシーが評価されるので、コンテクストの原理にかなっている。そして、どの学生も自分のペースで学び、自分にふさわしい順序を選べるのだから、迂回路の原理にもかなっている。

おそらくもっと重要なのは、これらの概念を採用すれば画一化という問題の解決につながる点だろう。みんなと同じになって、そのなかで秀でることをめざすのではなく、最高の自分の創造が目標になる。ランクの高い大学へ入学するため平均以上になろうと夢中になる代わりに、専門知識の分野で秀でるために努力するようになる。最高の大学志願者をめざしてほかの学生と競うのではなく、最高の形で建築事務所や人類学研究所に就職したり、子供服のデザイナーとして採用されたりするため、みんなと競うようになるだろう。このシステムでは、自分にぴったりの仕事と出会うことができる。決してシステムの強制を受けない。

さらに、コンピテンシーを評価する資格証明書を自らの決定で取得するシステムは、上昇する一方の教育費という問題の解決にもつながる。個性重視型のシステムにおいては、自分にとって必要な資格証明書を取得するための費用を支払えば十分で、それ以上は求められない。あなたが最善の資格証明書を獲得できるよう、さまざまな機関が少しでも安いプログラムを競って提供してくるのだから、四年間ひとつの大学で授業料を払い続けるときのような負担がかからない。このような要素を取り入れている機関のなかにはウエスタン・ガバナーズ大学の「学び放題」のアプローチをまねて、一定の料金を支払った学生に好きなだけの訓練を施しているところもあれば、アリゾナ州立大学のモデルを見倣《みなら》っているところもある。同大学はハーバード・エデックスとパートナー関係を結び、オンラインでの講座にパイオニア的なアプローチで臨んでいる。ここでは、一年めの学生は無事に講座を修了した場合にかぎって授業料を支払えばよい(24)。

コンピテンシーと資格証明書に基づいた個性重視型の教育システムにおいては、学生と経営者がうまくマッチする。なぜなら、資格証明書の価値と有効性は、変化し続ける雇用市場の現実に合わせてリアルタイムで調整されるからだ。たとえば、新しいプログラミング言語がシリコンバレーで急速に普及し始めたら、新しい言語に関する資格証明書を持つ人材を企業はすぐに募集するだろう。同様に、自動車業界が従来のエンジンを新しいスタイルに取り換えるとしたら、時代遅れの技術に関する資格証明書を減らすような圧力が直ちにかかるだろう。そのため、学生は変化する市場に合わせて経路を柔軟に調整していくことができる。いつどんな場所で、どの業界においてキャリアの構築を望もうとも、学生は将来働きたい企業がどんな資格証明書を評価しているのか明確に理解できる。しかも、資格の難易度やそれを獲得するまでの費用と経路が、将来の報酬や仕事の内容に見合うものか比較することも可能だ。

一方、企業や組織は仕事に必要なスキルや知識を持つ志願者を獲得することができる。どんなに難しくて複雑な仕事であっても、資格証明書の内容について細かく注文をつけられるだけでなく、条件となる各資格証明書の獲得にはどのようなコンピテンシーが必要か提案できるからだ。さらに、まだ馴染みのない分野の資格証明書を志願者が獲得するための費用を企業が負担すれば、必要な人材の確保に企業の影響力が直接およぶ。場合によっては、企業が新しい資格証明書を提案してもよいだろう。

ここまで読むと、大学は問題を抱え、もうおしまいだと私が言っているような印象を受けるかもしれない。いや、私は大学が大好きだ。生活を改善するチャンスを私に与えてくれたし、いまでは私の収入の一部が大学によって支払われている。活気ある健全な民主主義が実現して経済が繁栄するうえで、大学は欠かせない存在である。ただし、高等教育制度の現在の構造は間違った前提に基づいている。才能ある人材とそうでない人材を効率的に分類するためには、標準化されたシステムが必要だと考えているのだ。この現在のシステムがどれだけ素晴らしい勝利を生み出そうとも、間違った構造が看過できない失敗を生み出していることも事実だ。それは改めていかなければならない。

大学は自らの教育モデルを厳しく見直していかなければならない。そして、高等教育制度に大きな変革をもたらし、本章が提案する教育への新たなアプローチに少しでも近づきたいと心から望むならば、実業界の助けを借りなければならない。経営者が組織への要求を改めないかぎり、大学が変化を起こすとは思えない。経営者がいつまでもディプロマや学位を重視し続ければ、大学の制度が変化するための誘因は働かない。個性重視型の教育という革命は、経営者がその恩恵を認識し、ディプロマの代わりに資格証明書を、成績の代わりにコンピテンシーを評価基準にして学生を受け入れてこそ実現する。

高等教育に対する個性重視型のアプローチの実現は、容易ではないが可能なものだ。しかもすでに、世界のあちこちの大学で進行している。これは学生にも経営者にも大学組織にも、すべての関係者に恩恵をもたらす。必要なのは個人を重視する決断を下すことだけ。それだけで何もかもが変わる。

第9章 「機会均等」の解釈を見直す

二〇〇三年、米陸軍第三歩兵師団がチグリス川にかかるノース・バグダッド橋に向かって進軍していたとき、隠れ家に潜んでいる敵軍の兵士にいきなり出くわして、携行式ロケット弾による攻撃を受けた。歩兵師団は空軍に支援を要求し、空軍はK・キャンベル大尉を派遣した。キャンベルは「キラー・C」というコールサインを与えられていたが、恐ろしいニックネームからは意外なほど、パイロットとしては背が低かった。もしも一九五二年だったら、平均的なパイロットを対象に設計されたコックピットは大きすぎて、任務の遂行は不可能だっただろう。しかし二〇〇三年、この背の低いパイロットはA－一〇ウォートホッグを自在に乗り回していた。これは地上軍攻撃用の、野獣のように獰猛な戦闘機である。(1)

キャンベルがウォートホッグから共和国防衛軍に向かって砲弾をつぎつぎ発射している

とき、爆発音と共に機体が大きく揺れた。「まるで車の事故に遭ったみたいだった」と私は聞かされた。[2] 地対空ミサイルが戦闘機の後部を直撃し、テイル、胴体、エンジンカバー、水平尾翼が大きく破損したのだ。いずれも飛行機には欠かせない部品だ。すべての水圧計の針がゼロで動かなくなり、制御装置には「緊急事態」という文字が点滅する。炎上したウォートホッグはバグダッドの中心に向かってまっしぐらに落ちていった。キャンベルは機体をなんとか上昇させようとするが、操縦桿は反応しない。

　キャンベルは脱出用の射出ハンドルに視線を落とし、パラシュートで地上に降りて身の安全を確保しようかと一瞬考えた。しかしそれでは、この恐ろしい戦闘機が首都の雑踏のど真ん中に墜落する。そこでキャンベルは、飛行機をマニュアル操縦に切り換えるためのスイッチを入れた。マニュアル操縦になれば、方向舵とフラップに固定されている重いスチールワイヤを自分の腕で引っ張らなければならない。パワーステアリングなしで車を運転するようなものだと言えば、いちばんわかりやすいだろう。ただしこのときは、ミサイルの攻撃を受けながら、パワーステアリングも後輪もないダンプカーを時速三二〇キロメートル以上で走らせているような状況だった。ウォートホッグのパイロットは訓練全体のなかで一度だけマニュアル操縦を練習するが、マニュアルでの着陸は練習しない。あまりにも危険だからだ。[3]

　ハチの巣状態の戦闘機を少しでも制御しやすくするため、キラー・Cは搭載されているすべての武器を投げ捨てた。残されたのは、左翼に装着されて取り外せない電子妨害ポッドのみ。機体はいきなりバランスを崩し、左に大きくぐるんと傾いた。「心臓が止まりそうだった。このまま地面に真っ逆さまだと思った」とキャンベルは私に語ってくれた。(4) そのときの状況を思い描いてみよう。小柄なパイロットが旋回しながら落下していく巨大な戦闘機の体勢を必死で立て直そうとしているが、そのための手段はライト兄弟と同じ手動式の制御装置だけ……ところが成功したのだ。

キャンベルは機体をうまく立て直してバグダッドを脱出し、クウェートにある米軍基地へ向けて飛行できたが、ここで再び厳しい決断を迫られた。マニュアルで着陸するかどうかだ。マニュアルでの操縦は理想的な条件でもきわめて難しいが、マニュアルでの着陸の難しさは、それをはるかに上回る。それまでに三回、ウォートホッグはマニュアルでの着陸を試みていたことを、キャンベルは知っていた。一度め、パイロットは死亡した。二度め、戦闘機は墜落して炎上した。三度めは成功したが、機体はこのときほどひどい状態ではなかった。(5)

キャンベルはつぎのように回想する。「基地に戻るまで一時間かかった。だからそのあいだに、機体を徐々にうまく制御できるようになった。マニュアルでの着陸を試すべきだなんて、誰もが考えるわけじゃない。でもこのときは、ありとあらゆることを考える時間がたっぷりあった。その日はどんな特別な要因があるのか、じっくり検討してみた。気象条件はよかったし、視界も良好だった。私は機体をうまくコントロールしていたし、編隊でペアを組む相棒の戦闘機のパイロットはベテランだった。それに、それまでのマニュアルでの操縦には左腕を使い、右腕は着陸に備えて温存していた。だからこの日、私は責任者として、着陸する決断を下した[6]」。

戦闘機は墜落も炎上もしなかった。仲間のパイロットの報告によれば、キャンベルの「マニュアルでの着陸は、自分が水圧計を使って着陸するよりもスムーズだった」という[7]。現在はペンタゴンに大佐として勤務しているキャンベルは、殊勲飛行十字章を授与され、サウスカロライナ州議会から表彰された[8]。しかし、最も意味のある謝辞は、ナプキンの裏に走り書きされていた。「あの日は命拾いした。ありがとう」とあり、その下には第三歩兵師団のメンバーの署名があった[9]。

うまくフィットする

キラー・Cがいかにすごいパイロットか、私の説明でおわかりいただけただろうか。でも、平均的なパイロット用に設計されたコックピットにパイロットはおさまるべきだとアメリカ空軍がいまだに主張していたら、この話はなかっただろう。キム・N・キャンベル大尉の本当のコールサインはキラー・Cではなく、キラー・チック。身長は一六二センチメートル、体重は五四キログラムの女性だ[10]（チックとは、若い女性を指して使われるスラング）。「平均的な」パイロットという発想から、これほどかけ離れた人物もいないだろう。

機会均等とはどうあるべきかについて、ここからは重要な教訓が得られる。どんな体型にも合わせて調整できるコックピットの製造という、ギルバート・ダニエルズ中尉の大胆な発想を軍隊が採用したとき、パイロットの才能に関する選択肢を拡大することについて誰かが提案したわけではなかったし、ましてやジェンダーの平等など取り上げられなかった。すでに空を飛んでいるパイロットの勤務しやすさだけが考えられた。空軍がキム・キャンベルを採用したのは女性にやさしい飛行機を設計したからではない。パイロットの体型にどれだけバラツキがあろうとも、それに合うような飛行機を製造することを公約したからだ。「ウォートホッグに乗りこんでみたら、シートは最大限に高くしなければならないし、ペダルを完全に戻すのも大変だったけれど、でもなんとかフィットしたのよ[11]」とキャンベルは語る。

キム・キャンベルのストーリーからは、フィットすれば機会は創造されるという教訓が得られる。環境が自分の個性にマッチしなければ、すなわちコックピットの制御装置に届かなければ、その影響で成果は確実に損なわれてしまう。逆に環境とうまくフィットすれば、コックピット、教室、役員室など場所を問わず、自分の真の能力を発揮できる機会が得られるだろう。要するに、誰にでも平等の機会が提供され、誰もが潜在能力を十分に発揮するチャンスに同じように恵まれる社会が実現されることを望むならば、職業においても教育においても社会においても、個性を重視する制度を創造しなければならない。

これは平等な機会についての従来の考え方とは異なる。平均の時代においては、機会は「アクセスの平等」として定義され、誰もが確実に同じ経験にアクセスできることが重視された。[12]もちろん、もっと古い時代に幅をきかせていた縁故主義、身びいき、人種差別、女性蔑視、階級差別と比べれば、平等なアクセスは間違いなく好ましい。そして平等なアクセスが社会を大きく改善し、排他性がなく寛容で、尊敬の念に満ちた社会の創造につながったのも事実だ。[13]しかし、平等なアクセスにはひとつ大きな欠点がある。標準化された同じシステムに誰もが確実にアクセスできるように、個人の機会が平均的に最大化されることをめざすのだ。システムが個人にフィットするか否かは実際のところ考慮されない。

たとえば空軍が、「正しい資質」を持つあらゆる男女に対し、戦闘機のパイロットになる機会を与える方針を認める一方、平均的なパイロットを対象にコックピットをデザインし続けると想像してみよう。その場合、空軍はキム・キャンベルを採用しない。世界クラスのパイロットになる才能が欠けているからではなく、平均的なコックピットにフィットしないからだ。これで平等な機会が提供されていると論じるのは難しい。

平等なアクセスは、平均主義が抱える問題の平均主義的な解決策である。何世代にもわたって人びとは、ジェンダー、民族性、宗教、性的指向、社会経済的階級のために差別されてきた。そして、このような差別への対策として、機会がうまく釣り合うように平均化する努力が続けられてきたのだ。もしもあるグループの平均的な人物が、教育、仕事、法律、医療などの経験に対し、べつのグループの平均的な人物と同じようにアクセスできないことがわかったら、平均主義的な発想においては、ふたりの平均的な人物をできるかぎり同じように扱う努力をするのが正しい判断だとされる。平均主義の時代の標準化された世界で不平等が発生した場合には、これが最善の対処法として評価される。

しかしいまや私たちは、平均的な人間など存在しないことを理解しているし、機会への平等なアクセスの欠点もわかっている。平均的な人間が存在しないのならば、平均的に平等な機会などあり得ない。平等なフィットだけが、平等な機会を生み出すのだ。(14)平等なフィットというと奇抜なアイデアのような印象を与えるが、結局のところこれは、機会に関してエイブラハム・リンカーンが表現した見解と同じだ。政府は「人びとの状態の改善を主な目的とする。そのためには、すべての肩から不要な重荷を取り除き、すべての人が目的を立派に追求できるように道を切り開き、人生の競争をすべての人が好きなときに始め、公平なチャンスに恵まれなければいけない」と宣言している。(15)平等なフィットが採用されれば、あらゆる制度が私たちの提唱する価値観とうまく協調するようになる。そうすれば本書で定義したように、誰もが最高の自分になり、優れた人生を追求するチャンスに恵まれる。

社会で平等な機会を実現するための新しい土台として、平等なフィットをいますぐ実行する力が私たちに備わっていることは明るいニュースだ。もはや私たちは、柔軟性に欠けて標準化されたシステムに人びとを従わせる必要がない。いまでは、個性に配慮した制度を構築するための科学や技術が発達しているからだ。ただし、平均の時代から個人の時代へと、自動的に移行していくわけではない。きちんと要求しなければいけない。

平等なフィットが機会の改善に直ちに結びつき、最大の影響をおよぼす制度として真っ先に思い浮かぶのは、明らかに公教育だろう。「個性に合わせた学習」は今日の教育で最大の流行語になっており、多くの機関が制度の変革に取り組んでいるが、実際のところ教育制度はほとんど従来のままで、標準化された同じ授業を学生が経験することをめざしている。教科書は「年齢にふさわしい」ように編纂され、特定の年齢の平均的な学生を対象に書かれている。評価の多くは（多くのいわゆる一発勝負のテストも含め）年齢や学年別に行なわれ、特定の年齢や学年の平均的な学生の能力を基準に作成される。[16]そして私たちが実施するカリキュラムは相変わらず、学生の学習内容だけでなく、それをいつどのような形で、どんなペースと順序で学ぶべきかについても規定している。つまり、どんなに立派な発言をしていようとも、伝統的な公教育制度は個性の諸原理に反しているのだ。

平等なフィットは教育に簡単に導入できそうにないが、どうやって導入するかを想像するのはそう難しくない。手始めとして、教科書は平均すなわち中央ではなく、「外れ値」に配慮して作成されるべきだろう。カリキュラムの教材の内容は学年や年齢に基づいて固定されるのではなく、個人の学習能力やペースに合わせて柔軟に修整していくのだ。そして学習の成果を評価する際には、学生たちを単にランク付けするのではなく、個人としての学習の進捗状況を測定しなければならない。そして最後に、各地でさまざまな実験に取り組み、その成功や失敗を共有するべきだ。そうすれば、学生が自分の意思とペースでさまざまな経路をたどる学習体験を実践するために、費用対効果が高くて柔軟な方法が発見され採用されるだろう。

一方、雇用や解雇や報酬など、職場に影響をおよぼす社会政策にも平等なフィットの原理は応用できる。私たちの学校や仕事を平均主義的なシステムではなく、個人にフィットするよう設計し直せば、どれだけの才能が花開くか想像してほしい。平均主義的なシステムは、たとえ善意に基づくものであったとしても問題をはらんでいる。キム・キャンベルのような、素晴らしい個性の持ち主から成る社会を創造しなければならない。

ジェームズ・トラスロー・アダムズは、大恐慌の最中の一九三一年に刊行された著書『米国史』（*The Epic of America*）のなかで、「アメリカンドリーム」という造語を紹介した。アダムズは、当時の物質主義に逆行する価値観として、アメリカンドリームという見解をつぎのように説明した。「これは自動車や高い賃金だけを手に入れて実現される夢ではない。あらゆる男女は生まれや社会的地位といった偶然の状況にかかわらず、素晴らしい資質を備えているが、それを他人から正しく認められていない。そんな潜在能力を十分に発揮できるような社会秩序を創造することによって、この夢は実現される」[17]。

そもそもアメリカンドリームでは、金持ちや有名人になることをめざしたわけではない。潜在能力を十分に発揮できる人生を実現する機会が与えられ、社会的地位ではなく個人のありのままの姿をタイプやランクによらず評価されることが目標だった。アメリカは、この夢が多くの市民にとって最初に実現可能になった国のひとつだが、アメリカンドリームは決してひとつの国や国民に限定されない。誰もが共有できる普遍的なものだ。ところがこの夢は、平均主義によって堕落してしまった。

アダムズは当初、当時影響力を拡大していたテイラー主義や効率重視の運動への直接的な対応策として、アメリカンドリームという言葉を創造した。テイラー主義は制度を重視するが、「個人についてはまったく配慮しない。いかなる制度も個人を抜きにしては意味を持たないにもかかわらず」と言って嘆いた[18]。アダムズにとってテイラー主義の世界観は、社会の基礎的構造を変化させただけではない。自己評価や他人への評価、優先順位を決定する方法、成功の意味の定義まで変えてしまった。平均主義が教育制度や職場を作り変えていくにつれ、アメリカンドリームは個人としての充足感という側面を次第に失い、最底辺の市民でも経済のはしごのてっぺんまで登りつめることができるという概念としての色彩を強めていった。

このような価値観のシフトが起きた理由は理解しやすいが、物質主義で片づけられるほど単純なものではない。今日では誰もが、平均主義の文化に蔓延している一次元的な思考の重荷に押しつぶされそうだ。標準化された教育制度は、学生を絶え間なく分類してランク付けする。会社は学校の成績のランキングを参考にして社員を雇い、毎年のように実績を見直してランキングを更新する。社会では、職種ランキングが報酬や尊敬や賞賛を受けるための基準になっている。そして、この不自然かつ恣意的で意味のないはしごを私たちは登っていかなければならない。それを下から見上げながら、自分は大丈夫だろうかと不安を募らせるだろう。たった一本しかないはしごを勢いよく登っていくエネルギーがなければチャンスは与えられず、見捨てられてしまうだろう。

もしも自分や子どもたちが「平均から外れている」と評価されたら、学校で成功するチャンスはなくなり、はしごの下段での人生が決定づけられるのではないかと人知れず悩む。トップの学校に通い、GPAで高得点を上げなければ、将来働きたい会社の経営者は目を向けてもくれないのではないかと考える。性格検査の答え方を間違えたら、希望する仕事は手に入らないのではないかと不安にさいなまれる。私たちが生きている世界では、誰もがみんなと同じになって、そのなかで他人よりも秀でることが要求される。かつては最高の自己の実現をめざしたアメリカンドリームの定義は狭められ、周囲の人たちよりも比較的優れることだけが目標になってしまった。

個性の三つの原理が社会で採用されれば、アメリカンドリームの本来の意味が回復するだけでなく、夢を手に入れるチャンスが誰にでも開かれる。私たちが一次元的な思考、本質主義的な思考、規範的思考といった障害を克服し、社会の制度においては平均よりも個性を評価すべきだと要求していけば、個人として成功する機会が増えるだけでなく、成功に対する見方も変わってくるだろう。成功とは平均から外れないことではなく、自分で定めた目標を実現することになるのだ。

ここで取り上げているのは、未来のユートピアについての話ではない。現実の世界についての話で、すでに今日、身のまわりで進行している。医療制度は個別化医療の方向へと進み、あらゆる患者にとっての平等なフィットをめざしている。コンピテンシー（能力や適格性）に関して資格証明書を発行する試みは、有名大学で成功を収めている。コンテクストに配慮した雇用は、ルー・アドラーなどのパイオニアによってすでに実現している。コストコ、ゾーホー、モーニングスターなど、個人重視の姿勢を公約している企業は、世界的な成功を達成しつつある。実際のところこれらの場所は、平等なフィットの将来あるべき姿を垣間《かいま》見《み》せてくれる。これからはすべての制度が個性を重視しなければいけない。そして、アメリカンドリームが本来の姿を取り戻すために欠かせない信条として、平等なフィットを採用するべきだ。

誰もが自分の好きな形で最高の自分の実現をめざし、思い通りの卓越した人生を送るようになることこそ、アメリカンドリームとして誰もが共有すべき理想だと言ってもよい。この夢は間違いなく追求する価値がある。たしかに達成するのは容易ではないが、いまほど実現に近づいているときはない。もはや私たちは、平均の時代が押しつけてくる制約に縛られる必要はない。制度への服従をやめて個性を評価するようになれば、平均主義の重圧から解放される。私たちの前には明るい未来が広がっている。そしてその未来は、平均主義の時代が幕を閉じたところから始まる。

謝辞

本書の執筆ほど、多大な労力を要する仕事はこれまでの人生にほとんどなかったが、幸い、私は相棒に恵まれた。それは、同僚であり友人であり、共同執筆者でもあるオギ・オーガス博士だ。本書のすべてのページは、オギと私の血と汗の結晶である。皆さんが手に取っている本が、ふたりの素晴らしいコラボレーションの結果だと言えることは光栄の至りだ。

ハーパーワン社の才気煥発な編集者のジェノヴェヴァ・リョサには、言葉で言い尽くせないほど感謝している。さまざまなアイデアに強い関心を示し、科学を理解しやすい形で、しかも正しく紹介することに情熱を注いでくれた。私にとって、本当にかけがえのないパートナーである。原稿に何度となく目を通してくれたエネルギーと集中力は驚嘆に値するもので、プロとしての力量にはただ感服するばかりだ。彼女のビジョンと献身と指導がなければ、本書はこのような形で完成しなかっただろう。ほかにも、ハーパーワン社のチームの精鋭たちの名まえを紹介しておかなければならない。ハンナ・リヴェラ、キム・デイマン、スザンヌ・ウィッカム、リサ・ズニガ、本当にありがとう。

つぎに、素晴らしい著作権エージェントのハワード・ユーンにも、心からの感謝を述べたい。彼の助けがあったからこそ、荒削りなアイデアが商業ベースのプロジェクトへとみごとに生まれ変わった。実に多くの形で最終的な本の完成に貢献してくれた。

個人の機会促進センターの同僚たちの惜しみない協力なしには、本書は日の目を見なかっただろう。デューイ・ロセッティ、ビル・ロセッティ、デビー・ニューハウス、パリサ・ロウハニ、ウォルター・ハース、ブライアン・デイリー。彼ら・彼女らのサポートがなければ、本書で大きなアイデアを取り上げて、追求するだけの勇気も洞察力もわいてこなかった。ひとりひとりが本書に貴重な貢献をしてくれた。

私の知的成長を誰よりも後押ししてくれた人物をひとり紹介するとしたら、それはカート・フィッシャーだろう。私は彼の指導のもとで、科学者や学者になるための方法を学んだ。彼が設立した心・脳・教育プログラムの責任者の地位を引き継いだことは、学者としてこの上ない光栄だ。

本書の活力源となるアイデアを提供してくれた方たちのなかでは、ペーター・モレナールを特に紹介しておきたい。世の中が人間を評価する方法は根本的に間違っていると感じた経験がある誰にとっても、彼の研究と人生は貴重なインスピレーションになっている。私との会話やフィードバックに何時間も費やし、サポートを提供し、本書が紹介する新しい科学のために協力を惜しまなかった。この場を借りて感謝申し上げたい。

ほかにも、以下の科学者の方々が個性に関する私の思考に大きな影響を与えてくれた。ジム・ラミエル、ラース・ベルグマン、アン・ボガート、ペーター・ボルケナウ、デニー・ボーズブーム、アレキサンダー・フォン・アイ、エミリオ・フェラー、ハワード・ガードナー、ポール・ファン・ゲールト、ジェームズ・グライス、エレン・ハマカー、マイケル・ハンター、ミシェル・ランプル、ハン・ファン・デル・マース、デヴィッド・マグヌッソン、マイク・ミラー、ウォルター・ミシェル、ジョン・ネッセルロード、フリッツ・オステンドルフ、正田祐一、ロバート・シーグラー、エスター・テレン、ヤーン・ヴァルシナー、ベアトリクス・ヴェレイケン、ジャミル・ザキ。

以下の方たちは私とのインタビューに快く応じ、アイデアや洞察を共有してくれた。カレン・アドルフ、ルー・アドラー、ジュリエット・アグラノフ、ケリー・ブライアント、キム・キャンベル大佐、トッド・カーライル、ギルバート・ダニエルズ、キャラム・ネーガス＝ファンセイ、ビル・フィッツシモンズ、アシュリー・グドール、ポール・グリーン、マイク・ミラー、ジュディ・ミューア、正田祐一、ジム・シネガル、シュリダー・ヴェンブ。

提供していただいた資料を最終的には当初の予定ほど活用しなかったが、コロラド大学のポール・ビールとMITのトーマス・グレイタックへの感謝を忘れたら私は怠慢だと言われても仕方がない。ふたりとも世界クラスの物理学者で、統計物理学や気体の量子力学の本質について懇切丁寧にわかりやすく説明してくれた。そしてケヴィン・ドネリーとの会話からは、アドルフ・ケトレーに関して有益な情報が得られた。

ほかには、ビジョンと情熱にあふれたステイシー・パーカー＝フィッシャーも紹介しておきたい。そしてエリス・スパーバー、オーク財団、ワッサーマン財団、ウォルター＆エリス・ハース財団は、個性に関するアイデアの普及をサポートしてくれた。サンディ・オッテリーニからは戦略に関するガイダンスを受け、デビー・ジョンソンからは、私が自分のアイデアをTEDxSonomaCountyで初めて公開する機会を提供された。

つぎの方たちにも心からの感謝を述べたい。ケイティ・ザネキアはオンライン・マーケティング、ソーシャルメディア、戦略の各分野に秀でた頭脳明晰かつ情熱的な女性で、常に私よりも一歩先んじている。デザイナーのマイク・ディックスの豊かな才能には驚かされた。ノア・ギャラガー・シャノンは、私の原稿のチェッカーとして素晴らしい仕事をしてくれた。そしてトフォール・アルガネムは、何度も変更される原稿に繰り返しフィードバックを提供してくれた。

Uclue.comのきわめて有能な研究員のデヴィッド・サロキン、J・D・ウミアット、ボビー・セブンズにもお礼を言わなければならない。アメリカ空軍はキャンベル大佐へのインタビューを認め、デル・クリストマンは私を大佐に紹介してくれた。そしてクリーブランド美術館は、ノーマの画像を使用することを許可してくれた。

クリス・ベトケは誰もが敬遠する仕事を嫌がらずに引き受け、常に結果を残してくれた。ありがとう。アンドルー・ファーガソンとマシュー・リンチ・ジュニアのふたりにも大いに助けられた。

本の中身を改善して質を向上させるためには、誰かに原稿を読んでもらうことが最も効果的で現実的な方法だ。貴重な時間を割いて原稿に目を通し、率直な感想を述べ、時には厳しく批評してくれた方たちの名まえを以下に紹介したい。デビー・ニューハウス、パリサ・ロウハニ、レーム・アルガネム、バシク・アルガネム、ジョン&サンディ・オガス、プリヤンカ・ライ、チャイタニア・サイ、エリザベス・リッカー、マリアンヌ・ブランドン、アミエル・バワーズ、ハマ・ゲダフ・ダム、キット・マロニー、ディープティ・ラオ、クリス・ベトケ、カリム・サリバ、アンナ・スプロール＝ラティマー、ロス＝ユーンのダラ・ケイ。

父のラリー・ローズと母のライダには、心の底から感謝している。辛抱強くて楽天的な性格と個性への強い関心は、両親から受け継がれたものだ。父からは、人生で最も大切な教訓のひとつを学んだ。伝統を大切に守りながらも、あらゆる事柄に疑問を抱くことは可能だと、私は父に教えられた。

最後に、本書の完成に当たって、最も偉大な陰の功労者を紹介しておきたい。それは、私が家を留守にしても、会話に熱中しても、締め切りに追われても、じっと耐えてくれた家族たちだ。妻のケイリン、息子のオースティンとネイサン、本当にありがとう。こんな私を黙って見守ってくれて、言葉では十分に表現できないほど感謝している。三人がいてくれなかったら、この仕事は何もかも不可能だっただろう。

訳者あとがき

今日の社会では、平均を基準に人物評価される場面にあちこちで遭遇します。たとえば学生時代には、試験の結果は平均点を参考にして割り出される偏差値によって評価され、その数字に一喜一憂するものです。特に受験の際には、模試のたびに志望校を対象にした合否判定が出され、「合格確実」と太鼓判を押されるときもあれば、「志望校変更を要検討」と忠告されるときもあります。でも本番では、合格確実と言われ続けた優等生が不合格になり、なぜあの人が？　としか思えない劣等生に桜が咲くこともあるのだから、平均や偏差値はあくまでも判断基準のひとつと見なすのが妥当ではないでしょうか。

模試の偏差値だけではありません。いまでは就活に臨む学生にとって、TOEICで獲得した高得点、Aがたくさん並んだ成績表、そして偏差値に基づいた母校の高い評判などが、強力な武器となっています。優秀な学生は超一流の企業ばかりに応募して、なかにはいくつも内定をゲットするケースも見られ、そうなると、輝かしい未来が待っているとしか思えません。では、現実はどうなのかと言えば……社会人になってからは、平均に基づいた評価がかならずしも通用しません。卒業から何十年もたって開かれる同窓会に出席し、同級生たちの変化に驚かされた経験は誰にでもあるはずです。優等生が期待どおり出世しているケースもありますが、何らかの事情で出世街道から外れ、優等生のオーラがすっかり消滅しているときもあります。反対に、ヤンチャばかりしていた問題児が、実業家として立派に成功している姿に驚くときもあるでしょう。

では、なぜ平均は世の中で通用しないのでしょうか。本書『ハーバードの個性学入門―平均思考は捨てなさい』を読んでいただければ、その理由がよくわかります。まず、人間の能力にはバラツキがあります。たとえば学業成績という一面だけで学生を評価するなら、テストで高得点を獲得する学生が最も優秀だということになるでしょう。でも世の中には、テストには反映されない能力が役に立つときもあるのです。ちなみに本書では、アメリカのプロバスケットボールチームの事例が紹介されています。バスケットボールで勝つためには、相手チームよりも点数を多くとらなければいけません。そこであるチームは、得点力の高い選手ばかりを集めますが、成績はまったくふるわず、指導者は解任されます。その後、得点力だけでなく、リバウンドやアシストなど、サポート的な能力にも注目して選手を補強したところ、チームの成績は急上昇しました。能力にバラツキがあることがわかれば、ＩＱの「総合的評価」がいかに当てにならないものかも理解できるでしょう。Ｉ

Ｑテストはさまざまな項目に分かれており、各項目の点数を総合して割り出される平均値が最終的に評価されます。つまりＩＱが高いとされる子どもたちのあいだでも、項目ごとの点数の分布はまったく異なるわけで、それなのに、どの子どもたちも同程度に頭が良いと結論することには無理があります。

つぎに、人間にはいろいろな顔があり、環境（本書では「コンテクスト」と言います）次第で見せる顔がさまざまに異なります。良き家庭人が良き社会人、おりこうな息子が優等生とは限りません。職場のパワハラ上司が、家庭では奥さまに頭があがらず、子煩悩で、学生時代の友人との飲み会では羽目を外してはしゃぐ可能性は十分に考えられます。あるいは本書の著者の子ども時代のように、学校では親が何度も呼び出されることになる劣等生が、おばあちゃんにとっては心優しい孫ということはめずらしくありません。さらに、能力をきちんと発揮できるかどうかも、環境に左右されます。たとえば、ゴルフの練習場でひとり黙々とボールを打っている環境では絶好調でも、その調子が本番のラウンドでも続くでしょうか。良いスコアを出したいという気持ちが強く、しかも同伴者から見られているとプレッシャーがかかり、せっかくの練習の成果が発揮されず、首をひねる場面が多くなるものです。ちなみに、先日の女子プロゴルフのメジャートーナメントでは、有力選手が最終日に猛チャージを見せ、最終ホールの結果次第で首位に並ぶ展開になりました。必要なのは、短いパットを入れることだけ。しかも、彼女はパットの名手。ところが、ボールは非情にもピンを通り過ぎていきました。打つ前の、緊張で青ざめた顔は忘れられません。

そしてもうひとつ、本書によれば目標に至るまでの道はひとつではなく、複数の経路が存在しています。かならずしも「平均的な道」を歩む必要はありません。たしかに、目標に向けてみんなと同じ行動をとっているかぎり安心で、かりに平均以上の成果を上げれば自己満足に浸る人は多いでしょう。本書では、赤ん坊がハイハイを始めて歩き出すまでのプロセスを事例として取り上げていますが、赤ん坊の健やかな、というより人並み以上の成長は、親にとっては切実な願いです。一般的に赤ん坊は、腹這い、高這い、伝い歩きというプロセスを経て、二本の足で歩き始めるようになります。平均的には一歳ぐらいで歩き始めると言われますが、なかにはもっと早く、一〇ヵ月ぐらいで歩き始める赤ん坊もいて、そうなると親は有頂天になり、この子は運動神経が抜群だと、つい思いこんでしまいます。逆に、一歳の誕生日を過ぎても歩かなかったり、腹這いをしないで突然に高這いを始めたりすると、体や知能に何か障害を抱えているのではないかと不安に襲われるかもしれません。二歳ぐらいになってみると、歩き始めた時期にかかわらず、ほとんどの子どもは同じように活発に動き回るものですが、特にひとりめの子どもとなれば、お母さんやお父さんの心配の種が尽きることはありません。

もうひとつ例を挙げるならば、起業家として成功するための道もひとつではありません。

一流大学から一流企業に就職し、そこでエリート社員としてキャリアを積み重ねてから、満を持して起業する人は多いでしょう。でも、大学や高校をドロップアウトし、さまざまな職を経験して苦労を重ね、コツコツ貯めた資金を元手に起業して、最後に成功を収める人たちもめずらしくありません。肝心なのは、自分に最もふさわしい経路を選ぶこと。高齢化社会が進行する現在では、女性の社会進出がさかんに奨励されていますが、誰もが置かれている環境のなかで、ユニークな形で活躍できるようになることを願ってやみません。

本書『ハーバードの個性学入門』の著者トッド・ローズの半生は、まさに規格外です。高校生のときはいじめられっ子の問題児で、学業成績はいたっておそまつ。もちろんアイビーリーグの大学など高嶺の花で、平凡な大学にようやく入学した時点で、すでに妻子持ちでした。でも彼は、そこから奮起します。家族を養いながら勉強しなければならない制約された環境のなかで、自分にはどんな学習方法がベストなのか考え抜き、大学ではなんと、ストレートAの成績を残すのです。そして現在は、ハーバード教育大学院に勤務して、学者として活躍しているのですから驚かされます。高校の同窓会に出席したら、「えっ！あのトッドくんなの？」とビックリされることは間違いありません。平均以下にしか評価されない子どもでも、かならず何かに秀でているはずで、能力が発揮されないのは環境にも原因があり、自分なりの道を見つけて歩んでいけばよい。自らの経験に基づいてそう語りかける著者の言葉には、たしかな説得力があり、読めばきっと大きく勇気づけられます。

ちなみに、著者の専門分野は個性学で、平均との比較に基づいて個人を理解するのではなく、各人が生まれ持った特性や能力、すなわち個性に注目し、誰もが個性を存分に発揮して充実した人生を過ごすことをめざします。しかも、個性学は学際的な学問であり、その原理は教育、ビジネス、生活の様々な分野に応用されつつあります。

もちろん現実の社会には平均思考が深く根づいており、その思考法に染まっている私たちは、みんなと同じに行動できないと取り残された気分になってしまいます。兄弟のなかで自分だけ勉強ができない、同級生はみんな一流企業に就職したのに、自分だけ落ちこぼれてしまった。そんなときに落胆するのも無理はありませんが、でも、道はひとつではないという事実を思い出してください。なかなか結果が出なくてもあせらず、自分にふさわしい生き方を見つける努力を続ければ、最後はかならず幸福をつかむことができます。本書によれば、グーグルやコストコなどは社員の募集において学業成績ではなく、個性を重視する方針で臨んでいるそうです。会社にかぎらず世の中は、さまざまなタイプの人たちが共存しているからこそ充実するのであり、本書を通じてそれを理解していただければ幸いです。どこを向いても同じような人間ばかりでは味気なく、面白くもありません。

最後になりましたが、本書の文庫化にあたっては、早川書房の窪木竜也さん、金田裕美子さんに大変お世話になりました。この場を借りて、感謝申し上げます。

原　注

はじめに――みんなと同じになるための競争

1. "USAF Aircraft Accidents, February 1950," Accident-Report.com, http://www.accident-report.com/Yearly/1950/5002.html.
2. Francis E. Randall et al., *Human Body Size in Military Aircraft and Personal Equipment* (Army Air Forces Air Materiel Command, Wright Field, Ohio, 1946), 5.
3. United States Air Force, *Anthropometry of Flying Personnel* by H. T. Hertzberg et al., WADC-TR-52-321 (Dayton: Wright-Patterson AFB, 1954).
4. ギルバート・S・ダニエルズへの著者によるインタビュー、2014年5月14日。
5. タイピングに対するこの特殊なアプローチの概観については、以下を参照。W. H. Sheldon et al., *Atlas of Man* (New York: Gramercy Publishing Company, 1954).
6. Earnest Albert Hooton, *Crime and the Man* (Cambridge: Harvard University Press, 1939), 130.
7. Gilbert S. Daniels, "A Study of Hand Form in 250 Harvard Men"（ハーバード大学人類学部に1948年、卒業論文として提出された未刊行論文）.
8. ダニエルズへのインタビュー。
9. Gilbert S. Daniels, *The "Average Man"?*, TN-WCRD-53-7 (Dayton: Wright-Patterson AFB, Air Force Aerospace Medical Research Lab, 1952).
10. Daniels, *The "Average Man"?*, 3.
11. Josephine Robertson, "Are You Norma, Typical Woman? Search to Reward Ohio Winners," *Cleveland Plain Dealer*, September 9, 1945.
12. Anna G. Creadick, *Perfectly Average: The Pursuit of Normality in Postwar America* (Amherst: University of Massachusetts Press, 2010). 注記：この彫刻は、ハーバード大学カウントウェイ図書館に陳列されている。"CLINIC: But Am I Normal?" *Remedia*, November 5, 2012, http://remedianetwork.net/2012/11/05/clinic-but-am-i-

normal/; Harry L. Shapiro, "A Portrait of the American People," *Natural History* 54 (1945): 248, 252.

13. Dahlia S. Cambers, "The Law of Averages 1: Normman and Norma," *Cabinet*, Issue 15, Fall 2004, http://www.cabinetmagazine.org/issues/15/cambers.php; and Creadick, *Perfectly Average*.
14. Bruno Gebhard, "The Birth Models: R. L. Dickinson's Monument," *Journal of Social Hygiene* 37 (April 1951), 169-174.
15. Gebhard, "The Birth Models."
16. Josephine Robertson, "High Schools Show Norma New Way to Physical Fitness," *Cleveland Plain Dealer*, September 18, 1945, A1.
17. Josephine Robertson, "Are You Norma, Typical Woman? Search to Reward Ohio Winners," *Cleveland Plain Dealer*, September 9, 1945, A8; Josephine Robertson, "Norma Is Appealing Model in Opinion of City's Artists," *Cleveland Plain Dealer*, September 15, 1945, A1; Josephine Robertson, "Norma Wants Her Posture to Be Perfect," *Cleveland Plain Dealer*, September 13, 1945, A1; Josephine Robertson, "High Schools Show Norma New Way to Physical Fitness," *Cleveland Plain Dealer*, September 18, 1945, A1; Josephine Robertson, "Dr. Clausen Finds Norma Devout, but Still Glamorous," *Cleveland Plain Dealer*, September 24, 1945, A3; "The shape we're in." *TIME*, June 18, 1945; Creadick, *Perfectly Average*, 31-35.
18. Josephine Robertson, "Theater Cashier, 23, Wins Title of Norma, Besting 3,863 Entries," *Cleveland Plain Dealer*, September 23, 1945, A1.
19. Robertson, "Theater Cashier," A1.
20. Robertson, "Theater Cashier," A1.
21. Daniels, *The "Average Man"?*, 1.
22. Daniels, *The "Average Man"?*.
23. ダニエルズへのインタビュー。
24. Kenneth W. Kennedy, *International anthropometric variability and its effects on aircraft cockpit design*. No. AMRL-TR-72-45. (Air Force Aerospace medical research lab, Wright-Patterson AFB OH, 1976); 新しい設計基準を採用したメーカーに関しては、以下を参照。Douglas Aircraft Company, El Segundo, California, Service Information Summary, Sept.-Oct., 1959.

25. E. C. Gifford, *Compilation of Anthropometric Measures of US Navy Pilots*, NAMC-ACEL-437 (Philadelphia: U. S. Department of the Navy, Air Crew Equipment Laboratory, 1960).
26. L. Todd Rose et al., "The Science of the Individual," *Mind, Brain, and Education* 7, no. 3 (2013): 152-158. James T. Lamiell, *Beyond Individual and Group Differences: Human Individuality, Scientific Psychology, and William Stern's Critical Personalism* (Thousand Oaks: Sage Publications, 2003) も参照。
27. "Miasma Theory," *Wikipedia,* June 27, 2015, https://en.wikipedia.org/wiki/Miasma_theory.
28. "Infectious Disease Timeline: Louis Pasteur and the Germ Theory of Disease," *ABPI,* http://www.abpischools.org.uk/page/modules/infectious diseases_timeline/timeline4.cfm.

第 1 章　平均の発明

1. Michael B. Miller et al., "Extensive Individual Differences in Brain Activations Associated with Episodic Retrieval Are Reliable Over Time," *Journal of Cognitive Neuroscience* 14, no. 8 (2002): 1200-1214.
2. K. J. Friston et al., "How Many Subjects Constitute a Study?" *Neuroimage* 10 (1999): 1-5.
3. マイケル・ミラーへの著者によるインタビュー、2014 年 9 月 23 日。
4. 同上。
5. L. Cahill et al., "Amygdala Activity at Encoding Correlated with Long-Term, Free Recall of Emotional Information," *Proceedings of the National Academy of Sciences, U. S. A.* 93 (1996): 8016-8021; I. Klein et al., "Transient Activity in the Human Calcarine Cortex During Visual-Mental Imagery: An Event-Related fMRI Study," *Journal of Cognitive Neuroscience* 12 (2000): 15-23; S. M. Kosslyn et al., "Individual Differences in Cerebral Blood Flow in Area 17 Predict the Time to Evaluate Visualized Letters," *Journal of Cognitive Neuroscience* 8 (1996): 78-82; D. McGonigle et al., "Variability in fMRI: An Examination of Intersession Differences," *Neuroimage* 11 (2000): 708-734; S. Mueller et al., "Individual Variability in Functional Connectivity Architecture of the Human Brain," *Neuron* 77, no. 3

(2013): 586-595; L. Nyberg et al., "PET Studies of Encoding and Retrieval: The HERA model," *Psychonomic Bulletin and Review* 3 (1996): 135-148; C. A. Seger et al., "Hemispheric Asymmetries and Individual Differences in Visual Concept Learning as Measured by Functional MRI," *Neuropsychologia* 38 (2000): 1316-1324; J. D. Watson et al., "Area V5 of the Human Brain: Evidence from a Combined Study Using Positron Emission Tomography and Magnetic Resonance Imaging," *Cerebral Cortex* 3 (1993): 79-94. さらには、血液動態反応にさえ個性は存在する。それについては以下を参照。 G. K. Aguirre et al., "The Variability of Human, BOLD Hemodynamic Responses," *Neuroimage* 8 (1998): 360-369.

6. ミラーへのインタビュー、2014 年。

7. 同上。

8. 彼のフルネームは、ランベール・アドルフ・ジャック・ケトレーという。彼の伝記や経歴に関する情報については、以下を参照。Alain Desrosières, *The Politics of Large Numbers: A History of Statistical Reasoning* (Cambridge: Harvard University Press, 1998), chap. 3; K. P. Donnelly, *Adolphe Quetelet, Social Physics and the Average Men of Science, 1796-1874* (London: Pickering & Chatto, 2015); Gerd Gigerenzer et al., *The Empire of Chance: How Probability Changed Science and Everyday Life* (Cambridge: Cambridge University Press, 1989); Ian Hacking, *The Emergence of Probability: A Philosophical Study of Early Ideas about Probability, Induction and Statistical Inference* (Cambridge: Cambridge University Press, 1975); Ian Hacking, *The Taming of Chance* (Cambridge: Cambridge University Press, 1990)（『偶然を飼いならす――統計学と第二次科学革命』石原英樹・重田園江訳、木鐸社); T. M. Porter, *The Rise of Statistical Thinking, 1820-1900* (Princeton: Princeton University Press, 1986)（『統計学と社会認識――統計思想の発展 1820 − 1900 年』長屋政勝・近昭夫・木村和範・杉森滉一訳、梓出版社); Stephen M. Stigler, *The History of Statistics: The Measurement of Uncertainty before 1900* (Cambridge: Harvard University Press, 1986); Stephen M. Stigler, *Statistics on the Table: The History of Statistical Concepts and Methods* (Cambridge: Harvard University Press, 2002).

9. Stigler, *History of Statistics*, 162.
10. Porter, *Rise of Statistical Thinking*（『統計学と社会認識』）, 47.
11. 同上、47-48.
12. T. M. Porter, "The Mathematics of Society: Variation and Error in Quetelet's Statistics," *British Journal for the History of Science* 18, no. 1 (1985): ケトレーについての引用は以下の 51 － 69 頁から。
"Memoire sur les lois des naissances et de la mortalite a Bruxelles," *NMB* 3 (1826): 493-512.
13. Porter, *Rise of Statistical Thinking*（『統計学と社会認識』）, 104.
14. I. Hacking, "Biopower and the Avalanche of Printed Numbers," *Humanities in Society* 5 (1982): 279-295.
15. C. Camic and Y. Xie, "The Statistical Turn in American Social Science: Columbia University, 1890 to 1915," *American Sociological Review* 59, no. 5 (1994): 773-805; and I. Hacking, "Nineteenth Century Cracks in the Concept of Determinism," *Journal of the History of Ideas* 44, no. 3 (1983): 455-475.
16. Porter, *Rise of Statistical Thinking*（『統計学と社会認識』）, 95.
17. S. Stahl, "The Evolution of the Normal Distribution," *Mathematics Magazine* 79 (2006): 96-113.
18. O. B. Sheynin, "On the Mathematical Treatment of Astronomical Observation," *Archives for the History of Exact Sciences* 11, no. 2/3 (1973): 97-126.
19. Adolphe Quetelet, "Sur l'appréciation des documents statistiques, et en particulier sur l'application des moyens," *Bulletin de la Commission Centrale de la Statistique (of Belgium)* 2 (1844): 258; A. Quetelet, *Lettres à S. A. R. Le Duc Régnant de Saxe Cobourg et Gotha, sur la théorie des probabilités, appliquée aux sciences morales et politique* (Brussels: Hayez, 1846), letters 19-21. もととなるデータは the *Edinburgh Medical and Surgical Journal* 13 (1817): 260-264 からのもの。
20. T. Simpson, "A Letter to the Right Honourable George Macclesfield, President of the Royal Society, on the Advantage of Taking the Mean, of a Number of Observations, in Practical Astronomy," *Philosophical Transactions* 49 (1756): 82-93.
21. Stahl, "Evolution of the Normal Distribution," 96-113; および Camic

and Xie, "Statistical Turn," 773-805.
22. Quetelet, *Lettres*, Letters 19-21.
23. Quetelet, *Lettres*, Letter 20.
24. Quetelet, *Lettres*, Letters 90-93.
25. Adolphe Quetelet, *Sur l'homme et le développement de ses facultés, ou Essai de physique sociale* (Paris: Bachelier, 1835); trans. *A Treatise on Man and the Development of his Faculties* (Edinburgh: William and Robert Chambers, 1842)（『人間に就いて』平貞蔵・山村喬訳、岩波文庫), chap. 1. 本書には *Physique sociale ou essai sur le developpement des facultés de l'homme* (Brussels: C. Muquardt, 1869) という改題された版がある。
26. Stigler, *History of Statistics,* 171; ケトレーの以下の著書の 276 頁からの引用がある。 *Sur l'homme* (1835).
27. Quetelet, *Treatise*, 99.
28. Quetelet, *Treatise*, 276.
29. Hacking, "Nineteenth Century Cracks," 455-475; Kaat Louckx and Raf Vanderstraeten, "State-istics and Statistics," 532; N. Rose, "Governing by Numbers: Figuring Out Democracy," *Accounting* 16, no. 7 (1991): 673-692; および "Quetelet, Adolphe." *International Encyclopedia of the Social Sciences*, 1968; *Encyclopedia.com.* (August 10, 2015). http://www.encyclopedia.com/doc/1G2-3045001026.html.
30. John S. Haller, "Civil War Anthropometry: The Making of a Racial Ideology," *Civil War History* 16, no. 4 (1970); 309-324. オリジナル版では以下からの引用でケトレーに言及している。J. H. Baxter, *Statistics, Medical and Anthropological, of the Provost Marshal-General's Bureau, Derived from Records of the Examination for Military Service in the Armies of the United States During the Late War of the Rebellion, of Over a Million Recruits, Drafted Men, Substitutes, and Enrolled Men* (Washington: U. S. Government Printing Office, 1875), 17-19, 36, 43, 52. ケトレーはタイプが存在することの証拠として、この結果を利用している (Quetelet, *Anthropometrie* 〔Brussels: C. Muquardt, 1871〕, 16 ; Quetelet, "Sur les proportions de la race noire," *Bulletin de l'acadimie royale des sciences et belles-lettres de Belgique* 21, no. 1〔1854〕: 96-100).
31. Porter, "Mathematics of society," 51-69.

32. A. Quetelet, *Du systeme et des lois qui social régissent him* (Paris: Guillaumin, 1848), 88-107, 345-346.
33. Mervyn Stone, "The Owl and the Nightingale: The Quetelet/Nightingale Nexus," *Chance* 24, no. 4 (2011): 30-34; Piers Beirne, *Inventing Criminology* (Albany: SUNY Press, 1993), 65; Wilhelm Wundt, *Theorie Der Sinneswahrnehmung* (Leipzig: Winter'sche, 1862), xxv; J. C. Maxwell, "Illustrations of the Dynamical Theory of Gases," *Philosophical Magazine* 19 (1860): 19-32. これは *The Scientific Papers of James Clerk Maxwell* (Cambridge: Cambridge University Press, 1890; New York: Dover, 1952, and Courier Corporation, 2013) に再録されている。
34. ゴルトンの伝記や経歴に関する情報については以下を参照。F. Galton, *Memories of My Life* (London: Methuen, 1908); K. Pearson, *The Life, Letters and Labours of Francis Galton* (London: Cambridge, University Press, 1914); D. W. Forrest, *Francis Galton: The Life and Work of a Victorian Genius* (New York: Taplinger, 1974); および R. E. Fancher, "The Measurement of Mind: Francis Galton and the Psychology of Individual Differences," in *Pioneers of Psychology* (New York: Norton, 1979), 250-294.
35. Jeffrey Auerbach, *The Great Exhibition of 1851* (New Haven: Yale University Press, 1999), 122-123.
36. Gerald Sweeney, "Fighting for the Good Cause," *American Philosophical Society* 91, no. 2 (2001): i-136.
37. Sweeney, "Fighting for the Good Cause." 投票権の変遷に関する情報については以下を参照。Joseph Hendershot Park, *The English Reform Bill of 1867* (New York: Columbia University, 1920).
38. Francis Galton, *Hereditary Genius: An Inquiry into Its Laws and Consequences* (New York: Horizon Press, 1869), 26 (『天才と遺伝』甘粕石介訳、岩波文庫).「平均人」の数学的側面に関する論考については、この著作の付録を参照。
39. Sweeney, "Fighting for the Good Cause," 35-49.
40. Francis Galton, "Eugenics: Its Definition, Scope, and Aims," *American Journal of Sociology* 10, no. 1 (1904): 1-25.
41. Michael Bulmer, *Francis Galton* (Baltimore: JHU Press, 2004), 175.

42. Francis Galton, "Statistics by Intercomparison, with Remarks on the Law of Frequency of Error," *Philosophical Magazine* 49 (1875): 33-46.
43. Francis Galton, *Inquiries into Human Faculty and Its Development* (London: Macmillan, 1883), 35-36.
44. Francis Galton, *Essays in Eugenics* (London: The Eugenics Education Society, 1909), 66.
45. Piers Beirne, "Adolphe Quetelet and the Origins of Positivist Criminology," *American Journal of Sociology* 92, no. 5 (1987): 1140-69; この主題については、ポーターの *Rise of Statistical Thinking*（『統計学と社会認識』）のなかでもっと広範に取り上げられている。
46. Quetelet, *Sur l'homme*, 12.
47. K. Pearson, "The Spirit of Biometrika," *Biometrika* 1, no. 1 (1901): 3-6.
48. William Cyples, "Morality of the Doctrine of Averages," *Cornhill Magazine* (1864): 218-224.
49. Claude Bernard, *Principes de médecine expérimentale*, L. Delhoume, ed. (Paris, 1947)（『実験医学の原理』山口知子・御子柴克彦訳、丸善プラネット）, 67, ポーターの *The Rise of Statistical Thinking*（『統計学と社会認識』）160 頁からの引用。
50. Claude Bernard, *An Introduction to the Study of Experimental Medicine* (New York: Dover, 1865; 1957)（『実験医学序説』三浦岱栄訳、岩波文庫）, 138.
51. Joseph Carroll, "Americans Satisfied with Number of Friends, Closeness of Friendships," Gallup.com, March 5, 2004, http://www.gallup.com/poll/10891/americans-satisfied-number-friends-closeness-friendships.aspx; "Average Woman Will Kiss 15 Men and Be Heartbroken Twice Before Meeting 'The One', Study Reveals," *The Telegraph*, January 1, 2014, http://www.telegraph.co.uk/news/picturegalleries/howaboutthat/10545810/Average-woman-will-kiss-15-men-and-be-heartbroken-twice-before-meeting-The-One-study-reveals.html; "Finances Causing Rifts for American Couples," AICPA, May 4, 2012, http://www.aicpa.org/press/pressreleases/2012/pages/finances-causing-rifts-for-american-couples.aspx.

第２章　私たちの世界はいかにして標準化されたか

1. J. Rifkin, *Time Wars: The Primary Conflict in Human History* (New York: Henry Holt & Co., 1987), 106.（『タイムウォーズ――時間意識の第四の革命』松田銑訳、早川書房）
2. テイラーの伝記に関する情報については、以下を参照。Robert Kanigel, *The One Best Way: Frederick Winslow Taylor and the Enigma of Efficiency* (Cambridge: MIT Press Books, 2005).
3. Charles Hirschman and Elizabeth Mogford, "Immigration and the American Industrial Revolution from 1880 to 1920," *Social Science Research* 38, no. 1 (2009): 897-920.
4. Kanigel, *The One Best Way*, 188.
5. Eric L. Davin, *Crucible of Freedom: Workers' Democracy in the Industrial Heartland, 1914-1960* (New York: Lexington Books, 2012), 39; Daniel Nelson, *Managers and Workers* (Madison: University of Wisconsin Press, 1995), 3; and J. Mokyr, "The Second Industrial Revolution, 1870-1914," August 1998, http://faculty.wcas.northwestern.edu/~jmokyr/castronovo.pdf.
6. Frederick Winslow Taylor, *The Principles of Scientific Management* (New York: Harper & Brothers, 1911), 5-6.（『科学的管理法――マネジメントの原点』有賀裕子訳、ダイヤモンド社）
7. Taylor, *Principles of Scientific Management*（『科学的管理法』), 7.
8. Taylor Society, *Scientific Management in American Industry* (New York: Harper & Brothers, 1929), 28.
9. Taylor, *Principles of Scientific Management*（『科学的管理法』), 83.
10. Kanigel, *The One Best Way*, 215.
11. Hearings Before Special Committee of the House of Representatives to Investigate the Taylor and Other Systems of Shop Management Under Authority of House Resolution 90, no.Ⅲ, 1377-1508. 上記については以下に転載されている。*Scientific Management*, Frederick Winslow Taylor (Westport: Greenwood Press, 1972), 107-111.
12. Taylor, *Principles of Scientific Management*（『科学的管理法』), 25.
13. Frederick W. Taylor, "Why the Race Is Not Always to the Swift," *American Magazine* 85, no. 4 (1918): 42-44.

14. Maarten Derksen, "Turning Men into Machines? Scientific Management. Industrial Psychology, and the Human Factor," *Journal of the History of the Behavioral Sciences* 50, no. 2 (2014): 148-165.

15. Taylor, *Principles of Scientific Management*（『科学的管理法』）, 36.

16. Kanigel, *The One Best Way*, 204.

17. 1906年6月4日の講演から（以下に引用。Kanigel, *The One Best Way*, 169）。

18. Frederick W. Taylor, "Not for the Genius–But for the Average Man: A Personal Message," *American Magazine* 85, no. 3 (1918): 16-18.

19. Taylor, *Principles of Scientific Management*（『科学的管理法』）.

20. Thomas K. McCraw, *Creating Modern Capitalism: How Entrepreneurs, Companies, and Countries Triumphed in Three Industrial Revolutions* (Cambridge, MA: Harvard University Press, 1997), 338; http://www.newyorker.com/magazine/2009/10/12/not-so-fast; and Peter Davis, *Managing the Cooperative Difference: A Survey of the Application of Modern Management Practices in the Cooperative Context* (Geneva: International Labour Organization, 1999), 47.

21. Kanigel, *The One Best Way*, 482.

22. Kanigel, *The One Best Way*, 11.

23. Nikolai Lenin, *The Soviets at Work* (New York: Rand School of Social Science, 1919)（『労農革命の建設的方面』山川均・山川菊栄訳、三徳社）. Kanigel, *The One Best Way*, 524.

24. Kanigel, *The One Best Way*, 8.

25. M. Freeman, "Scientific Management: 100 Years Old; Poised for the Next Century," *SAM Advanced Management Journal* 61, no. 2 (1996): 35.

26. Richard J. Murnane and Stephen Hoffman, "Graduations on the Rise," Education Next, http://educationnext.org/graduations-on-the-rise/; および "Education," PBS.com, http://www.pbs.org/fmc/book/3education1.htm.

27. Charles W. Eliot, *Educational Reform: Essays and Addresses* (New York: Century Co., 1901).

28. 議論全体の概観、なかでも特にテイラー主義者の見解については、

Raymond E. Callahan, *Education and the Cult of Efficiency* (Chicago: University of Chicago Press, 1964)（『教育と能率の崇拝』中谷彪・中谷愛訳、教育開発研究所）を参照。
29. Frederick T. Gates, "The Country School of To-Morrow," *Occasional Papers* 1 (1913): 6-10.
30. John Taylor Gatto, *The Underground History of American Education* (Odysseus Group, 2001), 222.
31. H. L. Mencken, "The Little Red Schoolhouse," *American Mercury*, April 1924, 504.
32. ソーンダイクの伝記に関する情報については以下を参照。Geraldine M. Joncich, *The Sane Positivist: A Biography of Edward L. Thorndike* (Middletown: Wesleyan University Press, 1968).
33. S. Tomlinson, "Edward Lee Thorndike and John Dewey on the Science of Education," *Oxford Review of Education* 23, no. 3 (1997): 365-383.
34. Callahan, *Education and the Cult of Efficiency*（『教育と能率の崇拝』), 198.
35. Edward Thorndike, *Educational Psychology: Mental Work and Fatigue and Individual Differences and Their Causes* (New York: Columbia University, 1921), 236. 注記：ゴルトンと同じく、ソーンダイクも人間のランク付けに夢中になった。遺作となった *Human Nature and the Social Order* (1940) のなかでは、道徳性を点数で評価するシステムを導入し、社会を優等市民と劣等市民に分類することを提案している。それによれば、平均人の点数は100点、「ニュートン、パスツール、ダーウィン、ダンテ、ミルトン、バッハ、ベートーベン、レオナルド・ダ・ヴィンチ、レンブラントは2000点、無為徒食の怠け者は1点となる」。ソーンダイクの道徳的ランキングのシステムでは、人間の怠け者よりも家畜のほうが高い点数を与えられている。
36. Joncich, *The Sane Positivist*, 21-22.
37. Edward Thorndike, *Individuality* (Boston: Houghton Mifflin, 1911). また、テストへのアプローチについては、以下を参照。Edward Thorndike, *An Introduction to the Theory of Mental and Social Measurements* (New York: Science Press, 1913).

38. Callahan, *Education and the Cult of Efficiency*（『教育と能率の崇拝』）第5章。
39. 同上。
40. Robert J. Marzano, "The Two Purposes of Teacher Evaluation," *Educational Leadership* 70, no. 3 (2012): 14-19, http://www.ascd.org/publications/educational-leadership/nov12/vol70/num03/The-Two-Purposes-of-Teacher-Evaluation.aspx; "Education Rankings," *U. S. News and World Report*, http://www.usnews.cm/rankings; "PISA 2012 Results," OECD, http://www.oecd.org/pisa/keyfindings/pisa-2012-results.htm.
41. Robert J. Murnane and Stephen Hoffman, "Graduations on the Rise," http://educationnext.org/graduations-on-the-rise/; "2015 Building a Grad Nation Report," Grad Nation, http://gradnation.org/report/2015-building-grad-nation-report.
42. Seth Godin, *We Are All Weird* (The Domino Project, 2011).

第3章　平均を王座から引きずりおろす

1. ペーター・モレナールへの著者によるインタビュー、2014年8月18日。
2. モレナールへのインタビュー、2014年。
3. Frederic M. Lord and Melvin R. Novick, *Statistical Theories of Mental Test Scores* (Reading, MA: Addison-Wesley Publishing Co., 1968).
4. J. B. Kline, "Classical Test Theory: Assumptions, Equations, Limitations, and Item Analyses," in *Psychological Testing* (Calgary: University of Calgary, 2005), 91-106.
5. Lord and Novick, *Statistical Theories*, 27-28.
6. Lord and Novick, *Statistical Theories*, 29-32.
7. Lord and Novick, *Statistical Theories*, 32-35.
8. エルゴード理論の歴史と概観については以下を参照。Andre R. Cunha, "Understanding the Ergodic Hypothesis Via Analogies," *Physicae* 10, no. 10 (2013): 9-12; J. L. Lebowitz and O. Penrose, "Modern Ergodic Theory," *Physics Today* (1973): 23; Massimiliano Badino, "The Foundational Role of Ergodic Theory," *Foundations of*

Science 11 (2006): 323-347; A. Patrascioiu, "The Ergodic Hypothesis: A Complicated Problem in Mathematics and Physics," *Los Alamos Science Special Issue* (1987): 263-279.

9. エルゴード定理は、1931年に数学者のバーコフによって証明された。G. D. Birkhoff, "Proof of the Ergodic Theorem," *Proceedings of the National Academy of Sciences of the United States of America* 17, no. 12 (1931): 656-660.

10. Peter C. M. Molenaar, "On the Implications of the Classical Ergodic Theorems: Analysis of Developmental Processes Has to Focus on Intra-Individual Variation," *Developmental Psychobiology* 50, no. 1 (2007): 60-69. 注記：この2点は、本書でここまで論じてきたガウス過程にとっては必要十分条件になるが、一般的な仮定にとっての十分条件にはならない。動的システムのエルゴード性を証明するのはきわめて困難で、ごく一部の動的システムでしか成功していない。

11. たとえば以下を参照。Bodrova et al., "Nonergodic Dynamics of Force-Free Granular Gases," arXiv: 1501.04173 (2015); Thomas Scheby Kuhlman, *The Non-Ergodic Nature of Internal Conversion* (Heidelberg: Springer Science & Business Media, 2013); および Sydney Chapman et al., *The Mathematical Theory of Non-Uniform Gases* (Cambridge: Cambridge University Press, 1970). 注記：ある種の理想気体にはエルゴード性が備わっている。たとえば以下を参照。 K. L. Volkovysskii and Y. G. Sinai, "Ergodic properties of an ideal gas with an infinite number of degrees of freedom," *Functional Analysis and Its Applications*, no. 5 (1971); 185-187. さらに、以下のとおり、エルゴード定理で拡散現象が説明できることは実験的にも確かめられている。 "Ergodic Theorem Passes the Test," *Physics World*, October 20, 2011, http://physicsworld.com/cws/article/news/2011/oct/20/ergodic-theorem-passes-the-test.

12. ペーター・モレナールへのインタビュー、2014年。以下も参照。Peter Molenaar et al., "Consequences of the Ergodic Theorems for Classical Test Theory, Factor Analysis, and the Analysis of Developmental Processes," in *Handbook of Cognitive Aging* (Los Angeles: SAGE Publications, 2008), 90-104.

13. A. Quetelet, *Lettres à S. A. R. Le Duc Régnant de Saxe Cobourg et*

Gotha, sur la théorie des probabilités, appliquée aux sciences morales et politique (Brussels: Hayez, 1846), 136.

14. Peter Molenaar, "A Manifesto on Psychology as Idiographic Science: Bringing the Person Back into Scientific Psychology, This Time Forever," *Measurement* 2, no. 4 (2004): 201-218.
15. モレナールへのインタビュー、2014 年。
16. 同上。
17. 同上。
18. 同上。
19. Rose et al., "Science of the Individual," 152-158.
20. Paul Van Geert, "The Contribution of Complex Dynamic Systems to Development," *Child Development Perspectives* 5, no. 4 (2011): 273-278.
21. Rose et al., "Science of the Individual," 152-158.
22. Anatole S. Dekaban, *Neurology of Infancy* (Baltimore: Williams & Wilkins, 1959)（『乳幼児の神経学』福山幸夫・太田富雄訳、医学書院), 63.
23. M. R. Fiorentino, *A Basis for Sensorimotor Development–Normal and Abnormal: The Influence of Primitive, Postural Reflexes on the Development and Distribution of Tone* (Springfield: Charles C. Thomas, 1981), 55; R. S. Illingworth, *The Development of the Infant and Young Child: Normal and Abnormal*, 3rd ed. (London: E. & S. Livingstone, 1966)（原書第 3 版のものかどうか不明だが、以下の邦訳あり。『乳幼児の知能・身体の発達――正常と異常』布施徳郎訳、岩崎学術出版社), 88; M. B. McGraw, "Neuromuscular Development of the Human Infant As Exemplified in the Achievement of Erect Locomotion," *Journal of Pediatrics* 17 (1940): 747-777; J. H. Menkes, *Textbook of Child Neurology* (Philadelphia: Lea & Febiger, 1980), 249; G. E. Molnar, "Analysis of Motor Disorder in Retarded Infants and Young Children," *American Journal of Mental Deficiency* 83 (1978): 213-222; A. Peiper, *Cerebral Function in Infancy and Childhood* (New York: Consultants Bureau, 1963)（『乳幼児期の脳の機能――よくわかる乳幼児期の発達』三宅良昌訳、新興医学出版社), 213-215.
24. 彼女の研究への賛辞については以下を参照。Karen E. Adolph and

Beatrix Vereijken, "Esther Thelen (1941-2004)," *American Psychologist* 60, no. 9 (2005): 1032.

25. E. Thelen and D. M. Fisher, "Newborn Stepping: An Explanation for a 'Disappearing' Reflex," *Developmental Psychology* 18, no. 5 (1982): 760-775.
26. E. Thelen et al., "The Relationship Between Physical Growth and a Newborn Reflex," *Infant Behavior and Development* 7, no. 4 (1984): 479-493.
27. http://www.f22fighter.com/cockpit.htm.

第4章　才能にはバラツキがある

1. Robert Levering and Milton Moskowitz, "2007 100 Best Companies to Work for," Great Place to Work, http://www.greatplacetowork.net/best-companies/north-america/united-states/fortunes-100-best-companies-to-work-forr/439-2007.
2. Virginia A. Scott, *Google* (Westport: Greenwood Publishing Group, 2008), 61.
3. Steve Lohr, "Big Data, Trying to Build Better Workers," *New York Times*, April 20, 2013, http://www.nytimes.com/2013/04/21/technology/big-data-trying-to-build-better-workers.html?src=me&pagewanted=all&_r=1. 以下についても参照。EricSchmidt and Jonathan Rosenberg, *How Google Works* (New York: Grand Central Publishing, 2014)（『How Google Works ――私たちの働き方とマネジメント』土方奈美訳、日本経済新聞出版社）
4. George Anders, *The Rare Find: How Great Talent Stands Out* (New York: Penguin, 2011), 3.
5. Leslie Kwoh, "'Rank and Yank' Retains Vocal Fans," *Wall Street Journal*, January 21, 2012, http://www.wsj.com/articles/SB10001424052970203363504577186970064375222.
6. アシュリー・グドールへの著者によるインタビュー、2015年4月17日。以下も参照。Marcus Buckingham and Ashley Goodall, "Reinventing Performance Management," *Harvard Business Review*, April 2015, https://hbr.org/2015/04/reinventing-performance-management. 注記：グドールは現在、シスコ・システ

ムズの副社長としてリーダーシップ・チームインテリジェンス部門を統括している。

7. Kwoh, "'Rank and Yank.'"
8. 強制分類の概観については以下を参照。Richard C. Grote, *Forced Ranking: Making Performance Management Work* (Cambridge: Harvard Business Press, 2005).
9. David Auerbach, "Tales of an Ex-Microsoft Manager: Outgoing CEO Steve Ballmer's Beloved Employee-Ranking System Made Me Secretive, Cynical and Paranoid," *Slate*, August 26, 2013, http://www.slate.com/articles/business/moneybox/2013/08/microsoft_ceo_steve_ballmer_retires_a_firsthand_account_of_the_company_s.html.
10. Kwoh, "'Rank and Yank'" and Julie Bort, "This Is Why Some Microsoft Employees Still Fear the Controversial 'Stack Ranking' Employee Review System," *Business Insider*, August 27, 2014, http://www.businessinsider. com/microsofts-old-employee-review-system-2014-8.
11. Anders, *Rare Find*, 3-4. 以下も参照。Thomas L. Friedman, "How to Get a Job at Google," *New York Times*, February 22, 2014, http://www.nytimes.com/2014/02/23/opinion/sunday/friedman-how-to-get-a-job-at-google.html?_r=0.
12. トッド・カーライルへの著者によるインタビュー、2015年4月21日。
13. Buckingham and Goodall, "Reinventing Performance Management."
14. アシュリー・グドールへの著者によるインタビュー、2015年4月17日。
15. Kurt Eichenwald, "Microsoft's Lost Decade," *Vanity Fair*, August 2012, http://www.vanityfair.com/news/business/2012/08/microsoft-lost-mojo-steve-ballmer.
16. Marcus Buckingham, "Trouble with the Curve? Why Microsoft Is Ditching Stack Rankings," *Harvard Business Review*, November 19, 2013, https://hbr.org/2013/11/dont-rate-your-employees-on-a-curve/.
17. Francis Galton, *Essays in Eugenics* (London: The Eugenics

Education Society, 1909), 66.
18. 一次元的な思考に関する広範な論考については以下を参照。 Paul Churchill, *A Neurocomputational Perspective: The Nature of Mind and the Structure of Science* (Cambridge, MA: MIT Press, 1989), 285-286; Herbert Marcuse, *One-Dimensional Man: Studies in the Ideology of Advanced Industrial Society*, 2nd ed. (London: Routledge, 1991)（『一次元的人間——先進産業社会におけるイデオロギーの研究』生松敬三・三沢謙一訳、河出書房新社）
19. Daniels, *The "Average Man"?*, 3.
20. William F. Moroney and Margaret J. Smith, *Empirical Reduction in Potential User Population as the Result of Imposed Multivariate Anthropometric Limits* (Pensacola, FL: Naval Aerospace Medical Research Laboratory, 1972), NAMRL-1164.
21. David Berri and Martin Schmidt, *Stumbling on Wins* (Bonus Content Edition) (New York: Pearson Education, 2010), Kindle Edition, chap. 2.
22. David Berri, "The Sacrifice LeBron James' Teammates Make to Play Alongside Him," *Time*, October 16, 2014, http://time.com/3513970/lebron-james-shot-attempts-scoring-totals/; 以下も参照。Henry Abbott, "The Robots Are Coming, and They're Cranky," *ESPN*, March 17, 2010, http://espn.go. com/blog/truehoop/post/_/id/14349/the-robots-are-coming-and-theyre-cranky.
23. David Berri, "Bad Decision Making Is a Pattern with the New York Knicks," *Huffington Post*, May 14, 2015, http://www.huffingtonpost.com/david-berri/bad-decision-making-is-a-_b_7283466.html.
24. Berri and Schmidt, *Stumbling on Wins*, chap. 2; 以下も参照。 David Berri, "The Sacrifice LeBron James' Teammates Make to Play Alongside Him," *Time.com*, October 16, 2014, http://time.com/3513970/lebron-james-shot-attempts-scoring-totals/.
25. David Friedman, "Pro Basketball's 'Five-Tool' Players," *20 Second Timeout*, March 25, 2009, http://20secondtimeout.blogspot.com/2009/03/pro-basketballs-five-tool-players_25.html.
26. Dean Oliver, *Basketball on paper: rules and tools for performance analysis* (Potomac Books, 2004), 63-64. 成功するチームを構築するう

えでの質的洞察については、Mike Krzyzewski, *The Gold Standard: Building a World-Class Team* (New York, Business Plus, 2009)（『ゴールドスタンダード――世界一のチームを作ったコーチKの哲学』佐良土茂樹訳、スタジオタッククリエイティブ）を参照。
27. Berri, "Bad Decision Making."
28. D. Denis, "The Origins of Correlation and Regression: Francis Galton or Auguste Bravais and the Error Theorists," *History and Philosophy of Psychology Bulletin* 13 (2001): 36-44.
29. Francis Galton, "Co-relations and Their Measurement, Chiefly from Anthropometric Data," *Proceedings of the Royal Society of London* 45, no. 273-279 (1888): 135-145.
30. 厳密に言えば、相関関係の範囲はマイナス１からプラス１までのあいだであり、正負の符号によって関係の方向性が表される。しかし本書では関係の強さに注目しているので、混乱を避けるためゼロからプラス１のあいだに範囲を限定している。
31. "Five Questions About the Dow That You Always Wanted to Ask," Dow Jones Indexes, February 2012, https://www.djindexes.com/mdsidx/downloads/brochure_info/Five_Questions_Brochure.pdf.
32. William F. Moroney and Margaret J. Smith, *Empirical Reduction in Potential User Population as the Result of Imposed Multivariate Anthropometric Limits* (Pensacola, FL: U.S. Department of the Navy, 1972), NAMRL-1164. この研究で分析されたデータは以下から引用された。E. C. Gifford, *Compilation of Anthropometric Measures on US Naval Pilot* (Philadelphia: U. S. Department of the Navy, I960), NAMC-ACEL-437. 不適合が実際におよぼす影響に関しては、以下を参照。George T. Lodge, *Pilot Stature in Relation to Cockpit Size: A Hidden Factor in Navy Jet Aircraft Accidents* (Norfolk, VA: Naval Safety Center, 1964).
33. Francis Galton, "Mental Tests and Measurements," *Mind* 15, no. 59 (1890): 373-381.
34. 伝記に関する情報については以下を参照。W. B. Pillsbury, *Biographical Memoir of James McKeen Cattell 1860-1944* (Washington, DC: National Academy of the Sciences, 1947); および M. M. Sokal, "Science and James McKeen Cattell, 1894-1945,"

Science 209, no. 4452 (1980): 43-52.

35. James McKeen Cattell and Francis Galton, "Mental Tests and Measurements," *Mind* 13 (1890): 37-51; および James McKeen Cattell and Livingstone Farrand, "Physical and Mental Measurements of the Students of Columbia University," *Psychological Review* 3, no. 6 (1896): 618. 以下も参照。 Michael M. Sokal, "James McKeen Cattell and Mental Anthropometry: Nineteenth-Century Science and Reform and the Origins of Psychological Testing," in *Psychological Testing and American Society, 1890-1930*, ed. Michael Sokal (New Brunswick: Rutgers University Press, 1987).
36. これらの結果については、キャッテルの教え子のクラーク・ウィスラーの博士論文のなかで分析・公表されている。以下を参照。 Clark Wissler, "The Correlation of Mental and Physical Tests," *Psychological Review: Monograph Supplements* 3, no. 6 (1901): i.
37. Wissler, "Correlation of Mental and Physical Tests," i.
38. Charles Spearman, "'General Intelligence,' Objectively Determined and Measured," *American Journal of Psychology* 15, no. 2 (1904): 201-292.
39. 個人の能力にはバラツキが存在するだけでなく、バラツキの分布には個人差があるという画期的な事実については、以下に取り上げられている。 C. L. Hull, "Variability in Amount of Different Traits Possessed by the Individual," *Journal of Educational Psychology* 18, no. 2 (February 1, 1927): 97-106. もっと新しい研究については以下を参照。 Laurence M. Binder et al., "To Err Is Human: 'Abnormal' Neuropsychological Scores and Variability Are Common in Healthy Adults," *Archives of Clinical Neuropsychology* 24, no. 1 (2009): 31-46.
40. G. C. Cleeton, and Frederick B. Knight, "Validity of Character Judgments Based on External Criteria," *Journal of Applied Psychology* 8, no. 2 (1924): 215.
41. エドワード・ソーンダイクの研究に関しては、息子らの以下の著書で解説されている。 Robert L. Thorndike and Elizabeth Hagen, *Ten Thousand Careers* (New York: John Wiley & Sons, 1959). 注記：ソーンダイクが知能の一次元的な把握にこだわったという指摘から、彼の見解に馴染み深い読者は奇異な印象を受けるかもしれない。と

いうのも、彼は知能の多元性（抽象的、社会的、物理的側面）について一貫して論じ続け、スピアマンを激しく非難してきたからだ。しかし、学習能力には先天的な要素が内在しており、情報の結合という中立的な能力がこの要素に影響されることを彼が信じていたのも事実である。

42. David Wechsler, *Wechsler Adult Intelligence Scale—Fourth Edition (WAIS–IV)* (San Antonio, TX: NCS Pearson, 2008).
43. Wayne Silverman et al., "Stanford-Binet and WAIS IQ Differences and Their Implications for Adults with Intellectual Disability (aka Mental Retardation)," *Intelligence* 38, no. 2 (2010): 242-248.
44. これは、一般的に測定対象となるすべての特性に当てはまる。以下を参照。 Hull, "Variability in Amount of Different Traits," 97-106.
45. Jerome M. Sattler and Joseph J. Ryan, *Assessment with the WAIS—IV* (La Mesa, CA: Jerome M. Sattler Publisher, 2009). 知能の生まれながらのバラツキに関する詳細については、以下を参照。 Adam Hampshire et al., "Fractionating Human Intelligence," *Neuron*, December 10 (2012): 1-13.
46. Sergio Della Sala et al., "Pattern Span: A Tool for Unwelding Visuo-Spatial Memory," *Neuropsychologia* 37, no. 10 (1999): 1189-1199.
47. Jennifer L. Kobrin et al., *Validity of the SAT for Predicting First-Year College Grade Point Average* (New York: College Board, 2008).
48. Steve Jost, "Linear Correlation," course document, IT 223, DePaul University, 2010, http://condor.depaul.edu/sjost/it223/documents/correlation.htm.
49. トッド・カーライルへの著者によるインタビュー、2015年4月21日。
50. カーライルへのインタビュー、2015年。
51. トッド・カーライルへのインタビュー、2015年。以下についても参照。 Saul Hansell, "Google Answer to Filling Jobs Is an Algorithm," *New York Times*, January 3, 2007, http://www.nytimes.com/2007/01/03/technology/03google.html?pagewanted=1&_r=2&; トッド・カーライルの思考とアプローチ、ならびにその結果に関する類似の洞察については、以下を参照。Anders, *Rare Find*.
52. カーライルへのインタビュー、2015年。

53. カーライルへのインタビュー、2015年。以下も参照。Saul Hansell, "Google Answer to Filling Jobs Is an Algorithm," *New York Times*, January 3, 2007, http://www.nytimes.com/2007/01/03/technology/03google.html?pagewanted=2&_r=0.
54. 社員の人数は以下からの引用。"Google," *Wikipedia*, June 19, 2015, http://en.wikipedia.org/wiki/Google; および "IGN," *Wikipedia*, June 13, 2015, http://en.wikipedia.org/wiki/IGN. 年間売上高の数字は以下からの引用。"Google," *Forbes*, http://www.forbes.com/companies/google/; および "j2 Global," *Forbes*, http://www.forbes.com/companies/j2-global/, IGNに関する数字は親会社j2グローバルのものを参考にしている。
55. E. B. Boyd, "Silicon Valley's New Hiring Strategy," *Fast Company*, October 20, 2011, http://www.fastcompany.com/1784737/silicon-valleys-new-hiring-strategy.
56. http://www.ign.com/code-foo/2015/.
57. Boyd, "Silicon Valley."
58. Boyd, "Silicon Valley."
59. "GRE," ETS, http://www.ets.org/gre.

第5章　特性は神話である

1. Francis Galton, "Measurement of Character," reprinted in *Fortnightly Review* 42 (1884): 180.
2. L. Rowell Huesmann and Laramie D. Taylor, "The Role of Media Violence in Violent Behavior," *Annual Review of Public Health* 27 (2006): 393-415. 状況心理学者の見解に関する概観については以下を参照。Lee Ross and Richard E. Nisbett, *The Person and the Situation: Perspectives of Social Psychology* (London: Pinter & Martin Publishers, 2011).
3. Quetelet, *Sur l'homme* (1942)（『人間に就いて』), 108 (English edition).
4. Stanley Milgram, "Behavioral Study of Obedience," *Journal of Abnormal and Social Psychology* 67, no. 4 (1963): 371.
5. Milgram, "Behavioral Study of Obedience."
6. Douglas T. Kenrick and David C. Funder, "Profiting from Controversy: Lessons from the Person-Situation Debate," *American*

Psychologist 43, no. 1 (1988): 23.

7. "Understanding the Personality Test Industry," Psychometric Success, http://www.psychometric-success.com/personality-tests/personality-tests-understanding-industry.htm; Lauren Weber, "Today's Personality Tests Raise the Bar for Job Seekers," *Wall Street Journal*, April 14, 2015, http://www.wsj.com/articles/a-personality-test-could-stand-in-the-way-of-your-next-job-1429065001.
8. Drake Baer, "Why the Myers-Briggs Personality Test Is Misleading, Inaccurate, and Unscientific," *Business Insider*, June 18, 2014, http://www.businessinsider.com/myers-briggs-personality-test-is-misleading-2014-6; および Lillian Cunningham, "Myers-Briggs: Does It Pay to Know Your Type?" *Washington Post*, December 14, 2012, http://www. washingtonpost.com/national/on-leadership/myers-briggs-does-it-pay-to-know-your-type/2012/12/14/eaed51ae-3fcc-11e2-bca3-aadc9b7e29c5_story.html.
9. Salesforce.com, "How to Use the Enneagram in Hiring Without Using a Candidate's Enneatype," The *Enneagram in Business*, October 25, 2012, http://theenneagraminbusiness.com/organizations/salesforce-com-how-to-use-the-enneagram-in-hiring-without-using-a-candidates-enneatype/.
10. Lawrence W. Barsalou et al., "On the Vices of Nominalization and the Virtues of Contextualizing," in *The Mind in Context*, ed. Batja Mesquita et al. (New York: Guilford Press, 2010), 334-360; Susan A. Gelman, *The Essential Child: Origins of Essentialism in Everyday Thought* (Oxford: Oxford University Press, 2003); David L. Hull, "The Effect of Essentialism on Taxonomy—Two Thousand Years of Stasis (I)," *British Journal for the Philosophy of Science* (1965): 314-326; および Douglas L. Medin and Andrew Ortony, "Psychological Essentialism," *Similarity and Analogical Reasoning* 179 (1989): 195.
11. John Tierney, "Hitting It Off, Thanks to Algorithms of Love," *New York Times*, January 29, 2008, http://www.nytimes.com/2008/01/29/science/29tier.html?_r=0; および "28 Dimensions of Compatibility," http://www.eharmony.com/why/dating-relationship-compatibility/.
12. J. McV. Hunt, "Traditional Personality Theory in Light of Recent

Evidence," *American Scientist* 53, no. 1 (1965): 80-96. Walter Mischel, "Continuity and Change in Personality," *American Psychologist* 24, no. 11 (1969): 1012; および Walter Mischel, *Personality and Assessment* (New York: Psychology Press, 2013)（『パーソナリティの理論――状況主義的アプローチ』詫摩武俊監訳、誠信書房）.

13. Erik E. Noftle and Richard W. Robins, "Personality Predictors of Academic Outcomes: Big Five Correlates of GPA and SAT Scores," *Journal of Personality and Social Psychology* 93, no. 1 (2007): 116; および Ashley S. Holland and Glenn I. Roisman, "Big Five Personality Traits and Relationship Quality: Self-Reported, Observational, and Physiological Evidence," *Journal of Social and Personal Relationships* 25, no. 5 (2008): 811-829.
14. "Yuichi Shoda, Ph.D.," University of Washington Psychology Department Directory, http://web.psych.washington.edu/directory/areapeople.php?person_id=85.
15. 正田祐一への著者によるインタビュー、2014 年 11 月 19 日。
16. 正田へのインタビュー、2014 年。
17. "Research," Wediko Children's Services, http://www.wediko.org/research.html.
18. Yuichi Shoda et al., "Intraindividual Stability in the Organization and Patterning of Behavior: Incorporating Psychological Situations into the Idiographic Analysis of Personality," *Journal of Personality and Social Psychology* 67, no. 4 (1994): 674.
19. Shoda et al., "Intraindividual Stability in the Organization and Patterning of Behavior."
20. Shoda et al., "Intraindividual Stability in the Organization and Patterning of Behavior."
21. Lisa Feldman Barrett et al., "The Context Principle," in *The Mind in Context*, ed. Batja Mesquita, Lisa Feldman Barrett, and Eliot R. Smith (New York: Guildford Press, 2010), chap. 1; Walter Mischel, "Toward an Integrative Science of the Person," *Annual Review of Psychology* 55 (2004): 1-22; Yuichi Shoda, Daniel Cervone, and Geraldine Downey, eds., *Persons in Context: Building a Science of the Individual* (New York: Guilford Press, 2007); および Robert J. Sternberg and

Richard K. Wagner, *Mind in Context: Interactionist Perspectives on Human Intelligence* (Cambridge: Cambridge University Press, 1994).
22. Shoda et al., *Persons in Context*.
23. Lara K. Kammrath et al., "Incorporating If...Then...Personality Signatures in Person Perception: Beyond the Person-Situation Dichotomy," *Journal of Personality and Social Psychology* 88, no. 4 (2005): 605; Batja Mesquita, Lisa Feldman Barrett, and Eliot R. Smith, eds., *The Mind in Context* (New York: Guilford Press, 2010); Sternberg and Wagner, *Mind in Context;* および Donna D. Whitsett and Yuichi Shoda, "An Approach to Test for Individual Differences in the Effects of Situations Without Using Moderator Variables," *Journal of Experimental Social Psychology* 50, no. C (January 1, 2014): 94-104.
24. 生物学的情報については以下を参照。Raymond P. Morris, "Hugh Hartshorne, 1885-1967," *Religious Education* 62, no. 3 (1968): 162.
25. Marvin W. Berkowitz and Melinda C. Bier, "Research-Based Character Education," *Annals of the American Academy of Political and Social Science* 591, no. 1 (2004): 72-85.
26. Hartshorne and May, *Studies, Vol. 1: Studies in Deceit*, 47-103.
27. Hartshorne and May, *Studies, Vol. 1: Studies in Deceit*. 以下も参照。John M. Doris, *Lack of Character: Personality and Moral Behavior* (Cambridge: Cambridge University Press, 2002).
28. Hartshorne, May, and Shuttleworth, *Studies, Vol. III: Studies in the Organization of Character* (1930): 291. 注記：オリジナルの研究では、生徒のひとりは男子で、もうひとりは女子だった。しかしこのイラストでは、性別よりも性格のプロファイルに焦点を当てることが目的なので、どちらも女子として扱うことにした。
29. Hartshorne, May, and Shuttleworth, *Studies, Vol. III: Studies in the Organization of Character*, 287.
30. 最近の事例に関しては、以下を参照。Mark Prigg, "Self Control Is the Most Important Skill a Parent Can Teach Their Child, Says Study," *Daily Mail*, April 14, 2015, http://www.dailymail.co.uk/sciencetech/article-3038807/Self-control-important-thing-parent-teach-children-Study-says-major-influence-child-s-life.html.

31. この主題の概観に関しては、実験の考案者ウォルター・ミシェルの近著 Walter Mischel, *The Marshmallow Test* (New York: Random House, 2014)（『マシュマロ・テスト――成功する子・しない子』柴田裕之訳、早川書房）を参照。実験の詳細に関しては、以下を参照。"Delaying Gratification," in "What You Need to Know about Willpower: The Psychological Science of Self-Control," American Psychological Association, https://www.apa.org/helpcenter/willpower-gratification.pdf; および "Stanford Marshmallow Experiment," *Wikipedia,* June 13, 2015, https://en.wikipedia.org/wiki/Stanford_marshmallow_experiment.
32. Walter Mischel et al., "The Nature of Adolescent Competencies Predicted by Preschool Delay of Gratification," *Journal of Personality and Social Psychology* 54, no. 4 (1988): 687; Walter Mischel et al., "Cognitive and Attentional Mechanisms in Delay of Gratification," *Journal of Personality and Social Psychology* 21, no. 2 (1972): 204.
33. Yuichi Shoda et al., "Predicting Adolescent Cognitive and Self-Regulatory Competencies from Preschool Delay of Gratification: Identifying Diagnostic Conditions," *Developmental Psychology* 26, no. 6 (1990): 978. 以下も参照。Walter Mischel and Nancy Baker, "Cognitive Appraisals and Transformations in Delay Behavior," *Journal of Personality and Social Psychology* 31, no. 2 (1975): 254; Walter Mischel et al., "Delay of Gratification in Children," *Science* 244, no. 4907 (1989): 933-938; Walter Mischel et al., "'Willpower' over the Life Span: Decomposing Self-Regulation," *Social Cognitive and Affective Neuroscience* (2010); Tanya R. Schlam et al., "Preschoolers' Delay of Gratification Predicts Their Body Mass 30 Years Later," *Journal of Pediatrics* 162, no. 1 (2013): 90-93; および Inge-Marie Eigsti, "Predicting Cognitive Control from Preschool to Late Adolescence and Young Adulthood," *Psychological Science* 17, no. 6 (2006): 478-484.
34. B. J. Casey et al., "Behavioral and Neural Correlates of Delay of Gratification 40 Years Later," *Proceedings of the National Academy of Sciences* 108, no. 36 (2011): 14998-15003.
35. Louise Eckman, "Behavior Problems: Teaching Young Children

Self-Control Skills," National Mental Health and Education Center, http://www.nasponline.org/resources/handouts/behavior%20template.pdf.

36. Martin Henley, *Teaching Self-Control: A Curriculum for Responsible Behavior* (Bloomington, IN: National Educational Service, 2003); および "Self Control," Character First Education, http://characterfirsteducation.com/c/curriculum-detail/2039081.

37. どのような議論が交わされたかに関しては、以下を参照。Jacoba Urist, "What the Marshmallow Test Really Teaches About Self-Control," *Atlantic*, September 24, 2014, http://www.theatlantic.com/health/archive/2014/09/what-the-marshmallow-test-really-teaches-about-self-control/380673/.

38. 正田へのインタビュー、2014 年。

39. キッド博士の研究に関する詳細については、以下を参照。"Celeste Kidd," University of Rochester, Brain & Cognitive Sciences, http://www.bcs.rochester.edu/people/ckidd/.

40. セレスト・キッドへの著者によるインタビュー、2015 年 6 月 12 日。以下も参照。 "The Marshmallow Study Revisited," University of Rochester, October 11, 2012, http://www.rochester.edu/news/show.php?id=4622.

41. Kidd et al., "Rational Snacking: Young Children's Decision-Making on the Marshmallow Task Is Moderated by Beliefs About Environmental Reliability," *Cognition* 126, no. 1 (2013): 109-114.

42. Kidd et al., "Rational Snacking."

43. "What We Do," Adler Group, http://louadlergroup.com/about-us/what-we-do/.

44. ルー・アドラーへの著者によるインタビュー、2015 年 3 月 27 日。

45. アドラーへのインタビュー、2015 年。パフォーマンス基準の雇用の概観については以下を参照。Lou Adler, *Hire with Your Head: Using Performance-Based Hiring to Build Great Teams* (Hoboken: John Wiley & Sons, 2012).

46. アドラーへのインタビュー、2015 年。

47. 同上。

48. Dr. Matthew Partridge, "Callum Negus-Fancey: 'Put People and

Talent First,'" *MoneyWeek*, January 22, 2015, http://moneyweek.com/profile-of-entrepreneur-callum-negus-fancey/.
49. キャラム・ネーガス＝ファンセイへの著者によるインタビュー、2015年4月3日。
50. ネーガス＝ファンセイへのインタビュー、2015年。
51. 同上。
52. アドラーへのインタビュー、2015年。

第6章　私たちは誰もが、行く人の少ない道を歩んでいる

1. Arnold Gesell, "Developmental Schedules," in *The Mental Growth of the Pre-School Child: A Psychological Outline of Normal Development from Birth to the Sixth Year, Including a System of Developmental Diagnosis* (New York, NY: Macmillan, 1925).
2. Robert Kanigel, *The One Best Way: Frederick Winslow Taylor and the Enigma of Efficiency* (Cambridge: MIT Press Books, 2005).
3. Raymond E. Callahan, *Education and the Cult of Efficiency* (Chicago: University of Chicago Press, 1964)（『教育と能率の崇拝』）.
4. E. Thelen and K. E. Adolph, "Arnold L. Gesell: The Paradox of Nature and Nurture," *Developmental Psychology* 28, no. 3 (1992): 368-380; Laura Sices, "Use of Developmental Milestones in Pediatric Residency Training and Practice: Time to Rethink the Meaning of the Mean," *Journal of Developmental and Behavioral Pediatrics* 28, no. 1 (2007): 47; K. E. Adolph and S. R. Robinson, "The Road to Walking: What Learning to Walk Tells Us About Development," in *Oxford Handbook of Developmental Psychology*, ed. P. Zelazo (New York: Oxford University Press, 2013); および "Child Growth Standards: Motor Development Milestones," *World Health Organization,* http://www.who.int/childgrowth/standards/motor_milestones/en/.
5. カレン・アドルフ博士と彼女の研究に関する情報については、研究室の以下のウェブサイトを参照。http://psych.nyu.edu/adolph/.
6. Karen E. Adolph et al., "Learning to Crawl," *Child Development* 69, no. 5 (1998): 1299-1312.
7. Adolph et al., "Learning to Crawl."
8. Adolph et al., "Learning to Crawl."

9. カレン・アドルフへの著者によるインタビュー、2015年6月13日。
10. "Discovery: Will Baby Crawl?" *National Science Foundation*, July 21, 2004, https://www.nsf.gov/discoveries/disc_summ.jsp?cntn_id=103153.
11. Kate Gammon, "Crawling: A New Evolutionary Trick?" *Popular Science*, November 1, 2013, http://www.popsci.com/blog-network/kinderlab/crawling-new-evolutionary-trick.
12. "David Tracer, Ph. D." University of Colorado Denver Fulbright Scholar Recipients, http://www.ucdenver.edu/academics/InternationalPrograms/oia/fulbright/recipients/davidtracer/Pages/default.aspx; Kate Wong, "Hitching a Ride," *Scientific American* 301, no. 1 (2009): 20-23; "Discovery: Will Baby Crawl?"
13. "What Are the Key Statistics About Colorectal Cancer?" American Cancer Society, http://www.cancer. org/cancer/colonandrectumcancer/detailedguide/colorectal-cancer-key-statistics.
14. Eric R. Fearon and Bert Vogelstein, "A Genetic Model for Colorectal Tumorigenesis," *Cell* 61, no. 5 (1990): 759-767.
15. Gillian Smith et al., "Mutations in APC, Kirsten-ras, and p53---Alternative Genetic Pathways to Colorectal Cancer," *Proceedings of the National Academy of Sciences* 99, no. 14 (2002): 9433-9438; Massimo Pancione et al., "Genetic and Epigenetic Events Generate Multiple Pathways in Colorectal Cancer Progression," *Pathology Research International* 2012 (2012); Sylviane Olschwang et al., "Alternative Genetic Pathways in Colorectal Carcinogenesis," *Proceedings of the National Academy of Sciences* 94, no. 22 (1997): 12122-12127; および Yu-Wei Cheng et al., "CpG Island Methylator Phenotype Associates with Low-Degree Chromosomal Abnormalities in Colorectal Cancer," *Clinical Cancer Research* 14, no. 19 (2008): 6005-6013.
16. Daniel L. Worthley and Barbara A. Leggett, "Colorectal Cancer: Molecular Features and Clinical Opportunities," *Clinical Biochemist Reviews* 31, no. 2 (2010): 31.
17. Kenneth I. Howard et al., "The Dose-Effect Relationship in Psychotherapy," *American Psychologist* 41, no. 2 (1986): 159;

Wolfgang Lutz et al., "Outcomes Management, Expected Treatment Response, and Severity-Adjusted Provider Profiling in Outpatient Psychotherapy," *Journal of Clinical Psychology* 58, no. 10 (2002): 1291-1304.

18. Jeffrey R. Vittengl et al., "Nomothetic and Idiographic Symptom Change Trajectories in Acute-Phase Cognitive Therapy for Recurrent Depression," *Journal of Consulting and Clinical Psychology* 81, no. 4 (2013): 615.

19. 等結果性という問題については3つの論文で論じられている。発達に関しては、以下を参照。Dante Cicchetti and Fred A. Rogosch, "Equifinality and Multifinality in Developmental Psychopathology," *Development and Psychopathology* 8, no. 04 (1996): 597-600; リーダーシップの発達に関しては以下を参照。Marguerite Schneider and Mark Somers, "Organizations as Complex Adaptive Systems: Implications of Complexity Theory for Leadership Research," *Leadership Quarterly* 17, no. 4 (2006): 351-365; 水文学に関しては以下を参照。Keith Beven, "A Manifesto for the Equifinality Thesis," *Journal of Hydrology* 320, no. 1 (2006): 18-36.

20. Kurt W. Fischer and Thomas R. Bidell, "Dynamic Development of Action and Thought," in *Handbook of Child Psychology* (Hoboken, NJ: John Wiley & Sons, 2006); および Kathleen M. Eisenhardt and Jeffrey A. Martin, "Dynamic Capabilities: What Are They?" *Strategic Management Journal* 21, no. 10-11 (2000): 1105-1121.

21. Edward L. Thorndike, "Memory for Paired Associates," *Psychological Review* 15, no. 2 (1908); 122.

22. Edward L. Thorndike, *The Human Nature Club: An Introduction to the Study of Mental Life* (New York: Longmans, Green, and Company, 1901), chap. 1.

23. Edward L. Thorndike, "Measurement in Education," *The Teachers College Record* 22, no. 5 (1921): 371-379; および Linda Mabry, "Writing to the Rubric: Lingering Effects of Traditional Standardized Testing on Direct Writing Assessment," *Phi Delta Kappan* 80, no. 9 (1999): 673.

24. Raiann Rahman, "The Almost Standardized Aptitude Test: Why

Extra Time Shouldn't Be an Option on Standardized Testing," *Point of View*, October 18, 2013, http://www.bbnpov.com/?p=1250.

25. ベンジャミン・ブルームの研究の生物学的側面ならびにキャリアの詳細については、以下を参照。Thomas R. Guskey, *Benjamin S. Bloom: Portraits of an Educator* (Lanham, MD: R&L Education, 2012); および Elliot W. Eisner, "Benjamin Bloom," *Prospects* 30, no. 3 (2000): 387-395.
26. Benjamin S. Bloom, "Time and Learning," *American Psychologist* 29, no. 9 (1974): 682; および Benjamin S. Bloom, *Human Characteristics and School Learning* (New York: McGraw-Hill, 1976).
27. 発案者のブルームの功績が認められるのは当然だが、きっかけとなる研究は以下の２名の博士課程の学生によって行なわれたことを紹介しておきたい。ジョアンヌ・アナニア (Joanne Anania, "The Influence of Instructional Conditions on Student Learning and Achievement," *Evaluation in Education* 7, no. 1〔1983〕: 1-92) およびアーサー・バーク (Arthur Joseph Burke, "Students' Potential for Learning Contrasted Under Tutorial and Group Approaches to Instruction"〔Ph. D. diss., University of Chicago, 1983〕)。
28. これらの研究は、ほかにも能力別グループ分けという条件でも行なわれたが、本書には特に関係ないのであえて取り上げなかった。
29. Benjamin S. Bloom, "The 2 Sigma Problem: The Search for Methods of Group Instruction as Effective as One-to-One Tutoring," *Educational Researcher* (1984): 4-16.
30. Chen-Lin C. Kulik et al., "Effectiveness of Mastery Learning Programs: A Meta-Analysis," *Review of Educational Research* 60, no. 2 (1990): 265-299.
31. Bloom, "The 2 Sigma Problem," 4-16.
32. Khan Academy, https://www.khanacademy.org/; および "Khan Academy," *Wikipedia,* June 3, 2015, https://en.wikipedia.org/wiki/Khan_Academy.
33. Anya Kamenetz, "A Q&A with Salman Khan, Founder of Khan Academy." *Fast Company*, November 21, 2013, http://live.fastcompany.com/Event/A_QA_With_Salman_Khan.
34. "A Personalized Learning Resource for All Ages," Khan Academy,

https://www.khanacademy.org/about.
35. "Salman Khan," TED, https://www.ted.com/speakers/salman_khan.
36. "Khan," TED.
37. Arnold Gesell, "Arnold Gesell," *Psychiatric Research Reports* 13 (1960): 1-9.
38. Arnold Gesell and Catherine Strunk Amatruda, *The Embryology of Behavior: The Beginnings of the Human Mind* (New York: Harper & Brothers, 1945)（『行動の胎生学』新井清三郎訳、日本小児医事出版社）; Arnold Gesell, *The Ontogenesis of Infant Behavior* (New York: Wiley & Sons, 1954); Gesell, *Mental Growth of the Pre-School Child;* Arnold Gesell, *Infancy and Human Growth* (New York: MacMillan, 1928); Arnold Gesell and Helen Thompson, *Infant Behavior: Its Genesis and Growth* (New York: McGraw-Hill, 1934)（『小児の発達と行動』新井清三郎訳、福村出版）; Arnold Gesell, *How a Baby Grows* (New York: Harper & Brothers, 1945); Thomas C. Dalton, "Arnold Gesell and the Maturation Controversy," *Integrative Physiological & Behavioral Science* 40, no. 4 (2005): 182-204; および Fredric Weizmann and Ben Harris, "Arnold Gesell: The Maturationist," in *Portraits of Pioneers in Developmental Psychology* 7 (New York: Psychology Press, 2012).
39. Gesell, "Developmental Schedules" および Gesell and Thompson, *Infant Behavior*（『小児の発達と行動』）.
40. Gesell, "Developmental Schedules" の以下からの引用。Adolph et al., "Learning to Crawl." 以下も参照。Adolph, Karen E., and Sarah E. Berger, "Motor Development," *Handbook of Child Psychology* (2006).
41. Gesell and Thompson, *Infant Behavior*（『小児の発達と行動』）第3章。
42. Weizmann and Harris, "Gesell: The Maturationist," 1.
43. Gesell and Amatruda, *Developmental Diagnosis*. (New York: Harper, 1947)（『新発達診断学』新井清三郎訳、日本小児医事出版社）
44. Gesell and Amatruda, *Developmental Diagnosis*（『新発達診断学』）, 361.
45. Arnold Gesell, "Reducing the Risks of Child Adoption," *Child*

Welfare League of America Bulletin 6, no. 3 (1927); および Ellen Herman, "Families Made by Science: Arnold Gesell and the Technologies of Modern Child Adoption," *Isis* (2001): 684-715.
46. Thelen and Adolph, "Gesell: Paradox of Nature and Nurture," 368-380.
47. Arlene Eisenberg et al., *What to Expect When You're Expecting* (NewYork: Simon & Schuster, 1996)（『すべてがわかる妊娠と出産の本』森田由美訳、竹内正人監修、アスペクト）および Heidi Murkoff et al., *What to Expect the First Year* (New York: Workman Publishing, 2009)（『月別の産後1年間子育て事典――産後1年間の疑問点の答えはすべてこの本のなかにあります』井上裕美・長谷川充子監訳、メディカ出版）.
48. Thomas R. Bidell and Kurt W. Fischer, "Beyond the Stage Debate: Action, Structure, and Variability in Piagetian Theory and Research," *Intellectual Development* (1992): 100-140.
49. Rose et al., "The Science of the Individual," 152-158; L. Todd Rose and Kurt W. Fischer, "Dynamic Development: A Neo-Piagetian Approach," in *The Cambridge Companion to Piaget* (Cambridge: Cambridge University Press, 2009): 400; L. Todd Rose and Kurt W. Fischer, "Intelligence in Childhood," in *The Cambridge Handbook of Intelligence* (Cambridge: Cambridge University Press, 2011): 144-173.
50. "Kurt W. Fischer," *Wikipedia,* May 17, 2015, https://en.wikipedia.org/wiki/Kurt_W._Fischer.
51. 彼の研究の概観については以下を参照。Kurt W. Fischer and Thomas R. Bidell, "Dynamic Development of Action and Thought," in *Handbook of Child Psychology*, 6th ed. (Hoboken, NJ: Wiley, 2006).
52. Catharine C. Knight and Kurt W. Fischer, "Learning to Read Words: Individual Differences in Developmental Sequences," *Journal of Applied Developmental Psychology* 13, no. 3 (1992): 377-404.
53. カート・フィッシャーへの著者によるインタビュー、2014年8月14日。
54. Knight and Fischer, "Learning to Read Words."
55. Knight and Fischer, "Learning to Read Words."
56. フィッシャーへのインタビュー、2014年。

57. Tania Rabesandratana, "Waltz to Excellence," *Science*, August 7, 2014, http://sciencecareers.sciencemag.org/career_magazine/previous_issues/articles/2014_08_07/caredit.a1400200.
58. Rabesandratana, "Waltz to Excellence."
59. Rabesandratana, "Waltz to Excellence."
60. Rabesandratana, "Waltz to Excellence."
61. "Characteristics of Remedial Students," Colorado Community College System, http://highered.colorado.gov/Publications/General/StrategicPlanning/Meetings/Resources/Pipeline/Pipeline_100317_Remedial_Handout.pdf; および "Beyond the Rhetoric: Improving College Readiness Through Coherent State Policy," http://www.highereducation.org/reports/college_readiness/gap.shtml.
62. CLEP (College Level Examination Program), https://clep.collegeboard.org/.

第7章　企業が個性を重視すると

1. Victor Lipman, "Surprising, Disturbing Facts from the Mother of All Employment Engagement Surveys," *Forbes*, September 23, 2013, http://www. forbes.com/sites/victorlipman/2013/09/23/surprising-disturbing-facts-from-the-mother-of-all-employee-engagement-surveys/.
2. "Glassdoor's Employee's Choice Awards 2015: Best Places to Work 2015," *Glassdoor*, http://www.glassdoor.com/Best-Places-to-Work-LST_KQ0,19.htm; Rich Duprey, "6 Reasons Costco Wholesale Is the Best Retailer to Work For," *The Motley Fool*, December 13, 2014, http://www.fool.com/investing/general/2014/12/13/6-reasons-costco-wholesale-is-the-best-retailer-to.aspx; および "Top Companies for Compensation & Benefits 2014," *Glassdoor*, http://www.glassdoor.com/Top-Companies-for-Compensation-and-Benefits-LST_KQ0,43.htm.
3. Duprey, "6 Reasons."
4. ジム・シネガルへの著者によるインタビュー、2015年4月8日。
5. Duprey, "6 Reasons"; "Jim Sinegal on Costco's 'Promote from

Within' Strategy and Why It Needs to Think Like a Small Company," *The Motley Fool*, June 21, 2012, http://www.fool.com/investing/general/2012/06/21/jim-sinegal-on-costcos-promote-from-within-strateg.aspx.

6. アネット・アルバレズ＝ピーターズへの著者によるインタビュー（eメールにて）、2015年5月5日。注記：当初アルバレズ＝ピーターズはプライスクラブに就職したが、同社は1993年にコストコに合併された。
7. "Annette Alvarez-Peters," *Taste Washington*, http://tastewashington.org/annette-alvarez-peters/.
8. "The Decanter Power List 2013," *Decanter*, July 2, 2013, http://www.decanter.com/wine-pictures/the-decanter-power-list-2013-14237/.
9. シネガルへのインタビュー、2015年。
10. Christ Horst, "An Open Letter to the President and CEO of Costco," *Smorgasblurb*, August 4, 2010, http://www.smorgasblurb.com/2010/08/an-open-letter-to-costco-executives/.
11. シネガルへのインタビュー、2015年。
12. Adam Levine-Weinberg, "Why Costco Stock Keeps Rising," *The Motley Fool*, May 21, 2013, http://www.fool.com/investing/general/2013/05/21/why-costco-stock-keeps-rising.aspx.
13. Andres Cardenal, "Costco vs. Wal-Mart: Higher Wages Mean Superior Returns for Investors," *The Motley Fool*, March 12, 2014, http://www.fool.com/investing/general/2014/03/12/costco-vs-wal-mart-higher-wages-mean-superior-retu.aspx.
14. Duprey, "6 Reasons" および Jeff Stone, "Top 10 US Retailers: Amazon Joins Ranks of Walmart, Kroger for First Time Ever," *International Business Times*, July 3, 2014, http://www.ibtimes.com/top-10-us-retailers-amazon-joins-ranks-walmart-kroger-first-time-ever-1618774.
15. http://www.businessinsider.com/why-wal-marts-pay-is-lower-than-costco-2014-10.
16. シネガルへのインタビュー、2015年。以下も参照。Megan McArdle, "Why Wal-Mart Will Never Pay Like Costco," *Bloomberg View*, August 27, 2013, http://www.bloombergview.com/

articles/2013-08-27/why-walmart-will-never-pay-like-costco.
17. Aaron Taube, "Why Costco Pays Its Retail Employees $20 an Hour," *Business Insider*, October 23, 2014, http://www.businessinsider.com/costco-pays-retail-employees-20-an-hour-2014-10; Mitch Edelman, "Wal-Mart Could Learn from Ford, Costco," *Carroll County Times*, July 19, 2013, http://www.carrollcountytimes.com/cct-arc-67d6db6e-db9f-5bc4-83c3-c51ac7a66792-20130719-story.html.
18. Wayne F. Cascio, "The High Cost of Low Wages," *Harvard Business Review*, December 2006 issue, https://hbr.org/2006/12/the-high-cost-of-low-wages; この戦略についてのさらなる情報については以下を参照。 Zeynep Ton, "Why 'Good Jobs' Are Good for Retailers," *Harvard Business Review*, January-February 2012, https://hbr.org/2012/01/why-good-jobs-are-good-for-retailers/?conversationId=3301855.
19. シネガルへのインタビュー、2015年。
20. 同上。
21. Saritha Rai, "The Fifth Metro: Doing IT Differently," *The Indian Express*, November 24, 2014, http://indianexpress.com/article/opinion/columns/the-fifth-metro-doing-it-differently/.
22. *Zoho*, https://www.zoho.com/. 以下も参照。 "Sridhar Vembu," *Wikipedia*, April 17, 2015, https://en.wikipedia.org/wiki/Sridhar_Vembu.
23. *Zoho*, https://www.zoho.com/.
24. Mark Milian, "No VC: Zoho CEO 'Couldn't Care Less for Wall Street'," *Bloomberg*, November 29, 2012, http://go.bloomberg.com/tech-deals/2012-11-29-no-vc-zoho-ceo-couldnt-care-less-for-wall-street/; Rasheeda Bhagat, "A Life Worth Living," *Rotary News*, October 1, 2014, http://www.rotarynewsonline.org/articles/alifeworthliving.
25. シュリダー・ヴェンブへの著者によるインタビュー、2015年4月21日。以下も参照。Rasheeda Bhagat, "Decoding Zoho's Success," *The Hindu Business Line*, February 4, 2013, http://www.thehindubusinessline.com/opinion/columns/rasheeda-bhagat/decoding-zohos-success/article4379158.ece.

26. ヴェンブへのインタビュー、2015年。
27. 同上。
28. 同上。類似の感情に関しては以下を参照。Sridhar, "How We Recruit—On Formal Credentials vs. Experience-based Education," *Zoho Blogs*, June 12, 2008, http://blogs.zoho.com/2008/06/page/2.
29. *Zoho University*, http://www.zohouniversity.com/; Bhagat, "A Life Worth Living."
30. ヴェンブへのインタビュー、2015年。
31. 同上。
32. 同上。以下も参照。"Zoho University Celebrates a Decade of Success," https://www.zoho.com/news/zoho-university-celebrates-decade-success.html; Leslie D'Monte, "Challenging Conventional Wisdom with Zoho University," *Live Mint*, November 21, 2014, http://www.livemint.com/Companies/LU4qIlz47C5Uph2P5i250K/Challenging-conventional-wisdom-with-Zoho-University.html.
33. Krithika Krishnamurthy, "Zoho-Run Varsity Among Its Largest Workforce Providers," *Economic Times*, March 14, 2014, http://articles.economictimes.indiatimes.com/2015-03-14/news/60111683_1_students-csir-iisc.
34. ヴェンブへのインタビュー、2015年。D'Monte, "Challenging Conventional Wisdom."
35. ヴェンブへのインタビュー。
36. 同上。
37. 同上。
38. 同上。
39. 同上。
40. "About Us: Company History," *The Morning Star Company*, http://morningstarco.com/index.cgi?Page=About%20Us/Company%20History.
41. 以下を参照。"About Us: Company History"; Frédéric Laloux, *Reinventing Organizations: A Guide to Creating Organizations Inspired by the Next Stage of Human Consciousness* (Brussels: Nelson Parker, 2014), 112; および "Chris Rufer," http://www.self-managementinstitute.org/about/people/1435.

42. 以下を参照。Allen, "Passion for Tomatoes," "About Us: Company History."
43. Laloux, *Reinventing Organizations*, 112; Goldsmith, "Morning Star Has No Management."
44. ポール・グリーン・ジュニアへの著者によるインタビュー、2014年7月28日。
45. "About Us: Colleague Principles," *The Morning Star Company*, http://morningstarco.com/index.cgi?Page=About%20Us/Colleague%20Principles.
46. Gary Hamel, "First, Let's Fire All the Managers," *Harvard Business Review*, December 2011, https://hbr.org/2011/12/first-lets-fire-all-the-managers.
47. グリーンへのインタビュー、2014年。
48. 同上。
49. 同上。
50. 同上。
51. 同上。
52. 同上。
53. シネガルへのインタビュー、2015年。
54. ヴェンブへのインタビュー、2015年。

第8章　高等教育に平均はいらない

1. 問題ならびに機会の概観については以下を参照。Michelle R. Weise and Clayton M. Christensen, *Hire Education: Mastery, Modularization, and the Workforce Revolution* (Clayton Christensen Institute, 2014), http://www.christenseninstitute.org/wp-content/uploads/2014/07/Hire-Education.pdf.
2. Casey Phillips, "A Matter of Degree: Many College Grads Never Work in Their Major," *Times Free Press.com*, November 16, 2014, http://www.timesfreepress.com/news/life/entertainment/story/2014/nov/16/matter-degree-many-college-grads-never-work-/273665/.
3. James Bessen, "Employers Aren't Just Whining–The 'Skills Gap' Is Real," *Harvard Business Review*, August 25, 2014, https://hbr.

org/2014/08/employers-arent-just-whining-the-skills-gap-is-real; Stephen Moore, "Why Is It So Hard for Employers to Fill These Jobs?" CNS News.com, August 25, 2014, http://cnsnews.com/commentary/stephen-moore/why-it-so-hard-employers-fill-these-jobs.

4. Jeffrey J. Selingo, "Why Are So Many College Students Failing to Gain Job Skills Before Graduation?" *Washington Post*, January 26, 2015, www.washingtonpost.com/news/grade-point/wp/2015/01/26/why-are-so-many-college-students-failing-to-gain-job-skills-before-graduation/; Eduardo Porter, "Stubborn Skills Gap in America's Work Force," *New York Times*, October 8, 2013, http://www.nytimes.com/2013/10/09/business/economy/stubborn-skills-gap-in-americas-work-force.html; および Catherine Rampell, "An Odd Shift in an Unemployment Curve," *New York Times*, May 7, 2013, http://economix.blogs.nytimes.com/2013/03/07/an-odd-shift-in-an-unemployment-curvre/.
5. Michelle Jamrisko and Ilan Kolet, "College Costs Surge 500% in U. S. Since 1985: Chart of the Day," *Bloomberg Business*, August 26, 2013, http://www.bloomberg.com/news/articles/2013-08-26/college-costs-surge-500-in-u-s-since-1985-chart-of-the-day.
6. Jamrisko and Kolet, "College Costs Surge 500% in U. S. Since 1985."
7. "Making College Cost Less," *The Economist*, April 5, 2014, http://www.economist.com/news/leaders/21600120-many-american-universities-offer-lousy-value-money-government-can-help-change; "Understanding the Rising Costs of Higher Education," *Best Value Schools*, http://www.bestvalueschools. com/understanding-the-rising-costs-of-higher-education/.
8. Raymond E. Callahan, *Education and the Cult of Efficiency* (Chicago: University of Chicago Press, 1964)（『教育と能率の崇拝』）.
9. ジュディ・ミューアへの著者によるインタビュー、2014 年 10 月 28 日。大学入学へのミューアのアプローチに関する詳細については、以下を参照。 Judith Muir and Katrin Lau, *Finding Your U: Navigating the College Admissions Process* (Houston: Bright Sky Press, 2015).
10. ミューアへのインタビュー、2014 年。

11. ビル・フィッツシモンズへの著者によるインタビュー、2014年8月4日。
12. Elena Silva, "The Carnegie Unit—Revisited," *Carnegie Foundation*, May 28, 2013, http://www.carnegiefoundation.org/blog/the-carnegie-unit-revisited/.
13. ディプロマに関する広範な批判については以下を参照。Charles A. Murray, "Reforms for the New Upper Class," *New York Times*, March 7, 2012, http://www.nytimes.com/2012/03/08/opinion/reforms-for-the-new-upper-class.html.
14. "Micro-Credentialing," *Educause*, http://www.educause.edu/library/micro-credentialing; および Laura Vanderkam, "Micro-credentials," *Laura Vanderkam*, December 12, 2012, http://lauravanderkam.com/2012/12/micro-credentials/.
15. Gabriel Kahn, "The iTunes of Higher Education," *Slate*, September 19, 2013, http://www.slate.com/articles/technology/education/2013/09/edx_mit_and_online_certificates_how_non_degree_certificates_are_disrupting.html; https://www.edx.org/press/mitx-introduces-xseries-course-sequence; Nick Anderson, "Online College Courses to Grant Credentials, for a Fee," *Washington Post*, January 9, 2013, http://www.washingtonpost.com/local/education/online-college-courses-to-grant-credentials-for-a-fee/2013/01/08/ffc0f5ce-5910-11e2-88d0-c4cf65c3ad15_story.html; Nick Anderson, "MOOCS—Here Come the Credentials," *Washington Post*, January 9, 2013, http://www.washingtonpost.com/blogs/college-inc/post/moocs-here-come-the-credentials/2013/01/09/a1db85a2-5a67-11e2-88d0-c4cf65c3ad15_blog.html.
16. Maurice A. Jones, "Credentials, Not Diplomas, Are What Count for Many Job Openings," *New York Times*, March 19, 2015, http://www.nytimes. com/roomfordebate/2015/03/19/who-should-pay-for-workers-training/credentials-not-diplomas-are-what-count-for-many-job-openings; 全国レベルで提供される資格証明書の詳細については以下を参照。"President Obama and Skills for America's Future Partners Announce Initiatives Critical to Improving Manufacturing Workforce," *The White House*, June 8, 2011, https://www.

whitehouse.gov/the-press-office/2011/06/08/president-obama-and-skills-americas-future-partners-announce-initiatives.
17. Jones, "Credentials, Not Diplomas."
18. http://www.slate.com/articles/technology/education/2013/09/edx_mit_and_online_certificates_how_non_degree_certificates_are_disrupting.html.
19. Thomas R. Guskey, "Five Obstacles to Grading Reform," *Educational Leadership* 69, no. 3 (2011): 16-21.
20. Western Governors University, http://www.wgu.edu/.
21. "Competency-Based Approach," Western Governors University, http://www.wgu.edu/why_WGU/competency_based_approach?utm_source=10951; John Gravois, "The College For-Profits Should Fear," *Washington Monthly*, September/October 2011, http://www.washingtonmonthly.com/magazine/septemberoctober_2011/features/the_college_forprofits_should031640.php?page=all; "WGU Named 'Best Value School' by University Research & Review for Second Consecutive Year," *PR Newswire*, April 9, 2015, http://www.prnewswire.com/news-releases/wgu-named-best-value-school-by-university-research-review-for-second-consecutive-year-300063690.html; Tara Garcia Mathewson, "Western Governors University Takes Hold in Online Ed," *Education DIVE*, March 31, 2015, http://www.educationdive.com/news/western-governors-university-takes-hold-in-online-ed/381283/.
22. George Lorenzo, "Western Governors University: How Competency-Based Distance Education Has Come of Age," *Educational Pathways* 6, no. 7 (2007): 1-4, http://www.wgu.edu/about_WGU/ed_pathways_707_article.pdf; Matt Krupnick, "As a Whole New Kind of College Emerges, Critics Fret Over Standards," *Hechinger Report*, February 24, 2015, http://hechingerreport.org/whole-new-kind-college-emerges-critics-fret-standards/.
23. Krupnick, "As a Whole New Kind of College Emerges;" および "Overview," Competency-Based Education Network, http://www.cbenetwork.org/about/.
24. "EdX and Arizona State University Reimagine First Year of College,

Offer Alternative Entry Into Higher Education," April 22, 2015, https://www.edx.org/press/edx-arizona-state-university-reimagine; John A. Byrne, "Arizona State, edX to offer entire freshman year of college online," *Fortune*, April 22, 2015, http://fortune.com/2015/04/22/arizona-state-edx-moocs-online-education/. アリゾナ州立大学についてはさらに以下も参照。Jon Marcus, "Is Arizona State University the Model for the New American University?" *Hechinger Report*, March 11, 2015, http://hechingerreport.org/is-arizona-state-university-the-model-for-the-new-american-university/.

第9章 「機会均等」の解釈を見直す

1. A - 10 ウォートホッグに関する詳細については以下を参照。"Fairchild Republic A-10 Thunderbolt II," *Wikipedia*, June 29, 2015, https://en.wikipedia.org/wiki/Fairchild_Republic_A-10_Thunderbolt_II.
2. キム・キャンベル大佐への著者によるインタビュー、2015年4月8日。
3. キャンベルへのインタビュー、2015年。
4. 同上。
5. 同上。
6. 同上。
7. "Kim Campbell," *Badass of the Week*, April 7, 2003, http://www.badassoftheweek.com/kimcampbell.html.
8. "Kim N. Campbell," *Military Times*, http://valor.militarytimes.com/recipient.php?recipientid=42653.
9. キャンベルへのインタビュー、2015年。
10. 同上。
11. 同上。
12. 機会均等のコンセプトの概観については、以下を参照。"Equal opportunity," *Wikipedia*, June 24, 2015, https://en.wikipedia.org/wiki/Equal_opportunity.
13. 人種、性別（ジェンダー）、障害についての平等を勝ち取る闘いにおいて、アクセスの平等はきわめて重要な役割を果たした（人種の平等については以下を参照。"School Desegregation and Equal

Education Opportunity," *Civil Rights 101*, http://www.civilrights.org/resources/civilrights101/desegregation.html?referrer=https://www.google.com/ および "The Civil Rights Movement (1954-1965): An Overview," *The Social Welfare History Project*, http://www.socialwelfarehistory.com/eras/civil-rights-movement/. 性別の平等については Bonnie Eisenberg and Mary Ruthsdotter, "History of the Women's Rights Movement," *National Women's History Project*, 1998, http://www.nwhp.org/resources/womens-rights-movement/history-of-the-womens-rights-movement/ を、障害についての平等に関しては "A Brief History of the Disability Rights Movement," *The Anti-Defamation League*, 2005, http://archive.adl.org/education/curriculum_connections/fall_2005/fall_2005_1esson5_history.html を参照)。

14. アクセスの平等はいまだに懸案であり、闘って勝ち取る必要があることをここで認識しておくべきだ。たとえば2005年（キラー・チックの英雄的行為の2年後）になっても、米国議会は戦闘への女性の参加を阻もうとした ("Letters to the Editor for Friday, May 27, 2005," *Stars and Stripes*, May 27, 2005, http://www.stripes.com/opinion/letters-to-the-editor-for-friday-may-27-2005-1.35029)。
15. Abraham Lincoln, "Message to Congress," July 4, 1861, *Collected Works of Abraham Lincoln*, vol. 4 (Rutgers University Press, 1953, 1990): 438.
16. 平均的な学生の能力を基準に作成されたテストの詳細については、以下を参照。"Norm-Referenced Achievement Tests," *FairTest*, August 17, 2007, http://www.fairtest.org/norm-referenced-achievement-tests.
17. James Truslow Adams, *The Epic of America* (New York: Blue Ribbon, 1931)（『米国史』木村松代ほか訳、理想社), 214-215.
18. Adams, *The Epic of America*,（『米国史』) 180.

本書は、二〇一七年五月に早川書房より単行本『平均思考は捨てなさい　出る杭を伸ばす個の科学』として刊行された作品を改題して文庫化したものです。

The Path

ハーバードの人生が変わる東洋哲学

——悩めるエリートを熱狂させた超人気講義

マイケル・ピュエット＆クリスティーン・グロス＝ロー
熊谷淳子訳

ハヤカワ文庫ＮＦ

「この講義が終わるまでに、きみの人生は必ず変わる」そんな約束から始まる東洋思想の講座がハーバードで絶大な人気を誇っているのはなぜか？　カレッジ教授賞を受賞した有名教授が語る孔子や老子の真のメッセージが、悩めるエリート達の目を輝かせる。彼らの常識を覆した中国思想の教えとは？　解説／中島隆博

ハーバード白熱教室講義録＋東大特別授業（上・下）

JUSTICE WITH MICHAEL SANDEL AND SPECIAL LECTURE IN TOKYO UNIVERSITY

マイケル・サンデル

ＮＨＫ「ハーバード白熱教室」制作チーム、小林正弥、杉田晶子訳

ハヤカワ文庫ＮＦ

ＮＨＫで放送された人気講義を完全収録！

正しい殺人はあるのか？　米国大統領は日本への原爆投下を謝罪すべきか？　日常に潜む哲学の問いを鮮やかに探り出し論じる名門大学屈指の人気講義を書籍化。ＮＨＫで放送された「ハーバード白熱教室」全十二回、及び東京大学での来日特別授業を上下巻に収録。

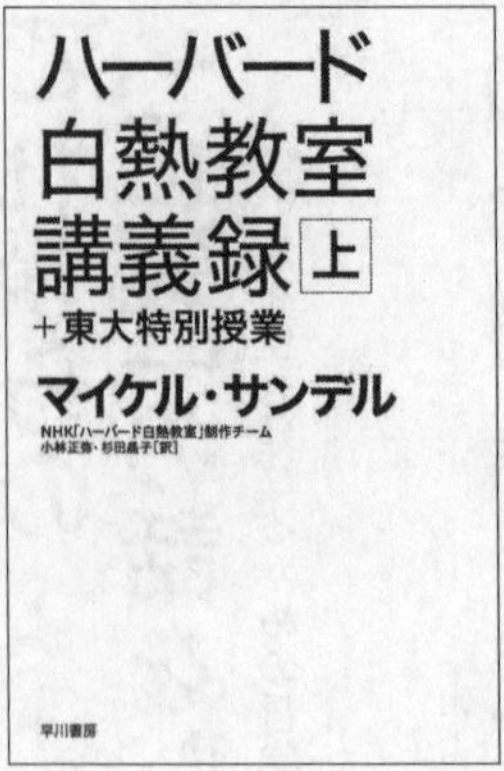

不合理だからうまくいく

——行動経済学で「人を動かす」

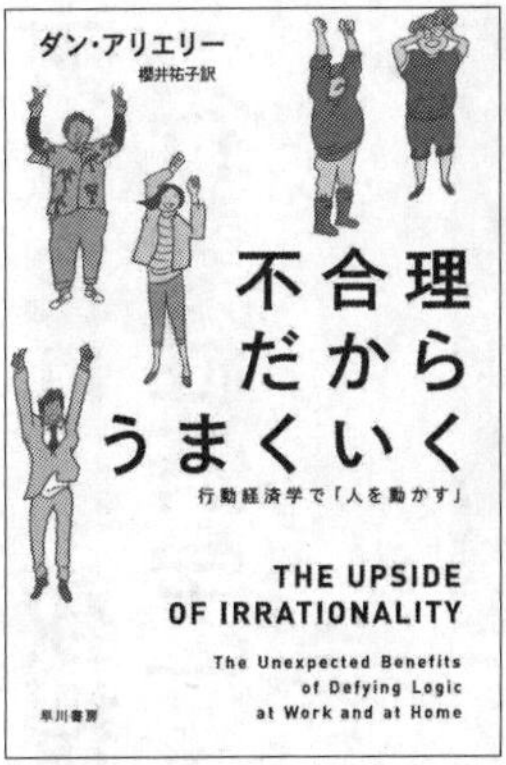

The Upside of Irrationality

ダン・アリエリー

櫻井祐子訳

ハヤカワ文庫NF

人間の「不合理さ」を味方につければ、好機に変えられる！

「超高額ボーナスは社員のやる気に逆効果？」「水を加えるだけのケーキミックスが売れなかったわけは？」——行動経済学の第一人者アリエリーの第二弾は、より具体的に職場や家庭で役立てられるようにパワーアップ。人間が不合理な決断を下す理由を解き明かす！

人の心は読めるか？

——本音と誤解の心理学

Mindwise

ニコラス・エプリー
波多野理彩子訳

ハヤカワ文庫ＮＦ

相手の気持ちを理解しているつもりでいたら、それは大きな勘違い。人は思う以上に他人の心が読めていないのだ。不必要な誤解や対立はなぜ起きてしまうのか？　人間の偉大な能力「第六感」が犯すミスを認識し、対人関係を向上させる方法を、シカゴ大学ビジネススクール教授が解き明かす。

マシュマロ・テスト

——成功する子・しない子

The Marshmallow Test

ウォルター・ミシェル

柴田裕之訳

ハヤカワ文庫ＮＦ

目の前のご馳走を我慢できるかどうかで子どもの将来が決まる？　行動科学史上最も有名な実験の生みの親が、半世紀にわたる追跡調査からわかった「意志の力」のメカニズムと高め方を明かす。カーネマン、ピンカー、メンタリストＤａｉＧｏ氏推薦の傑作ノンフィクション。解説／大竹文雄

訳者略歴　翻訳家　慶應義塾大学文学部英米文学科卒業　訳書にアグラワル＆ガンズ＆ゴールドファーブ『予測マシンの世紀』，セガール『貨幣の「新」世界史』，ストーン＆カズニック『オリバー・ストーンが語る　もうひとつのアメリカ史２』（共訳）（以上早川書房刊）ほか多数

HM=Hayakawa Mystery
SF=Science Fiction
JA=Japanese Author
NV=Novel
NF=Nonfiction
FT=Fantasy

ハーバードの個《こ》性《せい》学《がく》入《にゅう》門《もん》
平均思考は捨てなさい

〈NF537〉

二〇一九年三月二十日　印刷
二〇一九年三月二十五日　発行
（定価はカバーに表示してあります）

著者　トッド・ローズ
訳者　小《こ》坂《さか》恵《え》理《り》
発行者　早川浩
発行所　株式会社　早川書房
郵便番号　一〇一 - 〇〇四六
東京都千代田区神田多町二ノ二
電話　〇三 - 三二五二 - 三一一一（大代表）
振替　〇〇一六〇 - 三 - 四七七九九
http://www.hayakawa-online.co.jp
乱丁・落丁本は小社制作部宛お送り下さい。
送料小社負担にてお取りかえいたします。

印刷・中央精版印刷株式会社　製本・株式会社川島製本所
Printed and bound in Japan
ISBN978-4-15-050537-0 C0111

本書は活字が大きく読みやすい〈トールサイズ〉です。